新时代外国语言文学
新发展研究丛书

总主编　罗选民　庄智象

语用学新发展研究

陈新仁 等／著

清华大学出版社
北　京

内 容 简 介

本书系统呈现近十年来国内外语用学的重要议题、重要论著、高被引论文、高被引学者、经典理论的新发展、学科新视角、各类界面研究、主流与最新研究方法、经典与最新应用领域等，旨在帮助语言学及相邻学科的专业学者、硕博研究生、业余爱好者们充分领略语用学主流理论的发展脉络以及研究视角的范式更迭。透过这本融综合性、前沿性、权威性于一体的著作，可以看到语用学作为一门"适用"学科所具有的强大发展活力和未来巨大的发展空间。

图书在版编目（CIP）数据

语用学新发展研究 / 陈新仁等著. —北京：清华大学出版社，2021.8
（新时代外国语言文学新发展研究丛书）
ISBN 978-7-302-57313-5

Ⅰ. ①语…　Ⅱ. ①陈…　Ⅲ. ①语用学—研究　Ⅳ. ① H030

中国版本图书馆 CIP 数据核字（2021）第 005927 号

策划编辑：郝建华
责任编辑：郝建华
封面设计：黄华斌
责任校对：王凤芝
责任印制：丛怀宇

出版发行：清华大学出版社
　　　　　网　　址：http://www.tup.com.cn, http://www.wqbook.com
　　　　　地　　址：北京清华大学学研大厦 A 座　　邮　编：100084
　　　　　社 总 机：010-62770175　　　　　　　　邮　购：010-62786544
　　　　　投稿与读者服务：010-62776969, c-service@tup.tsinghua.edu.cn
　　　　　质量反馈：010-62772015, zhiliang@tup.tsinghua.edu.cn
印 刷 者：大厂回族自治县彩虹印刷有限公司
装 订 者：三河市启晨纸制品加工有限公司
经　　销：全国新华书店
开　　本：155mm×230mm　　印　张：19　　字　数：288 千字
版　　次：2021 年 8 月第 1 版　　　　印　次：2021 年 8 月第 1 次印刷
定　　价：118.00 元

产品编号：088064-01

中国英汉语比较研究会
"新时代外国语言文学新发展研究丛书"
编委会名单

总主编

罗选民　　庄智象

编　委

（按姓氏拼音排序）

蔡基刚	陈　桦	陈　琳	邓联健	董洪川
董燕萍	顾曰国	韩子满	何　伟	胡开宝
黄国文	黄忠廉	李清平	李正栓	梁茂成
林克难	刘建达	刘正光	卢卫中	穆　雷
牛保义	彭宣维	冉永平	尚　新	沈　园
束定芳	司显柱	孙有中	屠国元	王东风
王俊菊	王克非	王　蔷	王文斌	王　寅
文秋芳	文卫平	文　旭	辛　斌	严辰松
杨连瑞	杨文地	杨晓荣	俞理明	袁传有
查明建	张春柏	张　旭	张跃军	周领顺

总　　序

　　外国语言文学是我国人文社会科学的一个重要组成部分。自 1862 年同文馆始建，我国的外国语言文学学科已历经一百五十余年。一百多年来，外国语言文学学科一直伴随着国家的发展、社会的变迁而发展壮大，推动了社会的进步，促进了政治、经济、文化、教育、科技、外交等各项事业的发展，增强了与国际社会的交流、沟通与合作，每个发展阶段无不体现出时代的要求和特征。

　　20 世纪之前，中国语言研究的关注点主要在语文学和训诂学层面，由于"字"研究是核心，缺乏区分词类的语法标准，语法分析经常是拿孤立词的意义作为基本标准。1898 年诞生了中国第一部语法著作《马氏文通》，尽管"字"研究仍然占据主导地位，但该书宣告了语法作为独立学科的存在，预示着语言学这块待开垦的土地即将迎来生机盎然的新纪元。1919 年，反帝反封建的"五四运动"掀起了中国新文化运动的浪潮，语言文学研究（包括外国语言文学研究）得到蓬勃发展。中华人民共和国成立后，尤其是改革开放以来，外国语言文学学科的发展势头持续迅猛。至 20 世纪末，学术体系日臻完善，研究理念、方法、手段等日趋科学、先进，几乎达到与国际研究领先水平同频共振的程度，取得了令人瞩目的成绩，有力地推动和促进了人文社会科学的建设，并支持和服务于改革开放和各项事业的发展。

　　无独有偶，在处于转型时期的"五四运动"前后，翻译成为显学，成为了解外国文化、思想、教育、科技、政治和社会的重要途径和窗口，成为改造旧中国的利器。在那个时期，翻译家由边缘走向中国的学术中心，一批著名思想家、翻译家，通过对外国语言文学的文献和作品的译介塑造了中国现代性，其学术贡献彪炳史册，为中国学术培育做出了重大贡献。许多西方学术理论、学科都是经过翻译才得以为中国高校所熟悉和接受，如王国维翻译教育学和农学的基础读本、吴宓翻译哈佛大学白璧德的新人文主义美学作品等。这些翻译文本从一个侧面促成了中国高等教育学科体系的发展和完善，社会学、人类学、民俗学、美学、教育学等，几乎都是在这一时期得以创建和发展的。翻译服务对于文化交流交融和促进文明互鉴，功不可没，而翻译学也在经历了语文学、语言学、文化学等转向之后，日趋成熟，如今在让中国了解世界、让世界了解中国，尤其是"一带一路"建设、人类命运共同体构建，讲好中国故事、传递好中国声音等方面承担着重要使命与责任，任重而道远。

20 世纪初，外国文学深刻地影响了中国现代文学的形成，犹如鲁迅所言，要学普罗米修斯，为中国的旧文学窃来"天国之火"，发出中国文学革命的呐喊，在直面人生、救治心灵、改造社会方面起到不可替代的作用。大量的外国先进文化也因此传入中国，为塑造中国现代性发挥了重大作用。从清末开始特别是"五四运动"以来，外国文学的引进和译介蔚然成风。经过几代翻译家和学者的持续努力，在翻译、评论、研究、教学等诸多方面成果累累。改革开放之后，外国文学研究更是进入繁荣时代，对外国作家及其作品的研究逐渐深化，在外国文学史的研究和著述方面越来越成熟，在文学理论与文学批评的译介和研究方面、在不断创新国外文学思想潮流中，基本上与欧美学术界同步进展。

外国文学翻译与研究的重大意义，在于展示了世界各国文学的优秀传统，在文学主题深化、表现形式多样化、题材类型丰富化、批评方法论的借鉴等方面显示出生机与活力，显著地启发了中国文学界不断形成新的文学观，使中国现当代文学创作获得了丰富的艺术资源，同时也有力地推动了高校相关领域学术研究的开展。

进入 21 世纪，中国的外国语言学研究得到了空前的发展，不仅及时引进了西方语言学研究的最新成果，还将这些理论运用到汉语研究的实践；不仅有介绍、评价，也有批评，更有审辨性的借鉴和吸收。英语、汉语比较研究得到空前重视，成绩卓著，"两张皮"现象得到很大改善。此外，在心理语言学、神经语言学和认知语言学等与当代科学技术联系紧密的学科领域，外国语言学学者充当了排头兵，与世界分享语言学研究的新成果和新发现。一些外语教学的先进理念和语言政策的研究成果为国家制定外语教育政策和发展战略也做出了积极的贡献。

习近平总书记指出："要着力推进国际传播能力的建设，创新对外宣传方式，加强话语体系建设，着力打造融通中外的新概念新范畴新表述，讲好中国故事，传播好中国声音，增强在国际上的话语权。"为贯彻这一要求，教育部近期提出要全面推进新工科、新医科、新农科、新文科等建设。新文科概念正式得到国家教育部门的认可，并被赋予新的内涵和定位，即以全球新技术革命、新经济发展、中国特色社会主义新时代为背景，突破传统的文科思维模式与文科建构体系，创建与新时代、新思想、新科技、新文化相呼应的新文科理论框架和研究范式。新文科具备传统文科和跨学科的特点，注重科学技术、战略创新和融合发展，立足中国，面向世界。

新文科建设理念对外国语言文学学科建设提出了新目标、新任务、新要求、新格局。具体而言，新文科旗帜下的外国语言文学学科的发展目标是：服务国家教育发展战略的知识体系框架，兼备迎接新科技革命的挑战能力，彰显人文学科与交叉学科的深度交融特点，夯实中外政治、文化、社会、历史等通识课程的建设，打通跨专业、跨领域的学习机制，确立多维立体互动教学模式。这些新文科要素将助推新文科精神、内涵、理念得以彻底贯彻落实到教育实践中，为国家培养出更多具有融合创新的专业能力，具有国际化视野，理解和通晓对象国人文、历史、地理、语言的人文社科领域外语人才。

进入新时代，我国外国语言文学的教育、教学和研究发生了巨大变化，无论是理论的探索和创新，方法的探讨和应用，还是具体的实验和实践，都成绩斐然。回顾、总结、梳理和提炼一个年代的学术发展，尤其是从理论、方法和实践等几个层面展开研究，更有其学科和学术价值及现实和深远意义。

鉴于上述理念和思考，我们策划、组织、编写了这套"新时代外国语言文学新发展研究丛书"，旨在分析和归纳近十年来我国外国语言文学学科重大理论的构建、研究领域的探索、核心议题的研讨、研究方法的探讨，以及各领域成果在我国的应用与实践，发现目前研究中存在的主要不足，为外国语言文学学科发展提出可资借鉴的建议。我们希望本丛书的出版，能够帮助该领域的研究者、学习者和爱好者了解和掌握学科前沿的最新发展成果，熟悉并了解现状，知晓存在的问题，探索发展趋势和路径，从而助力中国学者构建融通中外的话语体系，用学术成果来阐述中国故事，最终产生能屹立于世界学术之林的中国学派！

本丛书由中国英汉语比较研究会联合上海时代教育出版研究中心组织研发，由研究会下属29个二级分支机构协同创新、共同打造而成。罗选民和庄智象审阅了全部书稿提纲；研究会秘书处聘请了二十余位专家对书稿提纲逐一复审和批改；黄国文终审并批改了大部分书稿提纲。

本丛书的作者大都是知名学者或中青年骨干，接受过严格的学术训练，有很好的学术造诣，并在各自的研究领域有丰硕的科研成果，他们所承担的著作也分别都是迄今该领域动员资源最多的科研项目之一。本丛书主要包括"外国语言学""外国文学""翻译学""比较文学与跨文化研究"和"国别和区域研究"五个领域，集中反映和展示各自领域的最新理论、方法和实践的研究成果，每部著作内容涵盖理论界定、研究范畴、研究视角、研究方法、研究范式，同时也提出存在的问题，指明发展的前景。总之，本丛书基于外国语言文学学科的五个主要方向，借助基础研究与应用研究的有机契合、共时研究与历时研究的相辅相成、定量研究与定性研究的有效融合，科学系统地概括、总结、梳理、提炼近十年外国语言文学学科的发展历程、研究现状以及未来的发展趋势，为我国外国语言文学学科高质量建设与发展呈现可视性极强的研究成果，以期在提升国家软实力、构建人类命运共同体过程中承担起更重要的使命和责任。

感谢清华大学出版社和上海时代教育出版研究中心的大力支持。我们希望在研究会与出版社及研究中心的共同努力下，打造一套外国语言文学研究学术精品，向伟大的中国共产党建党一百周年献上一份诚挚的厚礼！

罗选民 庄智象

2021 年 6 月

前　言

本书是中国英汉语比较研究会牵头编写的"新时代外国语言文学新发展研究丛书"中的一本，旨在通过呈现近十年来国内外语用学的发展状况，帮助读者全面了解本学科的发展进程和主要成果。全书由概述、语用学理论研究新发展、语用学研究方法及其新进展、语用学理论应用新拓展、参考文献、附录六个部分组成。

概述部分首先简要介绍了语用学作为语言学一门分支学科的缘起与流派，帮助读者对语用学的学科历史、思想来源形成一个总体上的把握。接着，从四个方面全面呈现国内外语用学研究近十年来的主要发展，包括重要议题、高被引著作、高被引论文和高被引学者。新议题、新论著见证理论新发展。高被引论文、高被引学者的背后除了经典议题外往往就是重要议题和新理论，跟踪相关文章、跟随相关学者，很大程度上便可跟踪语用学学科前沿。

语用学理论研究新发展主要从三个方面勾勒国内外语用学近十年来取得的理论成就，分别是近十年来语用学经典理论的新发展、近十年来涌现的新视角以及语用学与语言学内部学科和外部学科的界面研究。作为语言学下属的一门相对新兴的学科，语用学有着强大的发展活力，经典理论呈现螺旋式发展脉络，研究视角呈现范式更迭，跨（分支）学科性融合创新研究层出不穷。抑或旧瓶新酒，经典理论老树开新花；抑或新瓶新酒，新思想新范式引领新探索。

语用学研究方法及其新进展部分在扼要介绍语用学研究者常用的一些主流研究方法之后，从不同维度重点呈现了语用学近十年来流行的方法论。语用学发轫于语言哲学、符号学、理论语言学，经典语用学研究往往偏重理论思辨。随着语用研究的话语转向以及对使用自然发生语料越来越多的重视，语用学研究进入实证研究主宰的时代，这从各种语用学刊物的发文情况可见一斑。本部分的内容会凸显这一趋势，在比较国内外语用学研究方法运用的基础上，尝试对未来语用学的研究方法予以展望。

　　语用学理论应用新拓展部分不仅关注语用学的经典应用领域，更是侧重扫描语用学近十年的主要应用领域。语用学是一门"适用"学科，具有广泛的应用空间，对语言本体研究、交际研究、传播学研究、翻译研究、文学研究等都有较强的指导意义，这是大量语言研究爱好者选择语用学作为课程选修、学位论文选题、研究方向选择乃至业余爱好的原因。

　　附录 1 介绍国内外语用学相关学术组织，为语用学人了解和参与学术共同体提供相关信息。附录 2 介绍国内外多个语用学成果发表平台，为检索、参考国内外语用学同行的学术成果以及发表自己的学术成果提供资讯。

　　本书的主要特色包括：

　　一、综合性。本书在内容策划和结构构思方面力争做到六个"兼顾"：兼顾理论与方法，兼顾理论与实践，兼顾传承与发展，兼顾宏观与微观，兼顾本体与界面，兼顾国内与国际。不仅如此，在上述兼顾的基础上，进一步突出近十年来涌现的新议题、新理论、新视角、新方法、新应用。正是因为综合了语用学的方方面面，本书可以看作是全面把握语用学发展现状和未来发展趋势的重要读物。

　　二、前沿性。考虑到本书的一些潜在读者可能此前并不熟悉语用学，本书部分章节适当做了一点相关理论的知识铺垫，但整体上来看，本书的重点在于呈现近十年来国内外语用学的发展轨迹与成果、语用学理论近十年来的主要应用取向、语用学领域近十年来国内外最活跃的学者。尤其是，本书不仅描绘了语用学经典理论的最新发展图景，而且提供了本学科中的一些新兴领域、议题和方法。

　　三、权威性。本书由中国逻辑学会语用学专业委员会组织撰写，参与撰写工作的作者大多数是本学会中朝气蓬勃、年富力强、成果丰硕的理事，他们不仅紧跟语用学发展潮流，熟悉国内外语用学最新文献，而且熟练掌握先进的科研方法，其中部分作者在综述时运用了 CiteSpace 文献计量手段，直观且客观地呈现相关话题的学术发展史。

　　本书撰写工作的具体分工如下：本人负责全书内容的策划与编排、全部章节稿件的审读、修改与定稿、前言撰写、目录及参考文献的制作等；霍永寿教授负责第一章的第一、二小节；李民副教授负责撰写第一章的第三、四、五、六小节；詹全旺教授、夏登山教授、仇云龙副教授、景晓平副教授负责第二章第一小节；任育新教授、马文教授、王雪玉副教授、钱永红副教授、李成团教授、孙莉博士、陈梅松副教授合作撰写了第二章第二小节；张延飞教授负责撰写了第二章的第三小节；卢加伟副教授、杨昆博士负责撰写了第三章；段玲琍教授、周君副教授合作撰写了第四章；毛延生教授负责撰写了附录 1 和附录 2。

作为一本反映语用学前沿与发展的专业读物，本书的读者是语言学及相邻学科的专业学者、硕博研究生和其他业余爱好者。

本书得以成功出版，特别要感谢中国英汉语比较研究会罗选民会长、杨文地秘书长、上海时代教育出版研究中心理事长庄智象教授的厚爱与鼓励，衷心感谢清华大学出版社外语分社郝建华社长的大力支持和关心，并在百忙之中亲自"下厨"担任责编，相信读者一定会像作者本人一样感到不一样的温馨。也感谢李捷博士协助校对书稿。

作为集体创作的结晶，本书体现了各位作者对语用学的专业理解与认识，本人尽可能求同存异。另一方面，由于篇幅限制，本书对近十年来的国内外语用学发展的综述难免挂一漏万，对相关知识点的介绍也一定存在详略程度不尽均匀的地方，但这并非作者存在任何偏好所致。书中任何讹误之处，敬请专家与读者指正。

陈新仁

2020 年 10 月

目　　录

第1章　概述 ……………………………………………… 1

　1.1　语用学的缘起及在国内的兴起 ………………… 1

　　1.1.1　语用学的缘起 ……………………………… 1

　　1.1.2　语用学研究在中国：引进与发展 ………… 7

　1.2　语用学的流派 ……………………………………… 9

　　1.2.1　英美学派 …………………………………… 9

　　1.2.2　欧洲大陆学派 ……………………………… 11

　　1.2.3　近十年新趋势：融合派 …………………… 13

　1.3　语用学近十年来国内外重要议题 ……………… 14

　　1.3.1　国内语用学近十年主要议题 ……………… 15

　　1.3.2　国外语用学近十年主要议题 ……………… 16

　　1.3.3　国内外语用学近十年高频主题词对比 …… 16

　1.4　语用学近十年国内外高被引著作 ……………… 18

　　1.4.1　国内语用学近十年高被引著作 …………… 18

　　1.4.2　国外语用学近十年高被引著作 …………… 21

　　1.4.3　国内外语用学近十年高被引著作对比 …… 23

　1.5　语用学近十年国内外高被引论文 ……………… 24

　　1.5.1　国内语用学近十年高被引论文 …………… 24

　　1.5.2　国外语用学近十年高被引论文 …………… 26

　　1.5.3　国内外语用学近十年高被引论文对比 …… 29

　1.6　语用学近十年高被引学者 ……………………… 29

　　1.6.1　国内语用学近十年高被引学者 …………… 29

1.6.2 国外语用学近十年高被引学者 ················· 31

1.6.3 国内外语用学近十年高被引学者对比 ············· 31

第 2 章　语用学理论研究新发展 ·················· 33

2.1　语用学理论的新发展 ··················· 33

2.1.1 言语行为理论的新发展 ················· 33

2.1.2 会话含意理论的新发展 ················· 45

2.1.3 关联理论的新发展 ··················· 51

2.1.4 礼貌理论的新发展 ··················· 58

2.1.5 顺应理论的新发展 ··················· 72

2.2　语用学的新视角 ····················· 78

2.2.1 变异语用学 ····················· 78

2.2.2 批评语用学 ····················· 84

2.2.3 临床语用学 ····················· 90

2.2.4 历史语用学 ····················· 101

2.2.5 人际语用学 ····················· 109

2.2.6 元语用学 ······················ 114

2.2.7 语言模因学 ····················· 122

2.3　语用学的界面研究 ··················· 127

2.3.1 语用学与语言学内部学科的界面研究 ········· 127

2.3.2 语用学与语言学外部学科的界面研究 ········· 136

第 3 章　语用学研究方法及其新进展 ·············· 141

3.1　语料的分类与选择 ··················· 142

3.1.1 语料的分类 ····················· 142

3.1.2 语料的选择 ····················· 144

3.2　语用研究的类型与分析单位 ·············· 147

3.2.1 语用研究的类型 ··················· 147

3.2.2　语用研究的分析单位 ……………………………… 149

3.3　语料收集方法与工具 …………………………… **150**

3.4　国外语用学研究方法的新进展 …………… **154**

3.4.1　数据介绍 ………………………………………… 154

3.4.2　语料种类 ………………………………………… 155

3.4.3　语料模态 ………………………………………… 156

3.4.4　研究性质 ………………………………………… 158

3.5　国内语用学研究方法的新进展 …………… **161**

3.5.1　数据介绍 ………………………………………… 161

3.5.2　语料种类 ………………………………………… 162

3.5.3　语料模态 ………………………………………… 163

3.5.4　研究性质 ………………………………………… 164

3.6　国内外近年来语用学研究方法比较 …… **166**

3.6.1　语料种类比较 …………………………………… 167

3.6.2　语料模态比较 …………………………………… 168

3.6.3　研究性质比较 …………………………………… 169

第4章　语用学理论应用新拓展 ……………… **173**

4.1　语用学应用研究界定 ………………………… **173**

4.2　国外近十年语用学主要应用研究 ……… **180**

4.2.1　中介语语用学 …………………………………… 180

4.2.2　翻译语用学 ……………………………………… 182

4.2.3　文体语用学 ……………………………………… 183

4.2.4　法律语用学 ……………………………………… 184

4.2.5　X- 话语研究 ……………………………………… 186

4.3　国内近十年语用学主要应用研究 ……… **189**

4.3.1　言语行为理论的应用研究 ……………………… 190

4.3.2 礼貌理论的应用研究 ················· 192

4.3.3 人际语用及语用身份的应用研究 ········· 193

4.3.4 跨文化语用的应用研究 ··············· 194

4.3.5 汉语语用的应用研究 ················ 196

4.3.6 语用翻译的应用研究 ················ 198

4.3.7 商务语用的应用研究 ················ 199

4.3.8 法律语用、临床语用的应用研究 ········· 200

4.3.9 语用教学研究 ···················· 202

参考文献 ······························· **205**

附录 1　国内外语用学学术组织 ·············· **257**

附录 2　语用学国内外学术期刊 ·············· **263**

术语表 ······························· **275**

图 目 录

图 1-1　近十年国内语用学研究主题词聚类网络图谱 ·················· 15

图 2-1　面子威胁行为的五种可能策略（Brown & Levinson, 1987: 69）···· 61

图 2-2　语用学的理论框架 ·· 76

图 2-3　隐性意义的三维模型 ·· 77

图 2-4　《国际历史语用学期刊》论文摘要主题词云图 ·················· 106

图 2-5　杰斯译佐尔特的并合表征模式（2010: 200）·················· 129

图 2-6　认知语法视角下的语义学和语用学的关系 ···················· 133

图 3-1　研究者干预维度（Jucker, 2018: 23）························ 145

图 3-2　《语用学学刊》年度发文量 ·································· 154

图 3-3　《语用学学刊》发文语料种类分布与发展趋势图 ················ 155

图 3-4　《语用学学刊》发文语料模态分布与发展趋势图 ················ 157

图 3-5　《语用学学刊》发文研究性质分布与发展趋势图 ················ 158

图 3-6　《语用学学刊》发文实证研究特征与发展趋势图 ················ 159

图 3-7　《语用学学刊》发文非实证研究特征与发展趋势图 ·············· 160

图 3-8　国内核心期刊语用学主题年度发文量 ························ 161

图 3-9　国内语用学研究语料种类分布与发展趋势图 ·················· 162

图 3-10　国内语用学研究语料模态分布与发展趋势图 ················· 163

图 3-11　国内语用学研究性质分布与发展趋势图 ····················· 164

图 3-12　国内语用学实证研究子类特征与发展趋势图 ················· 165

图 3-13　国内语用学非实证研究子类特征与发展趋势图 ··············· 166

图 3-14　国内外语用学研究语料种类比较图 ························· 167

图 3-15　国内外语用学研究语料模态比较图 ························· 169

图 3-16　国内外语用学研究性质比较图 ····························· 169

图 3-17　国内外语用学实证研究比较图 ························· 171

图 3-18　国内外语用学非实证研究比较图 ····················· 171

图 4-1　《语用学学刊》近十年学科类属热词 ················· 175

图 4-2　《语用学学刊》近十年最高被引作者 ················· 177

图 4-3　《语用学学刊》近十年最具理论影响力的被引作者 ············ 178

表 目 录

表 1-1　近十年国内外语用学研究主题词对比表⋯⋯⋯⋯⋯⋯⋯⋯⋯ 17

表 1-2　近十年国内语用学研究高被引著作 ⋯⋯⋯⋯⋯⋯⋯⋯⋯⋯⋯ 19

表 1-3　近十年国外语用学研究高被引著作 ⋯⋯⋯⋯⋯⋯⋯⋯⋯⋯⋯ 21

表 1-4　近十年国内语用学研究高被引论文 ⋯⋯⋯⋯⋯⋯⋯⋯⋯⋯⋯ 24

表 1-5　近十年国外语用学研究高被引论文 ⋯⋯⋯⋯⋯⋯⋯⋯⋯⋯⋯ 27

表 1-6　近十年国内外语用学研究高被引学者⋯⋯⋯⋯⋯⋯⋯⋯⋯⋯ 30

表 2-1　关联理论和莱文森的一般会话含意理论关于级差含义解释的
　　　　差别 (Noveck & Sperber, 2007: 196)⋯⋯⋯⋯⋯⋯⋯⋯⋯ 138

第 1 章
概　述

本章为全书的导论，旨在简要介绍语用学作为语言学的一门新兴分支学科的来龙去脉、主要流派等，并从重要议题、高被引著作、高被引论文和高被引学者四个维度，通过 CiteSpace 这一文献计量工具呈现国内外语用学近十年来的发展趋势、特点及差异。

1.1　语用学的缘起及在国内的兴起

1.1.1　语用学的缘起

自 20 世纪 70 年代学科地位确立以来，语用学研究飞速发展，出现了语言研究的"语用转向"（Mey，2001：4），随后其理论发展异常迅猛，研究领域不断扩充，研究议题不断深入。语用学思想虽然古已有之，但作为语言学分支学科语用学的诞生和发展却是 20 世纪多学科催生的结果。

1. 语用学的符号学根源

语用学兴起于 20 世纪 30 年代的国际统一科学运动。在哲学家纽拉特（Otto Neurath）担纲主编的《国际统一科学百科全书》（*International Encyclopedia of Unified Science*，1938）中，作为第二副主编的哲学家、符号学家莫里斯（Charles Morris）撰写了"符号理论的基础"（Foundations of the Theory of Signs），作为该书第一卷的第二部分。在这部总篇幅约

60 页的著作中，莫里斯勾画了符号学在统一科学学科体系中的基础性地位。在莫里斯的定位（Morris，1938：6-7）中，占据统一科学基础地位的符号学包括三个研究维度，即语义（semantic）、语用（pragmatic）和语形（syntactic），相应的研究定名为语义学（semantics）、语用学（pragmatics）和语形学（syntactics）[1]。其中，语义学关注符号与其指称对象之间的关系，语用学涉及符号与其解释者（interpreter）之间的关系，语形学研究符号与符号之间的形式关系。之后，《国际统一科学百科全书》第一副主编、哲学家卡尔纳普（Rudolf Carnap）进一步认为，"如果一项研究明确涉及说话人（the speaker），或者更为概括地说，语言使用者（the user of a language），则该研究归属语用学领域"（Carnap，1948：9）。把语用学定位为研究符号与符号使用人关系的符号学分支学科的做法，反映了符号学对语言交际本质的理解。

2. 语用学的语言哲学根源

语用学兴起的源头之二是语言哲学家对日常语言表意方式的关注。在初期的理想语言学派（the Ideal Language School）哲学家（如弗雷格、罗素）看来，哲学分析的对象是形式（或理想）语言及其语义结构，但从维特根斯坦开始，情形就发生了变化。虽然后期维氏关于日常语言哲学分析的著作《哲学研究》（*Philosophical Investigations*）德文版迟至1953 年才正式出版（英文版出版时间为 1958 年），但其对日常语言的哲学思辨却是在 1911 年进入剑桥大学学习之后不久就开始了，并成为其 1929 年重返剑桥执教后的教学内容。

从《哲学研究》逻辑理路看，维特根斯坦对日常语言表意方式的语用学思辨涉及两个语用案例和两个哲学概念。首先，通过对比古罗马哲学家圣·奥古斯丁（St. Augustine）名著《忏悔录》记述的儿童通过观察成人语言使用中语词经由指称对象获得意义从而学会语言（即"实指教词"，ostensive teaching of words；Wittgenstein，2009：§6）的案例和维氏观察到的购买五个红苹果的案例（Wittgenstein，2009：§1），他发现

1　确切地说，作为符号学的分支学科，"semantics""pragmatics"和"syntactics"应分别译为"符义学""符用学"和"符形学"（见韦尔南，2014）。而且，按莫里斯（Morris，1938）的定义，语言只是符号系统中的一类符号，一个子系统。

语词（如"五个红苹果"）的意义来自于人们使用语词的方式。为了对语词意义的生成方式进行描写和分析，他先后提出两个概念：语言游戏和生活形式。在《哲学研究》中，"语言游戏"（language game）指"由语言和语言被织入其中的活动构成的整体"（Wittgenstein，2009：§7）。由此，对语言（即"语词"）意义的考察要联系伴随语言使用的（非语言）活动（activities），因为在语言游戏中，语言是被嵌入（或织入）语言游戏的另一半——非语言活动中来发挥其作用的，这是维特根斯坦语言游戏意义观的基本原理。但这样一来，语词意义的生成便会变得复杂起来。

在维特根斯坦看来，语言游戏中语词意义生成的复杂性来自于生活形式的复杂性。在《哲学研究》中，"生活形式"（form of life）作为语言使用和语言游戏运作的基体乃是维氏用于解释语词意义复杂性的终极概念，因为在他看来，"语言的述说乃是一种活动的一部分，或一种生活形式的一部分"（"the *speaking* of language is part of an activity, or of a form of life"，斜体为原文所有；Wittgenstein，2009：§23）。虽然维氏在《哲学研究》中未对"生活形式"进行明确定义，但从上下文看，该概念可包括以下内容：（1）影响语言使用的社会文化因素（亦见Baghramian，1999：87）；（2）伴随着语言结构运作的一系列心智因素（即思想、心理、情感等）；（3）伴随并影响语言使用的生物要素。同时，近期研究（如 Gebauer，2017）亦表明，维氏对语言意义生成过程的解释也隐含了人类学的视角，其特点是参照一个对象（如语词）与其他对象之间的联系来分析该对象的意义（Wittgenstein，2009）。无论基于语言游戏的语用学分析路径有多复杂，语言使用者这个语用主体在维氏语词意义的语用分析中都没有成为其理论体系中的关键词。这是维特根斯坦语言哲学和语用学的特点。

在维特根斯坦于 20 世纪 30 年代初在剑桥开始执教并讲授其日常语言哲学理论之时，年轻的英国哲学家奥斯汀（John Austin）也在牛津大学开始讲授其日常语言哲学学说。之后，以牛津为根据地，奥斯汀和同事、学生一起创建了现代语言哲学的著名学派——日常语言学派（Ordinary Language School），并创立了语用学的基础理论——言语行为理论。

从《如何以言行事》(*How to Do Things with Words*)(1975)的逻辑理路看,奥斯汀创立言语行为理论的思辨路径可简述如下。通过对比语法学家对语言功能的论述和哲学家对语言功能的分析,他发现,语言的功能是多种多样的,而传统语言哲学(如维也纳学派的语言哲学)研究中,哲学家们只关注了语言的描述或陈述功能。他把这种做法称为"描述性谬误"(the "descriptive" fallacy)(Austin,1975:3)。以此为基础,他提出了自己的语言观,即语言在不同场合、不同语境中的使用就等于用语言来做事情或实施具体的社会活动。如何对这种语言观进行哲学分析呢?奥斯汀的思路是:以语言分析为进路,介入行为层面的分析,进而研究语言嵌入活动的过程及后果。这一路径主要体现为两个概念的引入和一组条件的设定。概念指活动和话语,条件指适切性条件。"活动"(action)指对应于话语的、体现说话人交际意图的社会事件,"话语"(utterance)指嵌入到某一活动中实现活动意图的语言成分。而且,话语能嵌入活动、实现意图是因为某些适切性条件(felicity conditions)得到满足,如约定的活动程序,且程序实施完整、正确(Austin,1975:14-15)。循此路径,话语作为主导事件嵌入活动实施意图的后果是一系列影响语言使用的非语言的、隐性的因素,如伴随话语的非语言活动、心智活动、语篇(discourse)层面上的其他话语、话语的使用所引发的伦理责任等,逐步进入语用分析的视野。与此关联的是,语用主体说话人作为上述活动的发动者和实施者的哲学地位得以确立,并成为日常语言哲学分析的关键词。

就在奥斯汀以说话人为中心创立日常语言学派之时,学派中的另一位哲学家格赖斯(Paul Grice)也尝试从另外一条路径介入日常语言的哲学分析。不过,与奥斯汀不同的是,格赖斯语言哲学分析路径的中心是听话人。格赖斯的论文《意义》("Meaning",1957)初稿完成于1948年,正式发表于1957年。

从《意义》看,格赖斯日常语言哲学缘起于其对两组日常语言使用案例的哲学分析。分析表明,第一组案例(Grice,1957:377)和第二组案例(Grice,1957:377-378)中语词"mean"的表意方式存在差异。他把前者命名为"自然意义"(natural meaning),后者命名为"非自然意义"(non-natural meaning),同时将非自然意义确定为哲学研究的对象，原因在于后者的研究对于揭示人类（语言 / 非语言）交际过程的本质意义重大。在他看来，非自然意义乃是语言使用者认知（心理）因素作用的结果，而且无论用于表达意义的符号是语言符号还是非语言符号，参与交际的认知（心理）因素及其发挥作用的方式并无差别。基于对斯蒂文森（Charles Stevenson）元伦理学因果意义观（Stevenson，1944：37-80）的批评，他认为对符号（一般性）意义的解释有必要参照符号使用者在具体场合传递（或应该传递）的意义，原因在于：符号在具体场合传递的意义才是其最基本的意义。格赖斯对这种意义的解释涉及三个概念：话语（utterance）、意图（intention）和信念（belief）。值得注意的是，格赖斯的话语是一个中性词，指用于表达非自然意义的手段，既可以是语言手段，也可以是非语言手段（Grice, 1957: 380）[1]。基于以上概念，他把说话人借话语传递非自然意义的机制表述为：说话人必须意定用 x 使听话人产生某种信念（信息或知识），而且他也意定自己话语的意图也得到相应的确认。这即是说，发话人成功传递非自然意义的过程涉及两个意图：产生某个信念的意图（信息意图）和确认该意图的意图（交际意图），且二者不是相互独立，而是相互联系、相互嵌套的。以描述性话语为例，非自然意义的传递机制就是：说话人 A 意定（意图）用话语 x 使听话人产生某种效果（或信念），并通过确认这种意图来产生这种效果（或信念）；而且，要让 x 传递非自然意义，从某种意义上说意定效果必定是某种处于听话人控制之下的东西。

显然，格赖斯基于听话人的非自然意义传递和理解模式有两个特点：（1）模式中非自然意义的理解乃是通过听话人对说话人嵌套意图的双重识别实现的；（2）非自然意义既可通过语言手段传递，也可通过非语言手段（如招手）传递。这是格赖斯的日常语言交际观，也是其语用学思想的基本特点。

由于符号学家的引介以及哲学家对日常语言运作方式的关注和考察，语用学作为语言哲学研究的新领域逐步进入哲学家的视野，同时对语言学（包括生成语言学）的研究产生不同程度的影响。然而，截至20 世纪 60 年代末，语用学仍然还是哲学研究的分支领域，语用学的研

1　就此而言，把格赖斯的 "utterance" 译为 "话语" 是不恰当的，但鉴于该术语在国内语言学文献中已成定译，只好沿用，同时特加此注，以作提醒。

究还是哲学家的工作。

促使语用学研究从语言研究的后台走向前台，并最终成为语言学研究的合法领域的，是对预设的研究。预设（presupposition）来自德国哲学家弗雷格（Gottlob Frege）1892 年发表的语言哲学经典论文《涵义与指称》（"On Sense and Reference"）。在对主从复合句 "Whoever discovered the elliptic form of the planetary orbits died in misery." 的语义结构进行逻辑分析时，弗雷格发现，主句断言是否有效取决于从句主语（whoever）是否指称一个存在的对象，而且无论主句断言是肯定，还是否定，从句主语都指称（或预设，"presuppose"）一个存在的对象，即一个名叫 "Kepler" 的人。这是语言哲学文献对预设现象的最早观察和分析。时至今日，预设仍然是语言哲学、语用学研究的经典课题。

按照莱文森（Steven Levinson）（1983：167）的记述，在 1969 年至 1976 年间，预设成为语言学理论聚焦的领域，原因在于预设现象对当时流行的几乎所有语言学理论（包括生成语言学理论）都提出了实质性问题（Oh & Dineen，1979）。在语义学研究中，预设研究总是和日常语言中存在的一些预设触发语（presupposition trigger）（Levinson，1983：179）相联系。按照弗雷格组合性原则（the Compositionality Principle），整体等于部分之和。就预设现象而言，复合语句各构成成分（分句）中的预设都会投射到语句整体，并成为语句整体的总预设构成要素，但实际分析（Levinson，1983：185–225）则表明，复合语句中预设的表现并不完全符合语义学或数学的组合性原则：虽然有些分句的预设成功投射到了复合语句，但还有些分句的预设在投射过程中因为各种原因被悬置（suspend）或取消（cancel）了。预设投射问题表明，基于组合性原则的语义学无法单独解释预设问题，要对预设进行解释，还需要另外一个学科——语用学的参与。这样一来，语用学作为语言学研究领域的新成员就不但是必要的，而且是合法的了。

1977 年国际语用学专业期刊《语用学杂志》（Journal of Pragmatics）开始出版发行。1983 年，随着莱文森的《语用学》（Pragmatics）和利奇（Geoffrey Leech）的《语用学原理》（Principles of Pragmatics）的出版，语用学作为语言学的一个新兴分支学科正式进入语言学的研究领域。

1.1.2　语用学研究在中国：引进与发展

语用学在国外出现不久，便引起了国内学者的注意。1980 年，胡壮麟率先撰文《语用学》，从对象与方法、各语言学派对语用学的评价、语用学与其他学科的关系、语用学的规则等方面对语用学进行了全方位的介绍（胡壮麟，1980）。也就是在这篇论文中，"pragmatics" 被首次译为 "语用学" 或 "语言实用学"（胡壮麟，1980：1）。

之后，语用学作为语言学的新学科逐渐进入国内语言学界的视野。伴随着评介性论文数量的逐步增加，20 世纪 80 年代末国内出版了两本介绍性的语用学著作：何自然编著的《语用学概论》（1988b）、何兆熊编著的《语用学概要》（1989）。 虽然两者均以英语专业学生为主要对象，但都引入部分汉语语用案例，内容有介有评，介绍部分内容丰富、信息准确，评价部分着墨不多，但亦反映编著者的独立卓见和个人心得。更为重要的是，作为普及性论著，二者语言表述流畅，内容通俗易懂，对于语用学在国内的传播起到了积极的、持久的作用。

基于 20 世纪 80 年代的引进和思考，90 年代国内语用学研究在原来的基础上有了很大发展。特点之一是接力了国外语用学研究课题。课题之一是对会话含意理论（包括经典格赖斯会话含意理论和新格赖斯含意理论）的讨论，思考既深且广，内容既有继承，也有创新，产出了大量文献。课题之二是对关联理论的关注，尤其是在斯波伯（Dan Sperber）和威尔逊（Deirdre Wilson）的著作《关联性：认知与交际》（*Relevance: Communication and Cognition*）第二版（1995）问世之后，国内学者对关联理论的研究进入一个新的历史时期，研究涉及面广，影响大，且成果丰穰。特点之二是，在接力国外语用学核心课题时，部分学者开始尝试建立基于汉语使用和中国文化语用观的语用学理论。其中值得称道的是钱冠连的《汉语文化语用学》（清华大学出版社，第一版，1997；第二版，2002；第三版，2020）。该书以中国文化背景下的语用观和汉语语用案例（如禅宗会话案例）为基础，创造性地提出了语用学 "三带一" 理论，以附着（于人的）符号束、语境和智力三种（语言外因素的）干涉以及多余话面（字面）的含义为骨架建立起汉语文化语用学的理论框架（钱冠连，1997：12-13），对有本土特色的汉语语用学理论体系的建构做出了贡献。特点之三是，随着国内语用学研究力量的增加，国内部分高校开始招收语用学方向博士研究生。这样一来，随着年轻博士研究生的加入，国内语用学研究队伍无论是从数量上还是从质量上看，都开始有明显的改观。

进入新世纪以来，国内语用学研究取得了更为长足的发展。首先，2003 年 12 月，在著名语言学家何自然教授的倡议下，中国语用学研究会（今为中国逻辑学会语用学专业委员会）正式成立。之后，在研究会（2003 年至 2015 年，会长：何自然；2015 年至今，会长：陈新仁）的领导下，语用学研究步入快速发展轨道。其次，国内语用学研究与国际语用学研究逐步实现接轨。标志之一是，在国际语用学研讨会上，来自中国的参会者日渐增多，影响也逐步增加。标志之二是，在国外语用学专业期刊上，中国学者的稿件数量逐步增加，质量也日渐提高。标志之三是，研究课题方面，由于国内获取国外语用学研究资料日益迅捷，国内学者在语用学核心课题（如礼貌理论、不礼貌现象研究、冲突性话语、语用身份建构、人际语用学等）的研究方面逐步赶上国外同行。另外，经过多年的积累，同时也为切合当前国内哲学社会科学学科体系、学术体系、话语体系建设（习近平，2016）之需要，国内学者（如陈新仁，2018c）也开始尝试构建并向国际学界推介面向汉语的语用学本土理论。

鉴古知今，语用学从 20 世纪 80 年代初进入中国，至今已然走过 40 年。40 年来，中国语用学从无到有，从有到兴，成长迅速，硕果喜人，固然值得肯定。但追溯历史，意不在沉湎于过去，而在于展望未来，在于开拓新的学术区宇，同时为来者奠定学科研究之轨则。但如何开展工作呢？追踪国际语用学研究的前沿课题，与国外学者保持同步固然重要，而且是学科研究之常态，需要保持，并倾力而为。但同时，也要回溯历史，回到语用学创立之初哲学家对语用学学科性质、研究课题的深刻思考与洞见。以史为镜，既可以校准学科前进的目标，亦可以发现新的研究课题，老树发新枝，遂致再次扬帆启程，为学科的革新和进步开疆拓域。更为重要的是，中国语用学本土理论的建设。其中，既要"立足中国""挖掘历史""把握当代"，也要"借鉴国外"（陈新仁，2018c：10），做到中西合璧；既要有文化自信，从中国文化和汉语语用实践中提出原创性学科问题（同上），也要有学术自信（霍永寿、钱冠连，2019：11），通过本土问题的回答演绎出有本土特色的语用学理论，对国际语用学做出贡献。这既需要收集、分析本土语料时的耐心，更需要理论创建所必需的哲学自信，尤其是来自本土语言哲学学科底蕴的自信。

1.2 语用学的流派

语用学孕育、缘起于哲学、符号学，进而脱胎，成为语言学领域的一个新的分支学科，其间历史仅跨越几十年。要从这样一个新学科中析出泾渭分明的学科流派，既非易事，也不符合学科发展的常规路径。但若从学科理论的哲学源头看，类似学派的学科理论发展踪迹倒也不难寻出。

何谓学派？根据《现代汉语词典》的定义，学派指"同一学科中由于学说、观点的不同而形成的派别"（《现代汉语词典》，第5版，第1547页）。按照这个定义，可将语用学学科下的理论粗略分为三个学派：英美学派、欧洲大陆学派和融合派。

1.2.1 英美学派

从上一节对语用学起源的哲学、符号学考察可以看出，语用学研究的英美学派缘起于牛津大学的日常语言学派，包括两种语用学理论：言语行为理论和会话含意理论。

言语行为理论是英国哲学家奥斯汀建立、美国哲学家塞尔（John Searle）完善的语用学基础理论。作为语句与语境的结合体，话语对应于活动或行为（action）。每一个话语嵌入活动、融入语境之时同时实施三个言语行为（speech act）：言事行为（locutionary act）、施事行为（illocutionary act）和言后行为（perlocutionary act，又译"取效行为"）。三个言语行为同时传递三种语用力量（语力）：言事语力（locutionary force）、施事语力（illocutionary force）和言后效果（perlocutionary effect）。同时，话语之所以能成功实施言语行为，是因为相关的适切性条件得到满足。之后，塞尔（Searle，1969：66-67）从命题内容条件（propositional content condition）、预备条件（preparatory conditions）、真诚条件（sincerity conditon）和基本条件（essential condition）四个方面完善了奥斯汀的适切性条件，使言语行为实施的适切性条件更加系统化、概括化，也更加具有解释力。

从哲学层面看，言语行为理论有以下特点。首先，从日常语言学派哲学观出发，交际过程中的语用主体——说话人的哲学地位第一次得到确立，成为理论建构的关键词。其次，把语言看作一种嵌入人类社会行为中实施其社会功能的活动或行为，就意味着语言本质的施为性（performativity）得到突显，其后果是"力量"（force，或译"语力"）成为可以替代"意义"的学科理论新概念。其三，从话语嵌入特定语境时所实施的三种言语行为及其特点可以看出奥斯汀语言交际观的哲学取向，即交际涉及一个旨在表达话语字面或语义内容的基本行为、一个旨在传递说话人意图的说话行为以及一个旨在实现某种效果的言后（或取效）行为。问题是，理论以说话人为立足点，但又要兼及听话人（因为话语的效果既和说话人有关，但也不能完全由说话人决定，意定效果是否实现理论上离不开听话人）。这样一种交际观的后果是，言语行为理论对言后行为及言后效果的思考一直是学界争论的焦点（Gu，1993；Marcu，2000）。其四，虽然塞尔后来讨论了言事行为（语力）和施事行为（语力）之间的联系，并从命题内容条件和基本条件的关系出发讨论了二者间的联系，从而提出了间接言语行为概念，但关于二者的联系，即言语行为的言事语力（话语的语义内容）和施事语力（说话人意图）之间的关系，不同的语言表现会有差异[1]。

会话含意理论源自格赖斯的日常语言哲学思想。会话含意是非自然意义的一种特殊类型——说话人在具体场合传递的意义。这种意义不但和意图、信念关系密切，而且还具有非约定性和语境敏感性（context-sensitivity）。经过 1967 年的哈佛讲座及其后续思考，在 1975 年的论文

---

1 虽然卡茨（Katz）（1980：223）提出并论证了一种以语义（语法）为主、语用为辅的二者关系模式，但霍永寿（2016）发现，禅宗机缘性会话（中古汉语）言语行为实施过程中，话语的施事行为（语力）和言事行为（语力）间存在对立，而且话语施事行为（语力）的成功实施和传递要以对话语言事行为（语力）的否定（甚至是破坏）为基础。语用为主、语义为辅可能是汉语言语行为的特点之一。

《逻辑与会话》（"Logic and Conversation"）（Grice，1989：26）中，这种意义被最终概括为"会话含意"（conversational implicature）。而且，正如专用术语"implicature"（含意）所示，这种意义本质上是隐含的，需要经由听话人的认知推理方能获得。问题是，这种意义是如何推知或产生的呢？在格赖斯看来，这种意义之所以产生乃是因为交际双方共同遵守一个认知约定，即合作原则。借用康德的四个范畴，格赖斯将原则下的准则概括为质、量、关系、方式四组准则（Grice，1989：28）。格赖斯观察到，交际过程中交际双方都会有意识遵守原则及其下属准则，并能产生某种含意。但这不是会话含意理论的初衷所在，因为该理论的要点在于：说话人故意公开违背其中一条或多条准则，且同时让听话人知道其当下违背行为，即"flout"（故意、公开违背），听话人领会此示意，继而启动自己的认知推理，从而获得该隐含意（即会话含意）。这个过程是在交际双方均遵守合作原则但同时说话人又故意或公开违背相关会话准则的前提下发生、推进并最终完成的。

以此为基础，格赖斯经过数年的努力，使会话含意理论不断完善。之后，围绕着会话含意理论的哲学基础、会话诸准则及其表现方式，学者们从不同角度展开了争论。争论的结果是语用学的学科理论，包括礼貌原则（Leech，1983）、面子理论（Brown & Levinson，1987）、新格赖斯含意理论（Horn，1984）、关联理论（Sperber & Wilson，1986/1995）以及近期兴起的人际语用学（Locher & Graham，2010a）等，得以不断建构、发展、推陈出新，逐步形成了语用学的英美学派。

1.2.2 欧洲大陆学派

英美学派语用学理论的特点是，每一个理论都有自己特有的分析单元，如言语行为理论专注于言语行为（尤其是施事行为），会话含意理论专注于话语（utterance）及其嵌入语境所生成的会话含意。与此不同的是，欧洲大陆学派语用学理论的特点是语用分析不固定于某一分析单元，而是作为一种综合性观照（general perspective）关涉语言系统的每一个层面、每一个方面。其中最有代表性的理论是比利时语言学家维索尔伦（Jef Verschueren）创立的语用综观论（the Pragmatic Perspective）。

语用综观论，又称语言顺应论或"作为一种语言顺应理论的语用学"（pragmatics as a theory of linguistic adaptation）。其基本观点和理论框架于 20 世纪 80 年代中期（Verschueren, 1987）首次提出，之后经十余年的发展和完善，最终于 90 年代末面世（Verschueren, 1999）。

语用综观论秉承上述维特根斯坦的日常语言哲学传统，也接受了维氏"综观式"的语词意义分析法（Wittgenstein, 2009）及相关概念，如语言游戏、生活形式等。不过，关于语言游戏中"语言和语言被织入其中的活动"（Wittgenstein, 2009）之间的关系，维索尔伦似乎认为语言不是被动地"被织入"，而是与游戏中的非语言活动（即语境）构成平行且相互顺应的关系。这样，语用学可以看作"联系语言现象在诸种活动形式中的使用，从认知、社会和文化入手对语言现象的综合性观照"（Verschueren, 1999：7），这样的语言使用就表现为语言嵌入诸种活动形式中发挥表意功能的过程。本质上，这一过程可以看作交际双方在语言内（如结构）、外（如交际意图）动因的驱动下不断做出选择的过程，选择可以是有意识的，也可以是无意识的。这里，语言能满足语境表意功能的要求是因为语言结构本身的三个特性，即变异性（variability）、协商性（negotiability）和顺应性（adaptability）。以此为基础，语用综观论对语言发挥功能过程的解释涉及四个关键概念：顺应的语境关联成分（contextual correlates of adaptability）、顺应的结构对象（structural objects of adaptability）、顺应的动态性（dynamics of adaptability）以及顺应过程的意识突显性（salience of the adaptation processes）。其中，顺应的动态性表明语言使用过程中语境（语境关联成分）和语言系统（即顺应的结构对象）始终处于一种相互适应、相互影响而又相互建构的关系中。同时，这一过程又涉及交际双方不同程度的意识和认知参与，从而为语言交际过程中人类的认知运作和思想形态建构过程的考察开启了一条新的途径。

需要指出的是，语用综观论虽然如其名称所示过于宽泛而在实际研究过程中难以操作并屡遭诟病，但它和具体研究中聚焦某类现象的取向和做法并无本质上的冲突。

1.2.3　近十年新趋势：融合派

与上述两派相比，语用学研究中的融合派尚在起步阶段。至少就目前而言，语用学领域只有"融合语用学"（integrative pragmatics），而"融合语用学派"（school of integrative pragmatics）尚未见诸学界。实际上，即便是"融合语用学"概念也是近期才由卡尔佩珀（Jonathan Culpeper）和霍（Michael Haugh）（2014：11，266）首次提出。

但这并不是说融合派够不上学派。相反，作为"同一学科中由于学说、观点的不同而形成的派别"（《现代汉语词典》，第 5 版，第 1547 页），融合派不但有自身特色，而且代表了全球范围内语用学发展的未来走向。何以如此？从方法论看，融合派发端于解放语用学主张。作为语用学研究的一种路径，解放语用学（emancipatory pragmatics）意在将语用学从英美学派的语言观和语言哲学观中解放出来，使其与具体文化、社会的语用实践相结合，从而使语用学研究摆脱西方语言哲学观、语用观的束缚，真正实现本土化。该主张酝酿于 20 世纪 90 年代，经过十几年发展，最终在《语用学杂志》第 41 卷（2009 年）第 1 期推出专辑。

以解放语用学为背景，融合派的语用学研究特点如下。首先，融合派承认不同的社会文化有自身特有的言说方式、语言交际哲学观和语用观。这一观点的影响是，语用学研究要与具体语言的使用方式相结合，如上述卡尔佩珀和霍（2014）的奠基性著作就是以英语作为其语用学研究的对象和语料来源的。其次，方法论上，融合派与解放语用学倡导者（如 Hanks et al.，2009：1）一样，反对语用学研究不加分析地依赖源自欧美语言的语言观和言说方式及其分析范畴（如言语行为、含意、礼貌、信息交换等）和哲学前提（如个体主义、理性和市场经济等）（Culpeper & Haugh，2014：11）。从解放语用学倡导者看，语用分析的对象便是实例层面（the token level）的实际互动（Hanks et al.，2009：4）；从融合语用学看，互动（interaction）或会话互动（conversational interaction）（Haugh，2012a）就成了语用分析关注的对象，原因在于，所有的语用现象都是在互动过程中发生的（Culpeper & Haugh，2014：11）。其三，更为切近学派理论宗旨的是，融合派倡导一阶语用视角（first-order perspective）和二阶语用视角（second-order perspective）的动态性融合（同上）。其中，一阶语用视角指交际参加者视角，交际参加者乃是使用语言以达意、行事之人；二阶语用视角乃指分析者视角，分析者在外延上包含语用学研究者。在卡尔佩珀和霍（2014：11）看来，上述英美学派传统上根植于二阶视角，近期受欧陆学派的影响有向一阶视角转变的倾向。无论如何，融合使用者、分析者（观察者）视角的结果是，语用学成了实证性研究，语料成了语用分析的对象。同时，语言使用者的常识性语用观或对言说方式的常识性观念也进入到语用学研究的学科视野，成为语用学学科领域的合法构成要素。这样一来，语用分析的内容不但大为拓展，其本土化、区域化特点也会日渐显露。

需要指出的是，以上三种学派中，英美学派和欧洲大陆学派虽以地域命名，但英美学派与英美语用学研究、欧洲大陆学派与欧洲大陆语用学研究并非完全吻合。而且，欧洲大陆语用学中哈贝马斯（Jürgen Habermas）的普遍语用学、法国语用学（或法国语用学派）（Verschueren，2017：122–123）等均未提及。但是，以上述学派源流为主线，可以回观几十年来语用学学科发展的基本走向，同时窥见其未来的发展方向。这样做的目的是为国内语用学研究的本土化和新发展找到合适的接力点和着力点。

1.3　语用学近十年来国内外重要议题 [1]

主要议题体现了特定领域的研究热点和重点，其丰富程度是学科繁荣与否的重要标志，是学科生命力的重要象征。本节借助 CiteSpace 这一文献计量工具，首先分别解析国内和国外语用学研究的主要议题，最后从对比的角度出发，呈现近十年国内外语用学研究热点的异同。

---

[1] 本节分析主要基于近十年（2010—2019）国内外核心期刊论述数据得出。具体来说，本节先以主题中含"语用 /pragmatic"或主题中含"关联理论 /Relevance Theory""言语行为 /Speech Act""含意 /Implicature""礼貌 /Politeness"和"会话分析 /Conversation Analysis"等任一主题词但不含"语用"这一主题词为检索对象，在 CSSCI 和 Web of Science 数据库核心合集（主要包括 SSCI 和 A&HCI）中分别检索国内外近十年核心期刊中的语用学论文（其中 CSSCI 论文 652 篇、SSCI/A&HCI 论文 4690 篇），之后借助 CiteSpace 5.6R5 这一文献计量软件，对所得数据进行主要议题、高被引专著、高被引论文、高被引学者等分析。

1.3.1 国内语用学近十年主要议题

图 1-1 显示，语际语用学是我国语用学研究的重要议题。图 1-1 上方的"语用能力""语用失误""学习者""语用习得""语用教学"等均与语际语用学有关。这既与我国外语教育大国的身份有关，也与我国语用学研究具有鲜明的应用（特别是习得研究）传统有关。

我国语用学研究具有鲜明应用传统的另一体现，是借用相关语用学理论（如关联理论、语境理论）阐释、指导翻译活动。图 1-1 下方的"翻译""翻译策略""主体性""关联理论""最佳关联""明示—推理"等多与此有关。

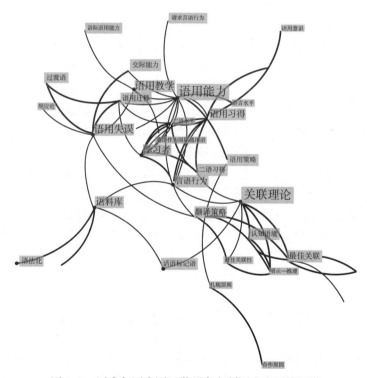

图 1-1 近十年国内语用学研究主题词聚类网络图谱

除上述提及的主题词外，近十年国内语用学研究还涉及"语料库""言语行为""话语标记语""语法化"等主题词（具体可参加下文

表 1-1）。从中可以看出：（1）近十年来，关联理论、言语行为理论等仍是我国语用学研究的主要理论来源；（2）近十年，语料库已成为语用学研究的主要研究方法之一（李民、陈新仁，2019），为语用学研究提供了新的方法论支持和语言数据来源；（3）语用—句法界面研究开始兴起（李民、肖雁，2017），语法化是语用学与句法学界面研究的重要切入点。

1.3.2　国外语用学近十年主要议题

表 1-1 显示，近十年国外语用学研究主要集中在以下四个领域：（1）语用语言学，speech act、request 等主题词多与此有关；（2）社交语用学，politeness、face、identity、impoliteness 等主题词多属此研究领域；（3）语际语用学，acquisition、comprehension、Spanish 等多与此有关；（4）界面研究，主要包括语义—语用界面、句法—语用界面研究等。

借助表 1-1，我们还可发现近十年国外语用学研究还具有如下特点：（1）国外语用学研究所关注的语言仍以英语为主（即表中的 English 主题词），但对西班牙语或西班牙语学习者的关注明显增多，远高于对其他语言或其他语言学习者的关注，这与肖雁（2017）基于同样方法的结论基本一致；（2）国外语用学研究除继续关注会话外，其研究已拓至整个语篇，对笔语分析的占比越来越高；（3）儿童语用习得已成近十年国外语用学研究的热点；（4）会话组织 / 分析是国外语用学研究的重要议题。

1.3.3　国内外语用学近十年高频主题词对比

通过高频主题词对比，可以发现近十年国内外语用学研究具有如下共同点：（1）国内外语用学研究对语际语用学均比较重视，语用习得已成语用学研究的重要组成部分（李民、陈新仁，2018）；（2）国内外语用学均重视界面研究，特别是句法—语用层面的界面研究（何自然，2013；张绍杰，2018；李民、陈新仁，2019）。

表 1-1 近十年国内外语用学研究主题词对比表

频次排序	国内语用学研究	国外语用学研究
1	语用能力	politeness
2	关联理论	English
3	语用功能	discourse
4	翻译	communication
5	语料库	speech
6	言语行为	acquisition
7	语境	face
8	语用失误	children
9	跨文化交际	conversation
10	话语标记语	speech act
11	英语教学	semantics
12	语用教学	identity
13	翻译策略	comprehension
14	语法化	context
15	大学英语	Spanish
16	最佳关联	impoliteness
17	二语习得	organization
18	学习者	conversation analysis
19	主观化	request
20	语用习得	syntax

对比来看，近十年国内语用学研究呈现出一定的特点：（1）国内语用学研究对关联理论的关注比较持续，关联理论仍是我国语用学研究的主要理论基础，借助该理论对翻译、话语标记语展开分析的研究仍然较多；（2）国内语用学研究重视语用学（特别是关联理论）视角下的翻译研究，而国外相关研究则相对较少；（3）国内语用学研究对语料库这一新兴技术的使用更为凸显，语料库已成语用学研究的主要研究方法（钱

永红、陈新仁，2014；李民、陈新仁，2019），而语料库则未进入国外语用学研究高频主题词前 20 位。

与国内语用学研究对比，国外语用学研究也呈现出一些自己的特点:（1）社交语用学仍是国外语用学研究的重要组成部分，对（不）礼貌、身份等传统议题的研究不断深入，新理论不断涌现（赖小玉、冉永平，2018；郭亚东、陈新仁，2019）;（2）会话分析研究比较活跃，会话分析不仅是语用学的核心议题之一，而且作为一种重要的研究方法渗入语际语用学、社交语用学研究中（孙迎晖，2018；于国栋、张艳红，2019），其方法论价值亦日益凸显。

1.4　语用学近十年国内外高被引著作

1.4.1　国内语用学近十年高被引著作

相对于学术论文，专著中的内容相对固定，学科知识脉络相对清晰，因此也常常被列入文章的参考文献。对学术论文参考文献中的专著展开分析，不仅能探寻学科的发展现状，而且能展示学科的经典文献，从而为学术论文撰写和学术新手提供参考。

数据分析显示（表 1-2），国内语用学研究仍以引用国外著作为主，对国内著作的引用频次和比例均明显低于对国外著作的引用。近十年国内语用学研究中所引用的国外语用学著作，仍以经典文献为主（如 Austin，1962；Brown & Levinson，1987；Leech，1983；Quirk et al.，1985；Searle，1969；Sperber & Wilson，1986，1995；Verschueren，1999），但也包括胡珀（Paul Hooper）和特劳戈特（Elizabeth Traugott）（2003）、鲍斯菲尔德（Derek Bousfield）（2008）等较新的专著文献。从研究领域看，所引用的国外文献主要涉及普通语用学（如 Leech，1983；Mey，1993）、关联理论（如 Sperber & Wilson，1986，1995）、礼貌（Bousfield，2008；Brown & Levinson，1987）、言语行为（Austin，1962；Grice，1989；Searle，1969）、含意（如 Levinson，2000）等议题。

表 1-2 近十年国内语用学研究高被引著作

排序	作者	出版时间	专著名称	出版社	被引频次[1]
1	Jef Verschueren	1999	*Understanding Pragmatics*	Arnold	101
2	Dan Sperber & Deirdre Wilson	1986/1995	*Relevance: Communication and Cognition*	Blackwell	92
3	Geoffrey Leech	1983	*Principles of Pragmatics*	Longman	86
4	Penelope Brown & Stephen Levinson	1987	*Politeness: Some Universals in Language Usage*	Cambridge University Press	52
5	John Austin	1962	*How to Do Things with Words*	Oxford University Press	43
6	Paul Grice	1989	*Studies in the Way of Words*	Harvard University Press	35
7	何兆熊	2000	《新编语用学概要》	上海外语教育出版社	34
8	George Lakoff & Mark Johnson	1980	*Metaphors We Live by*	The University of Chicago Press	29
9	何自然、陈新仁	2004	《当代语用学》	外语教学与研究出版社	28
10	John Searle	1969	*Speech Acts: An Essay in the Philosophy of Language*	Cambridge University Press	27
11	何自然	1997	《语用学与英语学习》	上海外语教育出版社	27

1 此处的被引频次，并非是指该专著或论文在整个 CSSCI 或 Web of Science 数据库中的被引频次，而是指 CiteSpace 统计的该专著或论文在所下载数据库（本书第 14 页脚注 1）中的被引频次。

（续表）

排序	作者	出版时间	专著名称	出版社	被引频次
12	Deborah Schiffrin	1987	*Discourse Markers*	Cambridge University Press	26
13	Jacob Mey	1993	*Pragmatics: An Introduction*	Blackwell	25
14	Stephen Levinson	2000	*Presumptive Meanings: The Theory of Generalized Conversational Implicature*	MIT Press	23
15	何自然、冉永平	2009	《新编语用学概论》	北京大学出版社	19
16	Randolph Quirk et al.	1985	*A Comprehensive Grammar of the English Language*	Longman	19
17	Paul Hooper & Elizabeth Traugott	2003	*Grammaticalization (2nd Edition)*	Cambridge University Press	18
18	何自然	1988b	《语用学概论》	湖南教育出版社	16
19	Francois Recanati	2003	*Literal Meaning*	Cambridge University Press	13
20	Derek Bousfield	2008	*Impoliteness in Interaction*	John Benjamins Publishing Company	13

　　国内语用学研究除引用国外著作外，也引用了国内著作，但比例较低（5/20=25%），且有4本为广东外语外贸大学何自然教授所著，另一本则为上海外国语大学何兆熊教授所著，均为学科教材、入门性质经典文献。尽管具体数量无从统计，但国内近十年来因职称评定、博士毕业人数增多、学科点建设需要等因素，包括语用学在内的各学科学术专著出版活跃，但新出版专著对国内语用学研究的影响尚不明显，我国语用学研究引用国内专著时仍以经典文献为主。

1.4.2 国外语用学近十年高被引著作

表 1-3 显示，国外语用学研究对专著的引用情况与我国整体情况类似。国外语用学研究引用专著时也会引用经典文献（如 Austin，1962；Brown & Levinson，1987；Goffman，1967；Grice，1989；Searle，1969），但对新近文献的引用也占较大比例（如 Carston，2002；Horn & Ward，2004；Rose & Kasper，2001；Spencer-Oatey，2008）。从研究领域看，近十年国外语用学研究引用的专著主要集中在普通语用学（如 Leech，1983）、言语行为与含意理论（如 Austin，1962；Grice，1989；Levinson，2000；Searle，1969）、礼貌（如 Brown & Levinson，1987；Eelen，2001；Spencer-Oatey，2008）、关联理论（如 Carston，2002；Sperber & Wilson，1986/1995）、语际语用学（如 Rose & Kasper，2001；Trosborg，1995）、会话分析（如 Atkinson & Heritage，1984）等领域。

表 1-3 近十年国外语用学研究高被引著作

频次排序	作者	出版时间	专著名称	出版社	被引频次
1	Penelope Brown & Stephen Levinson	1987	*Politeness: Some Universals in Language Usage*	Cambridge University Press	769
2	Laurence Horn & Gregory Ward	2004	*The Handbook of Pragmatics*	Blackwell	361
3	Dan Sperber & Deirdre Wilson	1986/1995	*Relevance: Communication and Cognition*	Blackwell	341
4	Geoffrey Leech	1983	*Principles of Pragmatics*	Longman	319
5	Kenneth Rose & Gabriele Kasper	2001	*Pragmatics in Language Teaching*	Cambridge University Press	301

（续表）

频次排序	作者	出版时间	专著名称	出版社	被引频次
6	Maxwell Atkinson & John Heritage	1984	*Structures of Social Action: Studies in Conversation Analysis*	Cambridge University Press	253
7	Paul Grice	1989	*Studies in the Way of Words*	Harvard University Press	234
8	John Austin	1962	*How to Do Things with Words*	Harvard University Press	230
9	Stephen Levinson	2000	*Presumptive Meanings: The Theory of Generalized Conversational Implicature*	MIT Press	228
10	Erving Goffman	1967	*Interaction Ritual: Essays on Face-to-Face Behavior*	Anchor Books	210
11	John Searle	1969	*Speech Acts: An Essay in the Philosophy of Language*	Cambridge University Press	205
12	Helen Spencer-Oatey	2008	*Culturally Speaking: Culture, Communication, and Politeness Theory*	Continuum	196
13	Anna Trosborg	1995	*Interlanguage Pragmatics: Requests, Complaints and Apologies*	Mouton de Gruyter	196
14	Erving Goffman	1981	*Forms of Talk*	University of Pennsylvania Press	189
15	Gino Eelen	2001	*A Critique of Politeness Theory*	St. Jerome Publishing	184

（续表）

频次排序	作者	出版时间	专著名称	出版社	被引频次
16	Randolph Quirk et al.	1985	*A Comprehensive Grammar of the English Language*	Longman	171
17	Deborah Schiffrin	1987	*Discourse Markers*	Cambridge University Press	168
18	Esther Goody	1978	*Questions and Politeness: Strategies in Social Interaction*	Cambridge University Press	157
19	Robin Carson	2002	*Thoughts and Utterances: The Pragmatics of Explicit Communication*	Blackwell	140
20	Karin Aijmer	1996	*Conversational Routines in English: Convention and Creativity*	Longman	106

从参考文献的角度看，国外语用学近十年主要集中于语言语用学（如言语行为、含意）、社交语用学（如礼貌、身份）、会话分析等领域，对经典、入门性语用学教材的引用较低，对认知语用学、语际语用学类专著教材的引用比例也较少。

1.4.3　国内外语用学近十年高被引著作对比

从对比的角度分析，就国内外语用学研究高被引著作而言，国内语用学研究对语用学经典教材的引用比例高于国外语用学研究，且未涉及会话分析类文献；国外语用学研究对会话分析类著作引用则较多（如 Aijmer，1996；Atkinson & Heritage，1984；Goffman，1967），说明会话分析是现阶段国外语用学研究的主要研究领域之一。

另外，国内语用学教材对顺应论的引用频次较高（Verschueren，1999），但这一文献未进入国外高被引著作前 20 位。此外，国内外语用学研究对语言语用、社交语用、认知语用、语际语用学类著作的引用差别不大。

1.5 语用学近十年国内外高被引论文

1.5.1 国内语用学近十年高被引论文

近十年国内语用学研究的高被引论文整体较新，约有 75% 的高被引论文发表于 2010 年之后（见表 1-4），说明我国语用学研究者的文献更新意识较强，这也能从一定程度上反映出引用著作与引用论文是两种不同性质的引用行为（如引用前者主要以获取知识概况、学科定位、确定选题背景为主，引用后者则主要旨在呈现研究现状与进展）。此外，这些高被引论文主要发表于《外语教学与研究》《现代外语》《外语教学》等国内高影响力期刊，这也从一定程度上说明国内语用学研究者对文献质量非常关注。

与国内高被引著作相比，国内语用学研究的高被引论文以我国国内论文为主，这说明我国语用学研究也达到了较高水平。还有一个特点是，国内语用学研究的高被引论文主要集中于冉永平和陈新仁，这说明两位教授对我国语用学研究具有重要的引领作用，也从一定程度上说明我国学者在学术论文引用时存在优先选择专家论文的意识。

表 1-4 近十年国内语用学研究高被引论文

频次排序	作者	发表时间	发表期刊	论文题目	被引频次
1	冉永平	2010b	现代外语	冲突性话语趋异取向的语用分析	12
2	冉永平	2007a	外语教学	语用学传统议题的深入研究新兴议题的不断拓展——第十届国际语用学研讨会述评	9

（续表）

频次排序	作者	发表时间	发表期刊	论文题目	被引频次
3	冉永平	2007b	外语教学与研究	指示语选择的语用视点、语用移情与离情	9
4	陈新仁	2013c	外语研究	语用身份：动态选择与话语建构	9
5	陈新仁	2014c	现代外语	语用学视角下的身份研究——关键问题与主要路径	8
6	冉永平	2005	外语教学与研究	词汇语用学及语用充实	7
7	冉永平	2012b	外语教学	人际交往中的和谐管理模式及其违反	7
8	袁周敏、陈新仁	2013	外语教学与研究	语言顺应论视角下的语用身份建构研究——以医疗咨询会话为例	6
9	冉永平	2010a	外语教学	冲突性话语的语用学研究概述	6
10	冉永平、刘 平	2015	外语教学	人际语用学视角下的关系研究	5
11	冉永平	2013	外语教学与研究	多元语境下英语研究的语用关注	5
12	卢加伟	2013	解放军外国语学院学报	认知框架下的课堂语用教学对学习者二语语用能力发展的作用	4
13	李成团	2010b	外语教学	指示语选择的视点定位与身份构建	4
14	陈新仁	2014a	外语研究	基于社会建构论的语用能力观	4
15	Naoko Taguchi	2011	*Annual Review of Applied Linguistics*	Teaching Pragmatics: Trends and Issues	4
16	冉永平	2011	外语教学与研究	当代语用学研究的跨学科多维视野	4
17	Helen Spencer-Oatey	2007	*Journal of Pragmatics*	Theories of Identity and the Analysis of Face	4

（续表）

频次排序	作者	发表时间	发表期刊	论文题目	被引频次
18	陈新仁	2004b	外语学刊	论语用平衡	4
19	陈新仁、王玉丹	2012	外国语文研究	关于全球化背景下通用语英语交际的思考	4
20	陈新仁	2015	外语教学与研究	语义学与语用学的分界：一种新方案	4

从议题看，国内语用学研究的高被引论文主要集中在人际语用（如礼貌、不礼貌、面子）（如冉永平，2010b，2012b；冉永平、刘平，2015）、身份（如陈新仁，2013c，2014c；袁周敏、陈新仁，2013）、语际语用（如卢加伟，2013；Taguchi，2011）等方面。此外，述评类（如冉永平，2007a）、综述类（如冉永平，2010a；陈新仁，2014c）文章因能紧跟学术前沿、内容讨论全面、方向指引明确等因素，也经常被国内语用学研究所引用。

1.5.2 国外语用学近十年高被引论文

与我国情况类似，国外语用学研究高被引论文也以近期为主，均为 2005 年之后发表（见表 1-5）。所发表刊物更为聚焦（如 *Journal of Politeness Research*），刊物影响因子不一定很高，所引论文的作者也较为丰富，未出现集中引用几位特定研究者的情况，这从一定程度上说明国外语用学研究的整体水平较高。从研究议题看，国外语用学研究高被引文献主要集中于人际语用（如 Arundale，2010b；Culpeper，2005；Watts，2003）和语际语用（如 Bardovi-Harlig，2013；Félix-Brasdefer，2007；Shively，2011）两个领域。

从这些高被引论文看，近十年国外语用学研究主要集中在（不）礼貌/面子和语用习得等领域。在排位前 20 的高被引文献中，有 12 条与（不）礼貌或面子有关，有 5 条与语用习得有关。这说明这两个议题是过去十年语用学研究的重点领域。

表 1-5　近十年国外语用学研究高被引论文

排序	作者	时间	发表期刊（或文集）	论文题目	被引频次
1	Robert Arundale	2010b	*Journal of Pragmatics*	Constituting Face in Conversation: Face, Facework and Interactional Achievement	68
2	Miriam Locher & Richard Watts	2005	*Journal of Politeness Research*	Politeness Theory and Relational Work	62
3	Michael Haugh	2007	*Journal of Politeness Research*	The Discursive Challenge to Politeness Research: An Interactional Alternative	55
4	Robert Arundale	2006	*Journal of Politeness Research*	Face as Relational and Interactional: A Communication Framework for Research on Face, Facework, and Politeness	54
5	Jonathan Culpeper	2005	*Journal of Politeness Research*	Impoliteness and Entertainment in the Television Quiz Show: The Weakest Link	41
6	Helen Spencer-Oatey	2007	*Journal of Pragmatics*	Theories of Identity and the Analysis of Face	38
7	Elizabeth Closs Traugott	2010	*Subjectification, Intersubjectification and Grammaticalization*	（Inter）subjectivity and（Inter）subjectification: A Reassessment	38
8	Michael Haugh	2010	*Journal of Pragmatics*	Jocular Mockery, (Dis) affiliation, and Face	36
9	Michael Haugh & Derek Bousfield	2012	*Journal of Pragmatics*	Mock Impoliteness, Jocular Mockery and Jocular Abuse in Australian and British English	36

（续表）

排序	作者	时间	发表期刊（或文集）	论文题目	被引频次
10	Michael Haugh	2013	*Journal of Pragmatics*	Im/politeness, Social Practice and the Participation Order	35
11	John Heritage	2012	*Research on Language & Social Interaction*	The Epistemic Engine: Sequence Organization and Territories of Knowledge	32
12	Kathleen Bardovi-Harlig	2013	*Language Learning*	Developing L2 Pragmatics	32
13	J. César Félix-Brasdefer	2007	*Intercultural Pragmatics*	Pragmatic Development in the Spanish as a FL Classroom: A Cross-sectional Study of Learner Requests	29
14	Helen Spencer-Oatey	2005	*Journal of Politeness Research*	（Im）Politeness, Face and Perceptions of Rapport: Unpacking Their Bases and Interrelationships	29
15	Maria Economidou-Kogetsidis	2011	*Journal of Pragmatics*	"Please Answer Me as Soon as Possible": Pragmatic Failure in Non-native Speakers' E-mail Requests to Faculty	29
16	Geoffrey Leech	2007	*Journal of Politeness Research Language*	Politeness: Is There an East-West Divide?	28
17	Rachel Shively	2011	*Journal of Pragmatics*	L2 Pragmatic Development in Study Abroad: A Longitudinal Study of Spanish Service Encounters	26
18	Pilar Garcés-Conejos Blitvich	2009	*Journal of Politeness Research*	Impoliteness and Identity in the American News Media: The Culture Wars	24

（续表）

排序	作者	时间	发表期刊（或文集）	论文题目	被引频次
19	Andrew Cohen & Rachell Shively	2007	*The Modern Language Journal*	Acquisition of Requests and Apologies in Spanish and French: Impact of Study Abroad and Strategy-Building Intervention	22
20	Miriam Locher	2006	*Multilingua*	Politeness Behavior within Relational Work: The Discursive Approach to Politeness	22

1.5.3　国内外语用学近十年高被引论文对比

从对比的角度分析，国内外语用学研究的高被引论文均主要集中于人际语用和语际语用两方面。其不同之处在于，国内语用学研究对身份这一议题文献的引用频次也较高，也注重引用述评类、综述类文献，但国外语用学研究对此的引用频次则较低。此外，国外语用学研究还经常引用会话分析类文献（如 Heritage，2012；Schegloff，2007），国内对此则无涉及，这也从一定程度上说明会话分析在国内具有巨大的发展潜力。

1.6　语用学近十年高被引学者

1.6.1　国内语用学近十年高被引学者

从高被引作者来看（表 1-6），国内语用学研究所引用的高频学者仍以国外语用学研究者为主，前 20 位高被引学者中仅有 7 人为国内学者，这与国内语用学研究对国内高被引专著的情况基本类似。国内语用学研究的高被引学者以何自然、何兆熊、冉永平、陈新仁等领军学者为主。所引用的国外学者，主要包括奥斯汀、莱文森、格赖斯、斯波伯和威尔逊、维索尔伦、卡斯伯（Gabriele Kasper）、特罗斯伯格（Anna Trosborg）、斯宾塞-欧蒂（Helen Spencer-Oatey）。

表1-6　近十年国内外语用学研究高被引学者

频次排序	国内语用学研究（被引频次）	国外语用学研究（被引频次）
1	何自然 (162)	Herbert Grice (1250)
2	冉永平 (138)	Penelope Brown (1007)
3	Dan Sperber / Deirdre Wilson (98)	John Searle (672)
4	陈新仁 (75)	Stephen Levinson (653)
5	Jef Verschueren (75)	Emanuel Schegloff (578)
6	Penelope Brown (58)	Geoffrey Leech (496)
7	徐盛桓 (57)	Richard Watts (455)
8	Geoffrey Leech (52)	Dan Sperber (454)
9	何兆熊 (45)	Shoshana Blum-Kulka (412)
10	Gabriele Kasper (37)	Erving Goffman (406)
11	Herbert Grice (37)	Herbert Clark（397）
12	Stephen Levinson (36)	Harvey Sacks (384)
13	Helen Spencer-Oatey (32)	Michael Haugh (372)
14	Michael Halliday (31)	Gabriel Kasper (344)
15	钱冠连 (30)	Helen Spencer-Oatey (388)
16	胡壮麟 (30)	Willian Labov (330)
17	George Lakoff (30)	Janet Holmes (327)
18	Jenny Thomas (28)	John Heritage (301)
19	John Austin (27)	Bruce Fraser (282)
20	Anna Trosborg (27)	Deirdre Wilson (276)

从这些高被引学者的研究领域看，除普通语言学类教材无法判断外，我国语用学研究所引用的高频作者主要集中在关联理论（Dan Sperber/Deirdre Wilson）、顺应论（Jef Verschueren）、礼貌与面子（Geoffrey Leech，Helen Spencer-Oatey）、言语行为理论（Herbert Grice，John Austin）、语际语用学（Gabriele Kasper，Jenny Thomas，Anna Trosborg）等领域。另外需要指出的是，国内语用学研究对功能语言学（Michael Halliday）、认知语言学（George Lakoff）等领域成果的引用频次也相对较高。

1.6.2 国外语用学近十年高被引学者

从总引用量看（表 1-6），国外语用学研究的高被引学者主要包括布朗（Penelope Brown）、莱文森、格赖斯、利奇、塞尔、拉波夫（William Labov）、斯波伯、希夫林（Deborah Schiffrin）、霍、卡尔佩珀。

从这些学者的研究领域看，国外语用学研究的高被引文献主要集中在关联理论（Dan Sperber，Deirdre Wilson）、言语行为理论（Herbert Grice，John Searle）、（不）礼貌与面子（Geoffrey Leech，Jonathan Culpeper）、语际语用（Gabriele Kasper，Shoshana Blum-Kulka）、会话分析（Harvey Sacks，Emanuel Schegloff，Deborah Tannen）等领域。另需指出的是，国外语用学研究对社会语言学（Erving Goffman，Janet Holmes，William Labov）学者的引用也较高，还会引用到生成语法学家 Noam Chomsky 的成果。

1.6.3 国内外语用学近十年高被引学者对比

从对比的角度分析（表 1-6），近十年国内外语用学研究对莱文森、布朗、格赖斯、利奇等早期学者均保持较高的引用率，对之后关联理论的提出者斯波伯和威尔逊以及语际语用学的主要推动者卡斯伯的引用频次也比较高。

　　不同之处在于，国内论文对顺应论的提出者维索尔伦的引用频次较高，而维索尔伦并未进入国外高被引作者前 20 位。另外一个不同之处在于，国外对戈夫曼（Erving Goffman）、霍尔姆斯（Janet Holmes）、拉波夫等社会语言学家的引用频次较高，国内的高被引作者中则很少涉及此领域。最后，国外的语用学研究对萨克斯（Harvey Sacks）、谢格洛夫（Emanuel Schegloff）、塔伦（Deborah Tannen）等会话分析学家的引用较高，而国内文献则很少引用此方面的文献。因此，我国语用学研究除继续坚持在语用语言、认知语用、语际语用等方面的探索外，还需进一步拓展研究范畴。其中，会话分析不仅是语用学的一个研究分支，还是一种重要的研究方法，具有巨大的应用价值，值得语用学研究者关注。此外，我国语用学研究一向注重对经典文献的引用，重视语用学学科内的文献梳理与参考，适当引入其他学科（如社会语言学、认知科学、计算机科学等）的理论和方法，也将是语用学持续、健康发展的有效途径之一。

第 2 章
语用学理论研究新发展

本章追踪语用学理论层面的新动态与新发展，重点关注经典语用学理论近十年的各自进展，简要介绍国内外语用学近十年来涌现的新视角，并扼要呈现语用学与语言学其他内部学科以及与语言学外部学科之间近十年的界面研究。

2.1　语用学理论的新发展

2.1.1　言语行为理论的新发展

言语行为理论（Speech Act Theory）在语言哲学、语用学中一直是成果最为丰硕的研究领域之一（De Ponte，2020），近十年来不仅在基本议题上有深入的拓展，而且在不同语境下言语行为的变异性和多样性方面也进行了多维度的探索，进一步展现了语用学的社会科学属性（陈新仁，2019）。本节介绍言语行为的基本思想，综述相关理论的最新研究，并对未来的发展进行展望。

1. 基本思想

言语行为理论是语用学的基本理论之一，由语言哲学家奥斯汀于1955 年至 1962 年在哈佛大学作系列讲座时提出，由塞尔进一步发展和完善（Searle，1965，1969，1979）。该理论的核心思想为"说话就是做事"：说话人只要说出了有意义、可为听话人理解的话语，就可以说是实施了某个行为，即"言语行为"。言语行为是研究语言使用的基本分析单位。

言语行为理论的提出是对 20 世纪 30 年代盛行的逻辑实证主义的挑战和颠覆。依据逻辑实证主义，凡不能证明真假的陈述都是"伪陈述"，是没有意义的。奥斯汀指出，很多陈述句不以记叙事实或传递信息为目的，或仅是部分以此为目的；有很多语句不涉及真与假的问题。在此基础上，他区分了"施为句"（performatives）和"描述句"（constatives）。典型的施为句无法区分真或假，只关涉适当与否，比如"我宣布……"要受一定的适切条件（felicity conditions）的制约。

奥斯汀发现施为句不只是具有特殊的句法和语用特征的语句，而是属于更具有普遍性的语句中的显性施为句，与隐性施为句相对。于是，奥斯汀放弃了施为句和表述句的区分，认为所有的语句除了表达意义外都实施特定的行为。具体来说，一个人在说某句话的时候，在同时实施三种行为：以言指事（locutionary act）、以言行事（illocutionary act）和以言成事（perlocutionary act）。以言指事指的是话语的表述方面，即说话人说出一句有确定意义和指称的、能让人理解的话语行为。以言行事指说话人在通过话语实施某个交际目的或执行某个特定功能的行为，即"通过说 X，我在做 Y"。以言成事指的是说话人通过说某句话在听话人身上产生的效果或结果，即"通过说 X、做 Y，我做了 Z"（何自然、陈新仁，2004：63）。对奥斯汀来说，"以言行事"是分析的重心，"言语行为"这一术语也逐渐用来专指"以言行事"（Levinson，1983：236）。以言成事行为不是通过规约产生，常常不确定。

奥斯汀依据施为动词来区分施为行为，把英语的施为动词分成了五大类：裁决类（verdictives）、行使类（exercitives）、承诺类（commissives）、阐述类（expositives）、表态类（behabitives）。塞尔认为不应该依据施为动词来分类，该做法不能贯穿始终，会导致各种类别之间重复过多。他确定了用来区分不同言语行为的 12 个方面，其中最主要的三个方面是以言行事的要旨（illocutionary point）、适从向（direction of fit）和所表达的心理状态（expressed psychological state）。在此基础上，塞尔把言外行为分成了五类：断言类（assertives）、指令类（directives）、承诺类（commissives）、表情类（expressives）、宣告类（declarations）。

塞尔的分类具有一定的科学性，也是影响较大、广为人们接受和应用的一种。

人们在交际中经常使用间接方式表达自己的想法或意图，比如使用疑问句或陈述句等间接方式提出要求。塞尔将疑问句表达的"请求"称为"主要以言行事"（primary illocutionary act），"询问"称为"次要言外行为"（secondary illocutionary act）。当疑问句用来实施"询问"行为时，语句结构和功能之间关系为直接的，就是直接言语行为；用来实施"请求"言语行为时，语句结构和功能之间的关系就是间接的，就是间接言语行为（Yule，1996：55）。塞尔区分了两类间接言语行为：规约性间接言语行为和非规约性间接言语行为。说话人实施间接言语行为，往往是因为考虑到说话人的愿望、听话人做某事的愿望和能力、陈述或询问听话人是否有作某一行为的理由来实施请求等。间接言语行为理论的提出使人们意识到语句结构和其施为用意之间并不存在一一对应的关系，无论是话语产出还是理解，语境都起着非常重要的作用，听话人要依据语境才能理解语句传达的施为用意。

言语行为理论的提出推动了日常语言哲学和语用学的巨大发展，研究重点从语义意义转向了说话人意义，从关注语句的命题意义、真值条件等转向到话语的意向问题、适切条件上（陈新仁、李民，2013）。奥斯汀将语言的使用视为一种行为，开拓了从行为的角度来研究语言使用这条道路（顾曰国，2002）。塞尔把语言哲学当作心智哲学的一部分（涂纪亮，2001），认为语言的意义来源于心智的意向性。

言语行为理论在提出后的较长一段时间内都具有浓重的语言哲学意味。研究者往往关注单一的言语行为，忽视了构成会话活动的往往是多个言语行为，因而具有描写上的不充分性（何自然、陈新仁，2004：71）；尚未涉及具体言语行为的语言及非语言执行手段、对言语行为的识别及回应以及具体言语行为与语法结构间的关系等（于国栋、吴亚欣，2016）；侧重语用逻辑及形式化方法，多从语言内部结构入手，对语言与行为、社会之间的关系较少考虑；在研究语料上，多集中于理想化的句子，缺乏真实语料的分析（黄立鹤，2014，2017）。

2. 最新发展

　　基于不同的研究重心、研究视角和研究方法，言语行为的研究逐步呈现出多样化的趋势。言语行为的基本议题得到了进一步拓展，间接言语行为与合作、礼貌的关系引发了更多的争论（陈新仁、王毅圆，2015），以言成事行为得到了更多关注（Gu，1993；顾曰国，2002；Lepore & Stone，2018；向明友，2018）。近年来，言语行为研究更加注重具体语境中的言语行为，探讨言语行为的序列组织、变异性和多样性，影响言语行为产出和理解的认知、社会、文化、关系等宏观和微观因素，逐渐形成了以下一些研究领域：言语行为的会话分析、言语行为的变异性研究、言语行为的人际语用研究、言语行为的文化语用研究、言语行为的多模态研究、言语行为的实验语用学研究等。

1）言语行为的会话分析研究

　　言语行为的实施经常是以序列形式出现的，各个言语行为之间是相互联系着的，会影响整个言语行为序列的合适性（Ferrara，1980）。尤尔（George Yule）（1996：56）认为，应该从较大的话语语境来分析，而不是只看实施单个言语行为的单个语句。说话人在言语行为序列中为了增加特定施为目的成功的可能性，经常会发出辅助性言语行为（陈新仁，2004a：59）。另一方面，言语行为的解读是由听话人负责的，离开听话人的反应就很难确定说话人的以言成事。因此，会话分析（CA）（Sacks et al.，1974）介入言语行为研究就很自然了。

　　会话分析强调使用自然发生的、真实的言谈应对录音或录像资料作为语料，探讨人们言语交际背后的社会秩序。于国栋、吴亚欣（2016）针对汉语语料提出了言语行为的会话分析要点，指出言语行为的会话分析应该考察以下三个方面。首先，通过对大量真实发生的自然会话的观察和分析，总结出交际者在执行不同言语行为时做出的语言选择规律和模式，如提供行为（offering）的整体规律（Drew，2013）、邀请者的会话实践和受邀者回应之间的相关性（Yu & Wu，2018）等。其次，研究交际者执行某一特定言语行为的话轮设计，探究交际对方对该言语行为的理解程度、接纳情况以及随后做出的言语回应，即会话分析的序列组织。交际者在自己的话轮内究竟执行了哪种社会行为，不是由任一交际者单方主观断定的，而是需要被交际双方共同认可的，如吴亚欣、刘蜀（2018）对汉语请求言语行为序列的分析所示。最后，要关注听话人对言语行为的回应，包括优选（preferred）回应和非优选（dispreferred）回应。优选结构是言谈应对的社会属性和社会规律在语言层面和会话结构方面的体现（Pomerantz & Heritage，2013）。

会话分析者认为言语行为隶属于社会行为，其构成、运行及效果均受到社会因素的制约。执行同一种言语行为（如请求），身份不同的人在发出这一行为意图时所使用的言语表述不应是一样的。传统言语行为理论忽视这种差异及其背后的社会根源不能不说是一种理论上的简化和不足（何自然、陈新仁，2004）。

德鲁（Paul Drew）（2011）将会话分析和社会行为结合在一起，关注会话与社会行为之间的关系，重点研究不同语境中的社会行为构建问题。德鲁（2013，2018）指出，会话分析出现 / 再现了新的研究转向[1]——社会行为研究，其目标不是单纯分析会话的序列性特征，而是关注这些特征的行为指向，旨在发现说话人是如何通过构建（多个）话轮来实施某一会话行为的。研究对象多为完整语篇或者多话轮话语，需要从某一社会行为与其他话语之间关系的角度分析该社会行为采取某一言语形式的原因（陈新仁、李民，2013）。

2）言语行为的变异语用研究

变异语用学（variational pragmatics）关注（地域和社会）空间变化引发的语言交际和语言内部语用变异问题，属于语用学与方言学的结合（任育新、陈新仁，2012；Schneider & Barron，2008a），旨在探索同一语言不同变体的语用规约和表现形式的异同，现已发展成为语用学研究的一个重要分支。变异语用学的五个主题中有两个方面涉及言语行为：在语言行为层面，关注具体的言语行为在同一语言的不同变体中是如何表达的；在互动层面，关注话语序列模式是如何融入更大的话语结构（任伟，2018：67；Schneider & Barron，2008a）。

变异语用学着重对"由于地域、性别、社会经济地位、民族和

1　德鲁（2018：3）指出，会话分析的社会行为研究正是萨克斯最初的研究方向。具体见 Drew, P. 2018. The Interface Between Pragmatics and Conversation Analysis. 外国语，(1)：2-22。

年龄等宏观因素影响下的同一语言的共时变异进行系统的实证描述"（Barron，2015：450）。早期的研究以布罗姆－库卡（Shoshana Blum-Kulka）等人（1984）实施的跨文化言语行为实现方式项目（CCSARP）最为著名。近期的成果集中体现在施耐德（Klaus Schneider）和巴伦（Anne Barron）（2008b）主编的论文集《变异语用学：聚焦多中心语言的地区变体》（*Variational Pragmatics: A Focus on Regional Varieties in Pluricentric Languages*）（任育新、陈新仁，2012）。该论文集涉及五种语言的地域语用变异问题，十篇文章中七篇是关于言语行为的变异性，四篇是关于请求言语行为的研究，如巴伦考察了爱尔兰英语与英国英语中的请求言语行为，穆尔（Rudolf Muhr）和瓦加（Muriel Warga）调查了奥地利德语和德国德语中的请求言语行为，普拉森西亚（María Placencia）考察了厄瓜多尔不同地区的街头小店中用西班牙语实施的请求言语行为。其余三篇分别为英国和新西兰广播电话和访谈节目中的感谢（Jautz）、委内瑞拉人和阿根廷人在实施邀请时的差别（García）、法国法语和加拿大法语中的"道歉"（Scholmberger）。

目前以地域为影响因素的研究集中于国别差异带来的变异，研究以英语为主，其次是西班牙语和德语，再次是法语和荷兰语（任育新、陈新仁，2012）。有学者探索社会经济因素是否影响餐馆服务会话中感谢回应的形式和频率（Rüegg，2014）。总体来说，关注同一国家不同地域、社会经济等其他因素带来的变异研究不多。目前缺乏实证研究探讨不同宏观因素，诸如地域、性别等，对汉语言语行为表达是否有影响（任伟，2018）。

任育新（2017）、任伟（2018）对汉语变异语用学的研究表示，在与人际权势高或者同等的人交际时，很有可能中国大陆学生比台湾地区学生倾向于使用更多的外部修饰来辅助言语交际行为。此外，大陆学生比台湾学生使用更多的内部修饰，很可能是因为前者更倾向使用祈使型请求策略（Lee-Wong，1994）。地域影响着中国大陆和台湾地区在恭维交际中明确或隐性赞美策略的使用（Lin et al.，2012；Ren et al.，2013），但对拒绝言语行为的影响却仅在具体策略层面，并不影响是否直接或间接（Ren et al.，2013）。由于请求和恭维都属于主动发起的言语行为，拒绝属于应答言语行为，因此，汉语言语行为的变异研究证明巴伦[1]（2005b）关于地域影响主动发起和应答交际言语行为的推断并不成立。

邓兆红、邱佳（2019）认为，不同文化群体的交际者在道歉时对社会变量的权衡有所不同，在语用语言和社会语用方面均有某种程度的差异。研究发现，中国三个地域对致歉必要性的认知非常一致，但当交际双方权势相当或关系亲密时，三个地域有显著差异：华东地区的人更多地使用较为郑重或随意的道歉方式，而东北和西北则更多地使用非常郑重的道歉方式。该研究有助于我们从语用变异的视角解读言语行为，因为言语行为在文化内部存在着变异性。

3）言语行为的人际语用研究

语用学对言语交际如何影响人际关系的关注始于布朗和莱文森（1978）和利奇（1983）对面子和礼貌的研究，着眼点多为言语行为分析。人际语用学的兴起体现了语用学研究的关系转向（relational turn）（Enfield，2009；Spencer-Oatey，2011），是对人际交流的一种语用综观，主要考察社交主体如何在交互中运用话语来建构和维系人际关系（Haugh et al.，2013；刘锋、张京鱼，2017）。人际语用学探究面子、礼貌、关系等，将语用学的分析视角从说话人意图和言语行为转移到听话人感受与评价，随后关注人际关系的建立、维持与改变，并且通过对参与者角色的细分，变革传统研究中操控性说话人与被动听话人的理想化交际模式（刘平，2017）。

斯宾塞-欧蒂认为，面子与礼貌理论忽视了面子的人际和社会视角，过多地强调其个体自由与自治（Spencer-Oatey，2008：13），不能解释人际冲突的多元性，也没有充分考虑到文化适应性（Gu，1990）。她及其合作者（2000，2008）提出关系管理模式（Rapport Management Model），探讨会话者如何使用语言建立、维护或威胁人际关系和社会关系。根据关系管理模式理论，影响关系威胁行为的五大管理策略之一是言语行为域，涉及威胁或提升关系言语行为的实施，例如道歉、请

1　巴伦 (2005b) 在总结先前研究的基础上曾假设，地域对应答言语行为的影响很可能会达到是否选择这个言语行为或直接／间接策略层面，而对主动交际言语行为的影响可能在更低层级的具体语用策略层面。具体见 Barron, A. 2005b. Variational Pragmatics in The Foreign Language Classroom. *System*, 33(3): 519–536.

求、赞扬等，威胁或提升关键取决于一系列情景和个人因素（袁周敏，2016：45）。有些言语行为具有威胁对方面子、身份或地位等的潜在语力，可以通过特定的语言使用避免或减少此类话语在社交语用方面可能产生的负面效应。会话者地位是交际中尤其是命令／请求言语行为中的重要语境成分，影响交际者选择一定的手段或方式进行关系管理与身份构建（Spencer-Oatey，2000；李成团，2013）。

离开语境场合，任何言语行为本身不一定就是礼貌的。礼貌是一种社交评判（见 Spencer-Oatey，2002）。就汉语、日语等东方语言而言，邀请、提供等就是让对方受益的言语行为，并不威胁其负面面子，是有礼貌的表现（Gu，1990）。人际交往的成功与否取决于言谈双方的行为期待、互动需求及面子敏感性（Garcia，2010）。言语行为与其施为用意之间、话语结构与其内容之间、话语选择与其语体风格之间等都包含一定的行为期待，类似的行为期待受制于人际之间的交往原则（冉永平，2012b）。

有学者用关系管理模式对网络冒犯进行了研究。霍普金森（Chris Hopkinson，2014）认为网络交际中的冒犯性言语行为是一种策略性的关系管理行为。在多人互动中，冒犯性言语行为的实施过程就是个体与他人或某个群体之间结盟的过程，与此同时，该个体与被冒犯者和其所代表的群体形成对立关系（Perelmutter，2013：87）。斯宾塞－欧蒂的关系管理模式涵盖了面子和社会规范两个方面，社交权管理反映了社会规范和冒犯之间的内在联系。陈倩（2019）认为，冒犯是体现态度倾向的负面言语行为，违背人际交往中交际者对适切行为期盼的社会规范，不但会带来负面评价，而且会引起交际者的消极情感体验。语境的规约化言语行为与社会规范存在紧密的内在联系（De Beer，2004），在语言使用层面，规约化的言语行为可以折射出一定的社会规范（Terkourafi & Kádár，2017）。

4）言语行为的文化语用研究

文化语用学的首要任务是研究某些特定的言语行为所承担的文化功能（Brogger，1992：55）。言语行为的文化设定是对言语行为和文化语境合适性的探讨（何刚，2004b：16）。Brogger 指出，言语行为必须同时承担其应有的文化职能：文化维持、文化巩固、文化重构、文化更新。文化语境对言语行为的设定是多方面、多层次、系统的，主要体现在权势关系、性别、亲和力等方面。它既有对行为与互动的模式设定，也有对行为的语境功能的设定（何刚，2004b）。从言语行为的互动性质看，行为的合理性、合适性和有效性都有赖于文化对互动的设定。具体地说，言语行为的互动设定涉及角色文化关系、话题的文化设定、行为的性别区分、回应行为的模式等（何刚，2004a）。

陈新仁（2018b）指出，可以借鉴"解放语用学"（Emancipatory Pragmatics）（Ide，2011）的做法，挣脱西方语用学话语体系的束缚，基于"文化主位观"的分析立场，发掘中国本土语用文化特有的文本与阐释资源。陈新仁（2019）探讨了中国"家文化"对中国人话语实践的影响，作者认为中国人在交际中经常避免实施批评、异议、挑战、质疑等言语行为，正是"和为贵"文化的影响。在东方文化里，邀请、提供（Gu，1990）、非真诚邀请和虚假拒绝（冉永平、赖会娣，2014）等言语行为的实施并非面子威胁，而是有礼貌的表现。

特定文化中宗教语言的表意分析有助于扩展语用问题的思路。霍永寿（2016）认为，禅宗活句[1]语用意义的理解不是以其语义意义的理解为基础，而是以对语义意义的消解、解构，甚至是破除为起点。禅师通过阻断受话人的语义诉求而将其引向语用层面，从而实施语言的行事功能，因而语用可以独立于语义（Maoti，2014：21）。聂清（2019）指出，有些表面上看来是以言表意的禅宗话语，实际上隐藏的是以言取效行为。

5）言语行为的多模态语用研究

奥斯汀（1962）指出，以言成事行为可能由非言语方式为来完成，包括眨眼、指点、耸肩、皱眉等。塞尔（1969：30）、塞尔和范德威肯（Daniel Vanderveken）（1985：1–2）曾指出，在英语中，言语行为的语力标记除了施事动词外，还包括语气、标点符号、语序、语调和重音等。

1　在禅宗机缘性会话中，禅师的答语在结构上是汉语语句（符合汉语语法），但其语义（字面意义）却与问句风马牛不相及，在逻辑上也缺乏直接的关联性，文献中这类答语一般被称为"活句"（霍永寿，2016，p. 1）。具体见霍永寿 . 2016. "行事学术"与禅宗语言哲学的意义观 . 外语学刊，(2): 1–5.

然而，在实际分析中，现有语用学理论框架几乎没有考虑实施言语行为时说话人所用语言符号之外的其他符号信息，普遍缺乏对图像、音乐、语气、神态等非语言因素的充分考虑，忽视了与语言一起共同参与意义构建的非语言模态的重要角色，从而在意义建构过程上带有较大的局限性（陈新仁、钱永红，2011）。

国际语言学界自 20 世纪末开始，兴起了多模态话语分析（multimodal discourse analysis）的热潮。随着语用研究的深入，人们越来越意识到使用自然语料研究言语行为的重要性（任育新、陈新仁，2012），从原来的书面语料扩展至有声语料，甚至是多模态语料（黄立鹤，2014）。穆本加（Kajingulu Mubenga）（2008/2009；黄立鹤，2017）提出用多模态语用分析（multimodal pragmatic analysis）研究言语行为。陈新仁、钱永红（2011）在符号学属性的多模态研究路径下提出了一个多模态语用分析框架，该框架中的多模态信息维度包括三个层面：情境因素层面、交际者因素层面和媒介因素层面。其中情境因素层面包括天气、场所、噪声等模态；交际者因素层面的维度包括交际者的表情、眼神、语气、音量、肢体语言等模态；媒介因素层面包括字形、字号、图形、图像、色彩等模态。顾曰国（2013）构建了一个用以分析施事行为的概念模型，探讨了现场即席话语中语力、情感及韵律之间的关系。多模态研究拓展了学者们对包括言语行为在内语用课题的考察视野和方法，如肯顿（Adam Kendon，1995）利用视频语料分析了意大利南部四个常用手势的语力意义。一些学者考察了语音、韵律与言语行为之间的关系（de Moraes & Rilliard，2014；Wennerstrom，2001）。

言语行为的多模态研究本质上是从人类普通行为的视角看待言语行为，将会话参与者的表情、动作、姿态等体貌表现纳入研究视野之中，把它们看作是与话语内容、韵律特征等具有同等地位的分析对象（黄立鹤，2014）。黄立鹤（2019）对阿尔茨海默症患者开展了言语行为分析，研究了情感状态在言语行为中的语言结构、韵律特征、体貌表现等层面的体现。他认为，说话人的情感、话语内容、韵律、体貌具有整一性，语料中的老年人多次呈现了同一个言语行为，通过多模态特征的提取与标注，特别是该老年人的体貌表现、韵律特征，可以推断该言语行为伴随的述说情感[1]。

　　基于一定量语料并建设成多模态语料库的语用学研究，已逐渐成为学者们关注的新领域（Knight & Adolphs，2008；Romero-Trillo，2008；Rühlemann，2010）。顾曰国（2013）探讨了多模态语料库语言学的基本方法、贴真建模、言思情貌整一原则等方面，为运用多模态语料库研究言语行为提供了理论架构和分析方法。黄立鹤（2014）认为，现场即席话语中某种语力的形成、传递以及接收均是多模态交互过程，言语行为研究应当直面现场即席话语中语力的多模态属性。现场即席会话产生的是"鲜活的话语"（live speech），具有"鲜活的语力"（live illocutionary force），这种"鲜活的语力"是通过多种模态体现的。他提出借助仿真建模思路对言语行为进行多模态研究，设计了一套现场即席话语言语行为的发现程序，在构建多模态语料库的基础上，观察、描写现场即席话语中的鲜活语力。基于多模态语料库开展言语行为研究，是以新的研究范式重新检视语用学经典课题，拓展了言语行为的研究视野，对语力、语力显示项等概念和范畴进行了发展，能够深刻揭示言语行为的本质和特点（黄立鹤，2017）。

6）言语行为的实验语用研究

　　尼克拉（Steve Nicolle）和克拉克（Billy Clark）（1999）第一次在《认知语言学》（*Cognition*）上使用了术语"experimental pragmatics"，诺韦克（Ira Noveck）和斯波伯（Dan Sperber）主编的论文集《实验语用学》（*Experimental Pragmatics*）（2004）正式标志着实验语用学这一领域的诞生。实验语用学涉及语言学、哲学、心理学和认知科学，是语用学与实验心理语言学相结合的一个新兴的跨学科研究领域（刘思，2008）。

　　言语行为研究是实验语用研究的主要课题之一。克拉克（Herbert Clark）和露西（Peter Lucy）（1975）的实验发现间接请求的反应时间比直接请求的长，吉布斯（Raymond Gibbs）（1981，1986）的实验结果却相反。科恩（Andrew Cohen）和奥尔斯坦（Elite Olshtain）（1993）采

1　述说情感，指非当下/非即席的彼时情感，是指说话人自己通过述说等各种方式将"彼时"发生某个事件时的伴随情感状态表达出来（黄立鹤，2018：91）。具体见黄立鹤 . 2018. 基于多模态语料库的语力研究：多模态语用学新探索 . 上海：上海外语教育出版社。

用有声思维的方法探讨了言语行为的产出风格。有学者研究了儿童请求言语行为的发展模式（Achiba，2003；Ellis，1992）、儿童对言语行为的理解难度（Bucciaredli，2003；周榕、冉永平，2007）、儿童理解承诺言语行为中语言因素和语境因素的密切关系（Bernicot & Lava，2004）。

霍尔特格拉夫斯（Thomas Holtgraves）和阿什利（Aaron Ashley）（2001）的实验研究表明，话语理解需要识别言语行为。霍尔特格拉夫斯（2005）对塞尔所作言语行为分类的心理现实性进行了实验，发现英语使用者倾向于按照情感价位——以言成事进行分类，而不是以言行事。刘思（2011）设计了类似的实验，探讨汉语使用者如何对言语行为进行分类，话语理解是否涉及识别言语行为。预实验从产出和理解任务提炼出汉语中具有普遍性的言语行为，实验1和2测试言语行为的归类标准；实验3和4分别采用离线识别记忆任务和在线启动识别任务，结果（部分）表明，汉语使用者在理解话语时对言外之力更为敏感。刘思的研究结果在整体上支持霍尔特格拉夫斯（2005）的结论。周凌（2019）采用离线情景触发会话交际的研究方法，探究先前语境知识和即时语境知识如何影响非母语汉语学习者在汉语作为通用语语言环境中对礼貌性请求话语的选择。

国外的言语行为实验研究启动较早，而国内采用实验方法进行的言语行为研究为数相对较少，基于心理语言学取向或发展心理学取向的言语行为实验研究屈指可数，基于神经生理学取向的研究更为缺乏（周榕、冉永平，2007）。

3. 评价与展望

本节介绍了言语行为的基本思想——"说话就是做事"，任何语言使用都是在实施一定的行为。近十年来，言语行为的研究克服了传统研究的诸多不足，从单个的言语行为分析发展到言语行为的会话分析，从关注影响言语行为的抽象适切条件发展到关注复杂多样的人际关系、社会文化变异，从开展言语行为的单一模态分析发展到开展多模态分析，从言语行为的哲学思辨到实验语用研究，真正践行了奥斯汀从人类行为的角度研究语言使用的思想，展现了当代语用学的丰富性和多元化。

　　言语行为的研究应摆脱先前对不同问题的孤立研究，综合采纳多种方法来进行。弗加尔（Daniel Fogal）等（2018：29）在论文集《言语行为新论》（*New Work on Speech Acts*）的前言中指出，言语行为理论的应用研究如果不建立在技术、实证、基础的发展上，就会失去新资源和新数据，脱离基本问题和实际应用对非陈述句的语义研究将会是肤浅的，不依靠技术、实证和应用型研究，基本议题的研究终将流于空想。这些研究应该平行进行，并时刻关注彼此的研究，才能更加逼近问题的真相。

　　未来的研究应多关注具体语境中的言语行为，如学术话语中的建议（任育新，2013a，2013b）、网络语境中的建议（毛延生、黄倩倩，2016）、历史语境中的谏（Shen & Chen，2019）等，关注言语行为的策略性实施，如虚假拒绝（冉永平、赖会娣，2014）、作为请求的邀请（Bardovi-Harlig，2019），关注更多样化的言语行为，如咒骂（swear）（Christine，2013）、诽谤（slur）（Nunberg，2018）、仇恨语（hate speech）（McGowan，2018）等，注重对特定情境中交际互动细节的深入挖掘，关注与实施言语行为有关的情感、身份、形象管理等。言语行为的研究应紧跟语用学研究的时代脉搏，贴近社会现实。未来可以加强虚拟空间的言语行为研究、历史语境中的言语行为研究、跨学科的言语行为的研究、基于多模态语料的研究、基于实验方法的研究等。

2.1.2　会话含意理论的新发展

1. 会话含意理论

　　会话含意理论由牛津日常语言哲学学派的代表人物格赖斯创立，是语用学的经典理论之一。1967 年，格赖斯在哈佛大学威廉·詹姆斯（William James）讲座作了三次演讲，其中第二讲"逻辑与会话"（Logic and Conversation）于 1975 年发表。在这篇讲稿中，格赖斯提出，为了保证会话的顺利进行，参与者必须遵守合作原则："根据你参与的会话的目的或者方向，说会话特定阶段所需要的话"（Grice，1975：307-308）。合作原则包括四条准则和一些次准则：

（1）数量准则（Quantity Maxim）
①（根据交际的当前目的）使自己所说的话达到所要求的详尽程度；
②不要使自己所说的话超出所要求的信息。
（2）质量准则（Quality Maxim）：努力使自己所说的话是真的。
①不要说自己认为是不真实的话；
②不要说缺乏足够证据的话。
（3）关联准则（Relation Maxim）：说话要相关。
（4）方式准则（Manner Maxim）：说话要清楚。
①避免表达晦涩；
②避免歧义；
③说话要简洁（避免赘述）；
④说话要有条理。

如果说话者遵守以上四条准则，那么会话就能高效进行，因为说话者直截了当、清楚明了地说出了他想说的话，听话者也很容易理解说话者所说的话。但是，在日常生活中，说话者经常会违反某一准则或者某几条准则。违反准则分为以下四种情形：

（1）说话者完全不遵守合作原则，也就谈不上遵守四条准则了。在这种情况下，会话无法进行，也就不会产生任何会话含意。

（2）说话者违反质量准则，说出不真实的话，而且不想听话者知道自己在说谎。在这种情况下，说话者可能会让听话者误解，不会产生会话含意。

（3）说话者面临一种矛盾或者冲突，不能遵守所有的准则，如果他遵守一条准则，那么他就不得不放弃另一条准则。这种冲突经常在数量准则和质量准则之间产生。在这种情况下，一般也不会产生会话含意。

（4）说话者完全能够遵守所有的准则，但他蔑视某一条准则，不仅知道自己违反了一条准则，而且还想让听话者知道他违反了这一条准则。在这种情况下，会话含意就产生了。

在以上四种情形中，语言学家最感兴趣的是第四种情形，因为这一种情形会产生会话含意。

2. 会话含意理论的新发展

　　格赖斯会话含意理论在语用学界产生了很大影响，但由于它主要讨论的是特殊会话含意（particularized conversational implicature），而没有详细阐述一般会话含意（generalized conversational implicature），所以荷恩（Lawrence Horn）和莱文森等语言学家对会话含意理论进行了补充和完善。现在，语用学界一般把格赖斯会话含意理论称为经典格赖斯理论，而把荷恩、莱文森等的修正理论称为新格赖斯理论。

1）荷恩的会话含意理论

　　荷恩（1984）在格赖斯提出的合作原则框架下四准则的基础上，结合齐夫（Zipf, 1949）的省力原则（The Principle of the Least Effort），提出了数量原则（Q-principle）和关联原则（R-principle）。

　　（1）数量原则

　　说话要充分；

　　能说多少就尽量说多少（以关联原则为条件）。

　　（下限原则，推导出上限会话含意）

　　（2）关联原则

　　要使你的话语是必需的；

　　不说多于所要求的话（以数量原则为条件）。

　　（上限原则，推导出下限会话含意）

　　根据数量原则，如果说话者说出 p，那么最多就是 p；根据关联原则，如果说话者说出 p，那么至少是 p。数量原则以听话者为基础，听话者希望说话者提供尽量多的信息，能说多少就说多少；关联原则以说话者为基础，要求说话者只提供必需的信息，能不说的就尽量不说。这两条原则是一个看似矛盾但并不矛盾的统一体，既体现了合作原则，也体现了省力原则。在现实的交际中，说话者总是倾向于用最经济的话表达最充分的信息。

　　数量原则的例子常见于产生等级会话含意的话语。例如：

Some of my friends are Buddhists.

　　说话者说出 some of my friends，那么最多就是 some of my friends，这句话的会话含意是 Not all of my friends are Buddhists.

关联原则的例子常见于间接言语行为。荷恩举了这样一个例子：

Can you pass me the salt?

在听话者完全有能力做到把盐递给说话者的语境中，说话者没有直接用祈使句叫听话者把盐递给他，而是使用一般疑问句的形式问听话者是否能把盐递给他。在这种情况下，说话者是想让听话者推理出，说话者不仅仅是问听话者是否有能力把盐递给他，而事实上是想请听话者把盐递给他。

为了解决数量原则和关联原则表面的冲突，荷恩提出了语用分工（division of pragmatic labor），这一理论可以总结如下：

在可以使用一个无标记的（相对简单、比较省力的）表达式的情况下，说话者却使用了一个有标记的（相对复杂、冗长的）表达式，这倾向于解释为传递了有标记的信息（无标记表达式不会或者不能传递的信息）。

莱文森对荷恩的语用分工理论进行了如下分析：

关联原则倾向于常规解读（stereotypical interpretation）：如果说话者使用了一个简单、无标记的表达式 U，那么该表达式的含意就是在 U 的诸多可能意义组成的集合 E 中的常规意义子集 F，如 secretary 常规解读为 female secretary。

数量原则推论倾向于非常规解读：如果说话者没有使用简单、无标记的表达式 U，而是使用了异常、有标记的或者冗长的表达式 M，那么该表达式的含意就是在 M 的诸多可能意义组成的集合 F 中的非常规意义子集 G，如 amanuensis 解读为 male secretary。

下面我们运用荷恩的数量原则和关联原则解读话语的含意。例如：

a. 他能够解决这个问题。

b. 他不是不能解决这个问题。

以上 a 是一个简单、无标记的表达式，可以进行常规解读：他能够解决这个问题。b 是一个异常、有标记的表达式，应该进行非常规解读：他能够解决这个问题，但他不愿意解决这个问题。

虽然荷恩在改进格赖斯会话含意理论方面做了很大的努力，但他提出的数量和关联两原则缺乏具体的推导机制，语用分工理论也只不过是对无标记表达式和有标记表达式做出了区分，这引发了其他学者在完善格赖斯会话含意理论方面做出更多的尝试。

2）莱文森的会话含意理论

不仅荷恩试图改进格赖斯的会话含意理论，莱文森在这方面也做出了新的尝试。莱文森（1987）认为，格赖斯的数量准则与信息的数量有关，但格赖斯在构建数量准则时比较随意。

莱文森在构建自己的会话含意理论时，把格赖斯数量准则的第一条次则列为数量原则（Q-principle），把第二条次则独立出来列为信息原则（I-principle），把格赖斯的方式准则列为方式原则（M-principle）。为了建立具体的推导机制，莱文森在三个原则下构建了说话者准则（Speaker's Maxim）和听话者推论（Recipient's Corollary）。具体内容如下：

（1）数量原则（Q-principle）

说话者准则：不要陈述弱于你所知道的信息，除非更强的陈述与信息原则相抵触。

听话者推论：相信说话者的陈述是就他所知做出的最强陈述，因此：

①如果说话者说出 A（W），且 <S,W> 构成荷恩等级关系，即 A（S）├ A（W），那么可以推导出 K ~（A（S）），即说话者知道更强的陈述是错误的；

②如果说话者说出 A（W），且 A（W）不能蕴含内嵌句 Q，而较强的陈述 A（S）则蕴含该内嵌句 Q，且 { S，W } 形成一个对比集，则可以推导出 ~ K（Q），即说话者不知道 Q 是否成立。

（2）信息原则（I-principle）

说话者准则：极小量准则

"说得尽量少"，即提供达到交际目的所需要的最少量信息（记住数量原则）。

听话者推论：扩充规则

扩充说话者话语的信息内容，找到最具体的解释，直到判定这是说话者的发话意图。

具体而言：

①设定所指物或者事件之间具有常规关系，除非：

A. 这与想当然的情况不一致；

B. 说话者选择了一个冗长表达式，违反了最小量准则。

②如果一个句子所说内容与所想的情况相一致，那么就设定这个句子所说内容是真实的。

③避免多重指称（设定最简指称）。

（3）方式原则（M-principle）

说话者准则：不要使用冗长或者有标记的表达式。

听话者推论：如果说话者使用了冗长或者有标记的表达式，他的意思与他本来可以用无标记表达式表达的意思不一样，具体来说，说话者是在避免常规性的联想或者运用信息原则推导出无标记表达式的含意。

下面我们分别举例说明莱文森三原则。

（a）Some of my friends are reporters.

（b）Not all of my friends are reporters.

根据数量原则，弱项否定强项，我们可以从（a）衍推出（b）。

（c）Mary unpacked the parcel. The book was a handbook of linguistics.

（d）The book is a part of the parcel.

信息原则的衍推与数量原则的衍推正好相反，听话者从较弱的信息衍推出含有较强信息的会话含意。我们可以从（c）衍推出（d）。

（e）Jack opened the door.

（f）Jack caused the door to open.

根据方式原则，从（e）可以推断出杰克通过正常方式把门打开了，而（f）使用了冗长、有标记的表达式，那我们从（f）中可以推断出杰克是以非常规的方式将门打开的。

莱文森的会话含意理论与格赖斯的会话含意理论之间的联系非常密切，其理论中的数量原则和信息原则分别源于格赖斯数量准则中的第一次则和第二次则，方式原则源于格赖斯的方式准则。不过，两者之间也有很大的不同。格赖斯的会话含意理论主要关注特殊会话含意，很少关注一般会话含意，而莱文森的会话含意理论中的数量原则和信息原则关注的是一般会话含意，方式原则推导的是特殊会话含意。从这个意义上说，莱文森的会话含意理论覆盖面更广，解释力更强。

2.1.3　关联理论的新发展

1. 关联理论

　　关联理论也是在格赖斯会话含意理论基础上发展起来，被称为后格赖斯会话含意理论（post-Gricean pragmatics）。该理论由法国认知学家斯波伯和英国语言学家威尔逊共同创立，其主要内容体现在1986 年出版、1995 年再版的著作《关联性：交际与认知》（*Relevance: Communication and Cognition*）之中。关联理论主要来源于两个方面：格赖斯的合作原则和福多（Jerry Alan Fodor）的认知理论。关联理论的关联原则源自格赖斯合作原则的关联准则，但从人类认知的视角对关联性进行了详尽的阐述。下面从交际观、关联性的定义、关联原则三个方面介绍关联原则的主要内容。

1）交际观

　　斯波伯和威尔逊认为，人类的交际活动，无论是言语交际还是非言语交际，都是认知活动。在言语交际中，说话者是有目的或者意图的。如果说话者和听话者对彼此的认知环境能够显映（manifest）和互相显映（mutually manifest），说话者的目的或者意图就会被听话者识别，交际就可能成功。

　　说话者的意图包括信息意图（informative intention）和交际意图（communicative intention）。信息意图是说话者意欲使某一组信息在听话者一方得到显映；交际意图是说话者意欲使他的信息意图在听话者和说话者之间互相显映。信息意图是第一级意图，交际意图是第二级意图。一般情况下，信息意图一旦被听话者识别，交际意图就能达成。

　　言语交际过程是一个明示—推理过程。对于说话者来说，交际是一个明示（ostensive）过程，说话者明确地向听话者表达意图。如果听话者能明白说话者表达的意图，那么说话者的明示行为对听话者是显映的。对于听话者来说，交际则是一个推理（inferential）过程。听话者对说话者提供的信息进行解码，并将解码得到的信息作为前提的组成部分，再进一步从听话者本身的认知语境中提取所需要的信息，按一定的方向进行推理，直至理解说话者的信息意图。

2）关联性的定义

斯波伯和威尔逊认为，交际是以关联为取向的，交际者的认知本能会把话语与认知语境结合起来，理解话语的过程就是一个寻找关联的过程。在言语交际过程中，人们根本就不需要考虑格赖斯提出的合作原则，关联性才是交际的根本。

斯波伯和威尔逊（1986：122）对关联性这个概念做出如下初步定义：

• 关联性

当且仅当一个假设在一语境中具有语境效果，这个假设在这个语境中才具有关联性。

从这个初步定义中可以看出，一个假设在语境中具有语境效果，是这个假设在这个语境中具有关联性的充分必要条件。语境效果在描述关联中起着至关重要的作用。语境效果是指话语提供的新信息与现有语境假设（旧信息）之间的关系。语境效果有以下三种情况（Sperber & Wilson，1986：114）：

（1）新信息与现有语境假设相结合，产生新的语境含意；

（2）新信息加强现有语境假设；

（3）新信息与现有语境假设相矛盾，排除现有语境假设。

为了研究交际与认知，斯波伯和威尔逊想把关联性创立为一个理论概念，于是在原有的初步定义基础上，加上了两个程度条件（Sperber & Wilson，1986：125）：

• 关联性

程度条件 1：如果一个假设在一个语境中的语境效果大，那么这个假设在这个语境中具有关联性；

程度条件 2：如果一个假设在一个语境中所需的处理努力小，那么这个假设在这个语境中具有关联性。

从这两个程度条件，我们可以推断：在其他条件不变的情况下，一个假设在一个语境中的语境效果越大，这个假设在这个语境中的关联性越强；在其他条件不变的情况下，一个假设在一个语境中所需的处理努力越小，这个假设在这个语境中具有的关联性越强。

3）关联原则

从《关联性：认知与交际》这本书的书名，我们可以看出，关联理论包括认知和交际两个维度，关联原则也包括认知关联原则和交际关联原则。

（1）认知关联原则

在《关联性：认知与交际》第二版的后记部分，作者明确提出认知关联原则："人类认知倾向于追求关联最大化"（Sperber & Wilson，1995：260）。

认知原则，又称第一关联原则。关联性是认知过程输入内容的特性。它可能是作为感知过程输入的刺激物的特性，也可能是作为推理过程输入的假设的特性。人类认知倾向于追求关联最大化，斯波伯和威尔逊的意思是，认知资源倾向于分配用来对最相关的输入进行加工，无论输入是来源于内部还是来源于外部。人类认知倾向于追求关联最大化，这既与人的生物机制有关，又与认知机制的效率有关。

（2）交际关联原则

在关联理论中，言语交际属于明示—推理交际，交际者总是根据关联性处理话语。语境效果和处理努力是制约关联性的两大因素。关联的程度既要考虑说话者的利益，又要考虑听话者的利益。为此，斯波伯和威尔逊提出了最佳关联假定（presumption of optimal relevance）（Sperber & Wilson，1986/1995：158）：

①说话者打算向听话者明示的假设集 I，具有足够的关联性，值得听话者付出努力去处理该明示刺激信号；

②该明示刺激信号是说话者用来传递假设集 I 具有最大关联性的明示刺激信号。

在此基础上，他们提出了关联原则（Principle of Relevance）（Sperber & Wilson，1986/1995：158）：每一个明示交际行为会传递关于自身具有最佳关联性的假定。

在言语交际中，能够使说话者的信息意图得以互相显映的刺激信号有很多种，说话者总是选择其中最适当的刺激信号，而不会选择需要听话者付出很大处理努力或者有歧义的刺激信号，以达成自己的交际意图；听话者相信说话者选择的刺激信号具有最大关联性，需要最小的处理努力。例如：

A：这学期我们一起选修"莎士比亚研究"，好吗？

B1：我不喜欢文学类课程。

B2：我不喜欢"莎士比亚研究"。

B3：我不选修"莎士比亚研究"。

在以上会话中，从 B1 到 B3，A 要理解 B 的话语意义需要付出的努力越来越少，B1 到 B3 的关联性越来越大。根据关联原则，B 的回答一定与 A 的提问具有关联性。B1 没有直接回答 A 的提问，但 A 相信 B1 是最适当的刺激信号，"我不喜欢文学类课程"是关联的，结合现有语境假设"莎士比亚研究是文学类课程"，A 可以推导出"B 不喜欢'莎士比亚研究'"，再进一步推导出"B 不选修'莎士比亚研究'"。

2. 关联理论的新发展

关联理论提出后在语言学界产生了很大影响，但也引起了不少争议。正是因为这些争议的推动，关联理论学家才能使这一重大理论不断地被修正、充实与发展。

1）显义—隐义区分新标准

在《关联性：交际与认知》一书中，斯波伯和威尔逊将"显义"定义为："话语 U 所传递的假设是明示的，当且仅当这个假设是对 U 编码的逻辑形式进行充实的结果"（Sperber & Wilson，1986：182）。当一个逻辑形式语义完整，并且含有真值时，就变成了命题。不完整的逻辑形式往往是以假设图式的形式储存在记忆里，需要根据语境信息才能得以充实。斯波伯和威尔逊认为，充实一个假设图式以得到一个命题，不是简单的解码过程，而是一个推理过程。斯波伯和威尔逊把区别显义和隐义的标准设置为：显义是语言编码义和语用推理共同作用的结果，而隐义完全由语用推理获得。

但这一区分标准并不明确。在《思想与话语：显性交际语用学》（*Thoughts and Utterances: The Pragmatics of Explicit Communication*）中，关联理论学者卡斯顿（Robyn Carston）对"显义"下了新的定义：显义是"一个通过明示方式传递的假定，它是对话语所编码的不完整概念表征

（或逻辑形式）进行推导和充实的结果"（Carston，2002：377）。对于与"显义"相对的"隐义"，卡斯顿也给出了定义："隐义是除了显义以外话语所明示传递的假定，这个假定完全通过语用推理获得"（Carston，2002：377）。

卡斯顿和霍尔（Alison Hall）（2012）对显义和隐义区分的标准进行了新的设定：显义与命题的组成成分有关，是根据语言编码的逻辑形式的子部分经过语用过程推导出来的意义，获得显义的过程是一个局部过程；隐义是在命题整体层面上推理获得的，是新信息作用于现有某一语境假定所获得的一种认知效果，获得隐义的过程则是一个整体过程。

根据这个新标准，指称确定、消除歧义、词义调整、自由语用扩展等都是对命题的局部操作，这些局部操作的结果属于显义。例如：

Passer-by: I'm looking for Whitby Street. Can you tell me where it is?

Speaker: It's the second one down on the left.

Explicature: Whitby Street is the second street on my left as I proceed down Hinkley Road.

在上例中，Speaker 所说的话直接回答了 Passer-by 的提问。通过对 it 和 one 的指称进行确定，依靠语境信息对 down on the left 进行语用充实，Passer-by 获得了 Speaker 话语的显义。显然，获得显义的过程是一个局部过程。

Ann: Shall we play tennis?

Bob: It's raining.

Explicature: It's raining at location A/B.

Implicated premise: If it's raining at location X, then it's not possible to play tennis at location X.

Implicated conclusion: Ann and Bob can't play tennis at location A/B.

在理解 Bob 的话语时，Ann 先对他的话语进行充实，获得话语的显义；再结合隐含前提"如果下雨，就不可能打网球"，对 Bob 的话语进行整体上的推理，得出隐含结论：Ann 和 Bob 不能打网球。可见，隐义的获得过程是一个整体过程。

2）显义隐喻观

经典关联理论认为，隐喻与各类有关的比喻（例如夸张、转喻、提喻）都是对语言使用的一个非常普遍的维度的创造性利用，都是追寻最佳关联，这使得说话者在不同的场合对自己的思想采取或多或少忠实的表达，结果在有些场合用表达字面义的语言把自己的思想原封不动地说出来，在另一些场合却用隐喻来表达思想。说话者通过隐喻话语引起听话者的注意，让其产生关联期待。根据关联理论的话语理解程序，听话者首先想到的信息就是说话者想要表达的意图。理解隐喻时，听话者需要付出额外的认知努力，相应地获得更大的认知效果。与字面义相比，隐喻的不同之处在于它能传达额外的信息，即强隐义或者弱隐义。理解新奇的隐喻时，听话者需要付出更大的认知努力，借助更多的认知语境，以获得更丰富的隐义。一般而言，"获得的潜在隐义范围越广，听话者构建隐义的责任越大，隐喻的创新性就越大"（Sperber & Wilson，1986：236）。例如：

This room is a pigsty.

上例是隐喻话语，理解这句话需要听话者付出更多的认知努力。它具有强隐义："这房间又脏又乱。"

Mary came with Peter, Joan with Bob, and Lily with a sad smile on her face.

在上例中，Mary 是和 Peter 一起来的，John 是和 Bob 一起来的，Lily 来的时候面带悲伤的笑容。听话者通过语境假设可以推断出，Lily 是独自来的，她悲伤的直接原因是没有人陪同她一起来，而她悲伤故事的背后可能和 Mary，Peter，John，Bob 四人有关。如果听话者具有丰富的想象力，就能推测出各种不同的情形，这样说话者的话语就达到了多种语境效果，也就产生了一系列的弱隐义。经典关联理论把能激活潜在隐义的数量作为衡量隐喻创新性的标准。"成功的创新隐喻或者给人带来惊喜，或者给人带来美的享受，这主要是因为隐喻具有高度的浓缩性，是因为单个松散使用的语言表达式将决定多个可接受的弱隐义。"（Sperber & Wilson，1986：237）总之，经典关联理论认为，说话者使用隐喻时可以表达一个强隐义或多个弱隐义。

与经典关联理论的隐义隐喻观不同，新关联理论提出了显义隐喻观。自 2003 年开始，威尔逊和卡斯顿开始尝试采用关联理论对词汇语用问题进行研究。她们领衔申报的科研项目"A Unified Theory of Lexical Pragmatics"（2003 年 9 月—2007 年 3 月）得到了 The Arts and Humanities Research Council（AHRC）的基金支持。词汇语用研究包括对隐喻的研究。经典关联理论认为，隐喻的意义是命题整体层面产生的隐义。新关联理论认为，隐喻的意义是命题局部层面产生的显义。例如：

a The fog comes on little cat feet.

（来自 Carl Sandberg 的诗歌 *Fog*）

b Love is the lighthouse and the rescued mariners.

（来自 Oscar Davico 的诗歌 *Hannah*）

c Life's but a walking shadow, a poor player, that struts and frets his hour upon the stage, and then is heard no more.

（来自 Shakespeare：*Macbeth* V. v. 24–6）

新关联理论认为，要理解上述隐喻，听话者需要对用作隐喻的单词所编码的概念进行调整，以构建相应的临时概念（ad hoc concept）（Carston，2002：320–367）。这些新构建的概念是语用转移（shifting）的结果。例如，在理解例 a 中的隐喻时，听话者需要在认知语境中搜索有关 on little cat feet 的百科知识，根据最佳关联原则，听话者通过语用扩充，先构建了一个过渡概念"像小猫迈着脚步那样，慢慢地"，然后通过语用收窄，构建临时概念"慢慢地"。这样，在隐喻理解过程中，听话者在关联期待的引导下结合语境信息对话语中某个短语所编码的概念进行调整而构建的临时概念的外延从该短语编码的概念的外延中完全转移出来。语用转移是对话语的一部分 on little cat feet 进行调整的局部过程，其结果属于显义。同样地，对例 b 中 lighthouse 和 mariners、例 c 中的 shadow 和 player 这些隐喻的语用推理过程也是局部过程，其结果都属于显义。

3）认知警觉

警觉（vigilance）这个概念是由马斯卡罗（Oliver Mascaro）和斯波伯两位关联论学者 2009 年首次提出的。根据他们的研究，儿童对欺骗具有警觉，体现在道德、认知、心智等层面。2010 年，斯波伯等学者对认知警觉进行了专门研究（Sperber et al.，2010），把交际过程中听话者发现说话者的真实意图，以避免因被误导而出现利益损失的认知机制以及由此构成的能力称为认知警觉（epistemic vigilance）。

认知警觉不仅对人类交际是有益的，而且对人类交际来说是不可或缺的。说话者总是具有某一交际目的。在很多情况下，说话者为了维护自身利益会传递假信息。为此，听话者需要某种机制来防范这些假信息，从而维护他们在交际中的利益，这种认知机制就是认知警觉机制。

认知警觉机制具有两项功能：一是监测包括说话者语用能力、善意和信息可靠性的心理模块（mental module）；二是监测听话者在理解过程中采用的话语解读步骤、话语解读的潜能或实际结果以及可以促进理解的语用成分（Cruz，2012）。在某种意义上，这种认知警觉机制不仅影响说话者的说话策略和听话者的解读方式，最终还会影响到听话者能否接受说话者提供的信息，以及能否信任说话者。认知警觉机制的作用体现在维持交际发展的稳定性上，因为交际双方不受损是交际发展的前提。依靠认知警觉机制，说话者可以更好地影响听话者，听话者可以更好地区别出错误信息，最终达到损失和收益的平衡（cost-benefits balance）（Sperber，2013）。假如听话者没有认知警觉机制，有可能被说话者欺骗或误导，利益随之在交际中受损。在这个过程中，听话者对说话者会失去信任，拒绝接受说话者传递的信息，最终导致交际中止。因此，在交际过程中，说话者和听话者都具有认知警觉，并且认知警觉机制推动交际稳定发展。

2.1.4 **礼貌理论的新发展**

汉语中的"礼貌"一词最早见于《孟子·告子下》："礼貌未衰，言弗行也，则去之……礼貌衰，则去之"，用以表示"以礼待人、乐以纳贤的态度与容貌"（彭国跃，2019：29–30）。作为当代语用学术语的"礼貌"（politeness）指的主要是在人际互动中交际者表现出对他人社会地位及相互关系的适当考虑（Brown，2001：11620），一般表现为维护自己及其他交际者的面子（Huang，2012：225）。礼貌制约人际互动，影响人际关系的建构和维护，是所有语言文化中普遍存在的社会现象。近半个世纪以来，礼貌研究已经成为语用学领域内发展最为迅猛的分支。为了更好地理解礼貌研究近年来的理论转向和发展脉络，本节首先简要梳理礼貌研究的三个经典理论，然后重点介绍"话语转向"（discursive turn）以来的研究状况。

1. 经典理论

礼貌研究的经典理论主要包括雷科夫（Robin Lakoff）（1973）的礼貌规则、布朗和莱文森（1978/1987）的面子理论和利奇（1983）的礼貌原则。雷科夫（1973：296-298）认为语言交际遵循两方面的规则：要清晰（Be clear）和要礼貌（Be polite），而格赖斯（1975）的合作原则只关注了前者。因此，雷科夫（1973）提出了礼貌三规则（Rules of Politeness）：

不要强迫（Don't impose）

给予选择（Give options）

使人感觉愉快——友好（Make A[1] feel good—be friendly）

雷科夫（1973）的礼貌规则是对格赖斯合作原则的众多修正模型之一，但并没有立即引起学术界对礼貌研究的兴趣。

礼貌研究的第二个经典理论是布朗和莱文森（1978/1987）的面子理论（Face Theory）。面子理论具有清晰、简约和可预测的特性（Kasper，1994：3208），适合语料分析和跨文化对比（Fukushima，2000：25），且符合实证研究标准（Janney & Arndt，1993：19），因此在语言学和社会学等领域引起广泛而持续的关注，从而真正拉开了礼貌研究大潮的序幕。

学界一般认为，面子理论的源头可以追溯到晚清传教士明恩溥（Arthur Smith）的《中国人的气质》（Chinese Characteristics，1894）（Hinze，2012：15）。明恩溥在该著作中提出中国人与西方人迥异的"有面子"（have face）"丢面子"（lose face）"保存面子"（save his face）"给面子"（give him face）等戏剧化的礼貌实践行为（Smith，1894：16-18），相关论述虽然具有鲜明的西方中心主义和民族偏见，但直接启发了后来的人类学家、社会学家和语言学家对礼貌的研究。胡先缙（1944）将"面子"概念引入学术研究，戈夫曼（1955，1967）进一步

1　此处"A"是 Lakoff 对交际对方的指代。

细化了面子的概念和维度等问题，并讨论了人际互动中交际者开展的保护面子、挽救面子等一系列"面子工作"（face-work）。

布朗和莱文森（1978/1987）基于戈夫曼（1955，1967）将面子界定为个人在"公众心目中的自我形象"（public self-image），是一种"可以丢失、维持或维护，并且在交际中需要时时留意的东西"（1987：61），并区分了"正面面子"（positive face）和"负面面子"（negative face），前者指的是，交际者希望其自我形象得到（至少一部分）公众的认同、欣赏和赞许；而后者指交际者希望自己的行动不被干涉，具有自主决定行动的自由。他们假定，不论在何种语言环境下，一个理想的交际者（model person）总是理性地考量人际交往中的面子，希望为自己争取良好的公众形象，总是具有正面面子和负面面子两方面的需求。布朗和莱文森（1987）借用奥斯汀（1962）和塞尔（1969）的言语行为理论，将侵犯交际者面子的言语行为称为面子威胁行为（Face Threatening Act，简称 FTA），面子威胁的程度取决于三个要素：说话者和听者之间的社会距离、双方之间的权力差以及该面子威胁行为在特定文化中的强迫度，用公式表示为（Brown & Levinson，1987：76）：

$$Wx = D (S, H) + P(H, S) + Rx$$

［面子威胁的程度 = 距离（说话者—听者）+ 权力差（听者—说话者）+ 强迫度］

面子威胁行为的具体实施有五种可能的方式（Brown & Levinson，1987：69）：直言表达且无任何面子保护措施、直言表达但采取积极的礼貌策略以保护面子或采取消极的礼貌策略以保护面子、隐言表达，以及不实施面子威胁行为（如图 2-1 所示）。

布朗和莱文森（1987：216）注意到直接和间接的具体方式在不同的语言文化中是有差异的。但他们认为，这五种宏观策略以及相应的子策略是所有语言和文化中共同的现象，因此他们将著作命名为《礼貌：语言使用中的普遍性》（Politeness: Some Universals in Language Usage）。

继面子理论之后，第三个问世的经典礼貌理论是利奇（1983）的礼貌原则（Politeness Principle）。与雷科夫（1973）的出发点相似，利奇（1983）也认为合作原则不能充分解释语言交际诸问题，因此在《语用学原理》（Principles of Pragmatics）中提出自己的礼貌原则作为合作原则

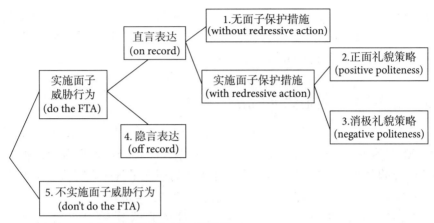

图 2-1 面子威胁行为的五种可能策略（Brown & Levinson, 1987: 69）

的补充，其礼貌原则包括 6 条准则：得体准则（Tact Maxim）、慷慨准则（Generosity Maxim）、赞誉准则（Approbation Maxim）、谦逊准则（Modesty Maxim）、一致准则（Agreement Maxim）和同情准则（Sympathy Maxim），每一条准则又包括"自我"（self）和"他者"（other）两个维度。

布朗和莱文森（1987）的面子理论和利奇（1983）的礼貌原则刚提出就引起了广泛的关注和持久的争论，例如礼貌原则各准则之间的关系以及面子理论的变量选择等问题广受质疑，而最具代表性的批判莫过于"中西之争"，即松本（Yoshiko Matsumoto）（1988）、井出祥子（Sachiko Ide）（1989）和顾曰国（1990）等东亚学者针对经典理论的文化普适性提出东亚礼貌文化的特性［参见利奇（2007）和布朗（2017）的回应］。也有研究者从不同的角度补充、发展了经典的礼貌理论，如卡尔库伯（1996）的"不礼貌"（impoliteness）策略框架和陈融（2001）的"自我礼貌"（self-politeness）等。弗雷泽（Bruce Fraser）（1990）曾将礼貌研究概括为 4 种理论模式：社会规范论（social norm view）、会话准则论（conversational maxim view）、面子保全论（face-saving view）和会话契约论（conversational contract view）。总体而言，不论是对经典理论的批判、反思还是继承、发展，研究者基本上都没有脱离这几种模式。

布朗和莱文森（1987）的面子理论和利奇（1983）的礼貌原则问世之后，礼貌研究蓬勃发展，研究话题涉及社会学、心理学、人类学、语言学等相关领域，著作和论文总量与日俱增。1994 年《语用学学刊》

刊登了杜冯（Margaret A. DuFon）等学者梳理的语言礼貌研究文献总览（"Bibliography on Linguistic Politeness"），长达 51 页，而此后文献数量更是汗牛充栋，无法穷尽。

2. "后现代"的话语研究法

21 世纪初，以伊伦（Gino Eelen）(2001)、瓦茨（Richard Watts）(2003)和米尔斯（Sara Mills）(2003)等为代表的英国学者对经典礼貌研究的理论模式提出全面挑战，礼貌研究迎来了具有划时代意义的方法论突破。伊伦在其博士论文的基础上于 2001 年发表《礼貌理论批判》（"A Critique of Politeness Theories"），对经典的礼貌研究进行全面的反思和批判。伊伦（2001）梳理了雷科夫（1973）、布朗和莱文森（1978/1987）、利奇（1983）、弗雷泽（1990）、顾曰国（1990）、井出祥子（1989）等九种传统的研究模式，指出语言礼貌研究的混乱是由于研究者没有将普通社会成员眼中的礼貌与研究者眼中的礼貌区分开来，采用了一种规定主义色彩的模式来解释各种礼貌现象。伊伦（2001）在瓦茨等（1992）的基础上进一步提倡区分礼貌 1 与礼貌 2，前者是日常意义上的、交际者内部视角的礼貌，而后者是语言学意义上的、研究者视角的礼貌。伊伦（2001）强调，对礼貌 2 的研究必须基于礼貌 1。

伊伦（2001）对经典理论的批判得到许多学者的认同，引发了礼貌研究本体论和方法论的全面转型。研究者对于什么是礼貌、礼貌研究应该采用什么样的语料和分析方法、礼貌研究应该如何做出理论解释等一系列问题展开讨论，从而形成了与经典理论截然不同的"后现代"研究范式。米尔斯（2011：21-26）总结了"后现代"礼貌研究与经典礼貌研究的主要分歧，指出布朗和莱文森（1987）的面子理论主要存在六个方面的问题。第一是过于依赖言语行为理论，侧重请求、道歉等言语行为[1]，将言语行为、礼貌与语言形式对应起来，忽略了交际者的主体能动性。例如，说话者可以用道歉的语言形式来表达挑衅，同样也可以用恭维的语言形式来实现道歉。第二，面子理论假定所有的交际者都是完全理性的、理想化的个体，他们从个体的角度出发，将他人作为实现自己

1　例如，布朗和莱文森（1987）将强迫度（rank of imposition）作为重要变量之一，即表明了他们对请求、道歉类言语行为的过分倚重，参见 Mills（2011：25）。

目标的手段。但这一假设在东亚文化、阿拉伯文化中，甚至在西方文化内部也是有争议的。第三，布朗和莱文森（1987）假定所有的交际行为都是完美的，说话者和听者的沟通是准确、没有误解的，这与现实状况不完全吻合。第四，布朗和莱文森（1987）将礼貌定义为对面子威胁行为的缓和，与戈夫曼（1955，1967）、雷科夫（1973）和利奇（1983）一样，都没有考虑不礼貌的现象，只是纯粹地将不礼貌作为礼貌的不在场。卡尔佩珀（1996，2011）等对此提出批评，指出不礼貌行为作为一个独立的研究对象，有其自身的学术研究价值。第五，面子理论中的权力、距离和强迫度三个变量引起了一定程度的滥用。强迫度在道歉、请求中的典型性不完全适用于其他言语行为，而权力对不同个体的礼貌行为的影响也并不总是同等的。第六，如上一节所指出，布朗和莱文森（1987）和利奇（1983）等对礼貌普遍性的假设受到广泛的质疑。后现代的礼貌研究者一般认为，虽然礼貌现象在各个文化中普遍存在，但其具体的实现方式以及礼貌行为背后的价值观和前提等在不同文化中存在一定的差异，因此考察不同文化中的礼貌行为应该采用不同的概念和理论框架。

对经典理论的全面反思和批判催生了新的礼貌研究范式，学术界将这一范式转换称为"话语转向"（discursive turn）。自伊伦（2001）起，话语转向的思潮逐渐成为国际礼貌研究领域的主流。创办于 2005 年的《礼貌研究学刊》（*Journal of Politeness Research*）在创刊号中即明确声称致力于"推动礼貌研究理论的发展"（to foster the advancement of theories of politeness）（Christine，2005：1，Editorial），并在第一期发表了洛克（Miriam Locher）和瓦茨（2005），斯宾塞-欧蒂（2005），霍尔姆斯和斯诺尔（Stephanie Schnurr）（2005）三篇文章，阐释"关系"中的礼貌。《礼貌研究学刊》在短短十余年间已经成为国际礼貌研究的主要阵地，为礼貌研究的话语转向作出了巨大的贡献。

话语转向中兴起了礼貌研究新方法——"话语研究法"（discursive approaches），虽然相关理念和方法的讨论可以追溯到 20 世纪语言学界对经典礼貌理论的批判和修正，但话语研究法真正成熟的标志是语言礼貌研究小组（Linguistic Politeness Research Group，LPRG）于 2011 年出版的《礼貌的话语研究法》（*Discursive Approaches to Politeness*）。在这本论文集中，米尔斯、卡尔佩珀、卡达尔（Daniel Kádár）和格兰杰（Karen

Grainger）等学者系统地梳理了新旧两种礼貌研究范式的区别，剖析了研究法的基本理念。需要说明的是，话语研究法并不是一个统一的理论框架和分析模式，正如其复数英文名中的 approaches 所示，不同的研究者所采用的分析方法、理论取向和模式建构等存在诸多差异（Arundale，2010a；Culpeper，2011；Locher & Watts，2005；Spencer-Oatey，2005，2011 等，参见 Kádár，2011：249），例如特科拉菲（Marina Terkourafi）（2005）认为一个特定的行为是不是礼貌的，取决于语言表达式与语境搭配的常规性；洛克（2006）主张采用"关系工作"（Relational Work）代替礼貌来解释人际互动中的关系建构和协商，因为"礼貌"和"不礼貌"的二元对立不能穷尽礼貌现象本身的内涵，即使加上"过度礼貌"（over-polite）和"非礼貌"（non-polite）也仍然不够完善；而阿伦戴尔（Robert Arundale）（2010a）则提出"面子共建理论"（Face Constituting Theory），认为交际参与者在互动中通过对"人际关联"（connectedness）和"人际分离"（separateness）等相互关系的解读来共建面子。

话语研究法的不同模式之间存在分歧，其根源在于礼貌研究者借用的理论基础不同，米尔斯（2011）归纳指出，瓦茨（2003）和克里斯蒂（Christine Christie）（2007）借用了斯波伯和威尔逊的关联理论来分析礼貌，特科拉菲（2005）使用了框架分析法（Frame-based Analysis），米尔斯（2003）使用了布迪厄（Pierre Bourdieu）（1989）的"惯习"（habitus）和温格（Etienne Wenger）的"实践共同体"（community of practice），此外还有格耶尔（Naomi Geyer，2008）借用话语心理学（discursive psychology）和阿伦戴尔（2010a）的会话分析等。

尽管上述学者在研究理念和分析方法等方面存在诸多差异，我们仍然可以用"话语研究法"作为一个术语来统称这些模式，因为这些分析模式与经典理论相比大体上都秉持了一些基本的共同理念。基于米尔斯（2011：34-50）和范·德·博姆（van der Bom）、米尔斯（2015）等相关综述，我们可以将这些共同理念概括为六条。

第一，礼貌不是话语固有的属性。没有一个语言表达天生就是礼貌的或不礼貌的。例如，"禽兽"既可以是极度不礼貌的詈骂语，也可以是朋友之间亲密的取笑。同样，我们也可以轻易证明恭维既可以维护听话者的面子，也可以是一个不怀好意的不礼貌行为。

第二，不礼貌不是礼貌的附属品。经典理论聚焦于礼貌，而忽略了不礼貌行为，或者仅仅将不礼貌视为"礼貌的缺失"，而后现代的礼貌研究者们则认为，不礼貌的"附属地位"阻碍了我们对不礼貌现象的深入认识，因此主张将不礼貌（impoliteness）作为一个独立的研究对象来考察，不少研究者甚至认为，不礼貌行为独立于礼貌研究之外，应当有自己的分析框架和理论模式（Dynel，2015）。

第三，礼貌研究重在关注过程，而不是结果——考察交际者如何在话语交际的过程中实现礼貌或不礼貌，而不是仅仅将礼貌／不礼貌作为一个静态的交际结果来对待。

第四，交际中个体的身份和角色不是预先设定、一成不变的，交际参与者在互动中不断地来回协商，共同建构（不）礼貌关系和各自的身份，因此话语研究法要求既关注说话者的话语产出，也注重两方听者对（不）礼貌行为的阐释。

第五，通过礼貌 1 和礼貌 2 的区分，话语研究法将研究者的外部视角和交际参与者的内部视角区分开来，重视互动中的交际者本人对话语所做的（不）礼貌解读。

第六，重视语境的作用，要求研究者在更长的语篇层面（而不是一来一往的两个话轮中）寻找交际者动态建构（不）礼貌人际关系的证据。

以上六点涵盖了话语研究法三个方面的特征：对礼貌本质属性的重新认识、对研究者角色的重新定位，以及对礼貌分析方法的解构和重构。正如"话语研究法"的名称所示，对话语证据的倚重可以说是礼貌研究新模式最重要的标志性特征。

布朗和莱文森（1987）和利奇（1983）的经典理论中，研究者使用的大多是例 1 这种虚构的、片段式语料：

例 1

a）

（1）You can lend me your car.

（2）I can lend you my car.

Leech (1983: 133)

b）

（1）Lend me your car.

（2）There wouldn't I suppose be any chance of your being able to lend me your car for just a few minutes, would there?

Brown & Levinson（1987: 142-143）

利奇（1983）和布朗和莱文森（1987）在很大程度上是根据自己的母语直觉假定了某种"完美交际"的存在，认为一个理想的交际者会与研究者一样，通过比较得出话语（2）总是比（1）听上去更礼貌的判断。话语研究法则认为这样的语料分析过度依赖研究者的直觉判断，在脱离语境的情况下先验地将（不）礼貌作为一种属性强加于话语本身。事实上，我们不难设想出某一特定的语境中使用话语（1）比（2）显得更礼貌。话语研究法主张，礼貌研究应该从实际语境中交际者对话语的具体解读出发来分析人际互动中的（不）礼貌现象。由于交际者对（不）礼貌话语的具体解读往往体现在后继话轮中，所以分析者应该在更完整的语篇层面展开分析，通过语篇证据来挖掘交际参与者如何在多个话轮的互动中动态地协商、建构（不）礼貌关系。

3. 礼貌研究新动向

话语转向兴起以来，礼貌研究的边界进一步扩张，礼貌与相邻学科的交叉研究蓬勃发展。丰富的文献、宽广的视角和跨学科方法的运用，已经使（不）礼貌研究"从言语行为理论和会话含意理论的分支，逐步发展成为跨界面、跨学科的研究领域"（Terkourafi，2019：2）。在这样的背景下，研究者已经很难准确、穷尽地概括出（不）礼貌研究的整体面貌，我们只能根据主流期刊（如《礼貌研究学刊》《语用学学刊》等）、重要学术会议（如国际语用学大会）和一流学术出版社（如 CUP, John Benjamins 和 Mouton de Gruyter）的相关文献来梳理主要脉络。总体而言，近年来的礼貌研究在理念方法、研究主题、语料选择等方面呈现出以下几个特征。

在基本理念和研究方法方面，近十年来的礼貌研究大体上有三个主要特征。第一，话语研究法仍然是当前（不）礼貌研究的主流做法。礼貌研究者大体上沿袭了 21 世纪以来的"话语转向"，根据交际者的评价和语篇证据来解读人际互动中的（不）礼貌关系。为了力求发掘出互动中的交际参与者如何从自身的内部视角解读话语、建构（不）礼貌关系，采用话语研究法的礼貌研究者十分重视"跟踪采访"（follow-up interview）的运用（Spencer-Oatey，2008；van der Bom & Mills，2015）。研究者在记录/转写语料之后，请交际参与者汇报他们本人对特定话语的理解和（不）礼貌评价，以此作为研究者分析（不）礼貌关系的依据，这也是礼貌 1 和礼貌 2 之分的具体实践。跟踪采访在一定程度上克服了研究者个人的主观性和外部视角的局限性，在话语研究法的运用中扮演着十分重要的角色。但我们也需要注意到，跟踪采访也存在一定的缺陷，原因是受访者并不总是能够或者愿意说出互动中（不）礼貌行为的实际解读情况，尤其是涉及不礼貌话语的解读。

有研究者认为，话语转向以来的（不）礼貌研究也经历了又一次方法论的转型，并将经典理论视为第一波礼貌研究理论，21 世纪初兴起的话语研究法是第二波，而近年来正逐渐兴起第三波理论浪潮（van der Bom & Mills，2015：186）。这一分期的基本理据是：第二波理论作为对经典理论的反拨，强调以交际者的反应和评价为判断依据，从而摈弃第一波理论的"研究者外部视角"，而第三波理论则试图整合前两波理论，注重考察交际双方或多方如何在具体/特定的交际事件中通过临时协商和共建来实现（不）礼貌关系的建构。但实际上，不论是第二波还是第三波礼貌理论，都强调跳出研究者直觉，依靠参与者视角，倾向于从语篇和互动的实际过程来看礼貌和不礼貌的问题。与早期经典理论相比，所谓的第二波和第三波理论虽然同中有异，但同大于异，实际上都秉持了话语研究法的基本理念。

第二，话语研究法兴起之初的内部分歧如今仍然存在。如前所述，话语研究法初兴时期就存在不同的理论模式，如阿伦戴尔（2010a）的"面子共建论"（Face Constituting Theory）、斯宾塞–欧蒂（2008）的"关系管理模式"（Rapport Management Model）、洛克和瓦茨（2005）的"关系工作"（Relational Work）模型和特科拉菲（2005）的礼貌研究框架论（Frame-based Analysis）等，各理论模式之间颇有分歧。近十年来，话语研究法内部的分歧并没有随着时间推进而弥合，不同研究者在话语研究法内涵的理解以及一些具体分析方法上仍然持有争议。例如，卡达尔和霍（2013）指出，礼貌 1 和礼貌 2 的区分不够彻底，分析语料的研究者也可以是参与者，礼貌理论要充分解释（不）礼貌行为，至少需要考虑四个维度的多重理解（Haugh，2012b，2018a：161；Kádár & Haugh，2013：87）：

（1）参与者—元参与者的理解（participant-metaparticipant understandings）；

（2）主位—客位的理解（emic-etic understandings）；

（3）外行观察者—分析者的理解（lay observer-analyst understandings）；

（4）大众的—科学理论的理解（folk-scientific theoretic understandings）。

特科拉菲（2005）从理论概括度视角对话语研究法提出质疑，她认为话语研究法聚焦个别现象，过于侧重微观语境，专注于个体在特定的互动场景中的（不）礼貌行为，总体而言难免流于琐碎，难以得出具有概括力的理论。

在批判经典理论忽略不礼貌的同时，许多研究者走向另一个极端，极力主张在礼貌理论之外建构独立的不礼貌理论，例如，代纳尔（Marta Dynel）（2015：330）指出，早期不礼貌研究（如 Bousfield，2008；Craig et al.，1986，Culpeper，1996，2005；Culpeper et al.，2003）的基本出发点就是，不礼貌不能被视为礼貌的一个部分，而应当有专门为不礼貌研究建立的独立的理论框架来解释不礼貌的内在机制。但也有研究者指出，礼貌与不礼貌的关系远比我们想象的密切，二者可以相互转化，在某些三方语境中，对一位听者的礼貌甚至同时构成了对另一位听者的不礼貌（Xia & Lan，2019）。

话语研究法内部的分歧大多起源于对经典理论的不同角度的批判，虽然学界也萌发了对经典理论统一模式的向往，但在可以预见的将来，这些分歧仍将继续存在，影响着话语研究法的发展。

第三，言语行为仍然是礼貌研究的重要分析工具。虽然米尔斯（2011）等曾批判经典的面子理论相关文献过于集中在道歉、恭维、请求等少数易于形式化的言语行为上，但言语行为理论在语言礼貌研究中仍然具有实践和理论两方面的显著价值（Kádár & 张森，2019）：在实践层面，对某一特定文化中系列言语行为的研究有助于构建系统的礼貌模式，通过语料库方式检索言语行为关键词收集大规模语料，有助于开展对比礼貌研究；在理论层面，言语行为理论有助于洞悉不同情境下语言礼貌的动态性。从主流期刊的最新文献来看（如 Kampf & Danziger，2019；Murphy & De Felice，2019；Ruytenbeek，2019），言语行为可以说仍然是礼貌研究中最重要的分析单位之一。

在研究主题方面，近年来礼貌研究中的新兴话题不断出现，许多传统话题在引入新的方法和视角之后也重新绽放了生命力。除了常规论文以外，《礼貌研究学刊》《语用学学刊》自 2010 年以来还组建了十余个礼貌研究专栏、纪念文集等，其中与礼貌直接相关的栏目关键词主要包括职业交际语境中的（不）礼貌、历史礼貌、非洲礼貌、面子工作与（不）礼貌、虚假礼貌、全球化与（不）礼貌、互动中的面子、韵律与（不）礼貌、英语变体与（不）礼貌、日语中的礼貌，以及面子、身份与（不）礼貌等。这些专栏在一定程度上反映了十年来礼貌研究的主要焦点问题，而其中最突出的莫过于不礼貌研究的兴起。

出于对经典理论忽略不礼貌现象的矫正，近年来的不礼貌研究显得炙手可热。许多研究者声称，不礼貌研究亟需构建本体的理论框架，简单地从礼貌的缺席／反面来分析无法全面厘清人际不礼貌问题（Dynel，2015）。早期不礼貌研究主要讨论不礼貌与粗鲁等相关概念的定义（Bousfield，2008；Terkourafi，2008）以及不礼貌的分类（Culpeper，1996，2005；Culpeper et al.，2003）等基础问题，而近年来的研究则更加倾向于聚焦各语言文化和语境场景中不礼貌行为。在此大潮中，专门以不礼貌为研究对象的文献屡见不鲜，关注礼貌现象的文献则往往兼顾不礼貌，以"（im）politeness"（不）礼貌为题，纯粹讨论礼貌现象的文献已经比较少见。

除了不礼貌研究的繁荣之外，近年来的文献中开始出现越来越多的新兴话题，包括肢体语言与礼貌（Brown & Prieto，2017）、多模态礼貌研究（Brown & Winter，2018）、情感与礼貌（Langlotz & Locher，2017）、历史礼貌（Jucker，2016）、道德秩序（moral order）与仪式化（ritual）（Kádár，2017）、道德与礼貌（Marquez Reiter & Kadar，2016；Xie，2018）、礼貌习得与教学（Chen，2017），以及基于 ERPs 和 FMRI 等实验手段的礼貌研究（Jiang & Zhou，2015）等。这些话题的出现源自礼貌研究与其他学科的交叉结合以及跨学科方法的应用。可以推测，这些新兴话题在未来一段时间将会进一步发展，不断拓宽传统礼貌研究的边界。

在语料选择方面，当前的礼貌研究的主要特征是偏爱自然会话和网络语料。面子理论和礼貌原则等经典理论大多采用虚构语料，研究者根据自己的母语直觉建构出需要的语料证据，而话语研究法主张在较长的互动语境中发掘语篇证据，以揭示交际者本人对话语（不）礼貌的解读，因此话语转向以来的礼貌研究摈弃虚构语料，而更加偏爱真实语料。第一波礼貌研究中常见的语篇补全任务（discourse completion tasks，DCT）、角色扮演（role play）等诱导语料在话语转向以来逐渐销声匿迹。但研究者也遇到了语料上的困境：虽然真实自然的会话语料便于研究者跟踪采访，开展深度的质性研究，是话语研究法的首选语料类型，但收集难度较大、难以控制变量，也不便于开展量化研究。因此，研究者大多采用折衷的办法，使用了较多书面语料、网络和新媒体交际语料以及影视节目语料，如 Youtube、微博、真人秀和电视访谈节目等。正如多波斯（Abby Mueller Dobs）和加塞斯 – 孔雷瓦斯·布里茨维奇（Pilar Garcés-Conejos Blitvich）（2013：114）批评指出，大部分研究者都偏爱冲突、娱乐型语料（confrontainment：conflict-based, televisual entertainment），而没有充分研究真实自然语料。布朗（2017：397）回应了面子理论四十年来所受到的批判，她也指出，当前研究者大多采用容易收集的、基于预定台词的互动语料，而很少亲自录制自然发生的真实人际互动来考察礼貌关系的建构。

总体而言，多波斯和加塞斯 – 孔雷瓦斯·布里茨维奇（2013）和布朗（2017）的批判有一定的道理，但我们也应当注意到网络交际语料自身的价值。首先，网络交际在当今社会的人际交往中占据越来越重要的地位，其作为独立的研究对象本身具有合理性。其次，网络上"匿名化"和"快节奏"等在线交际特点赋予网络语料一定的特殊性，使现实生活中较为少见的冲突性话语和"仇恨言语"（hate language）等（Terkourafi，2019）在网络语料中十分常见。这是网络语料研究不容忽视的方面。此外，网络交际语料是真实自然发生的人际互动，相应的语境背景比较容易收集，符合话语研究法的理念和要求。出于这些原因，《语用学学刊》等主流期刊上基于网络交际语料开展的礼貌研究文献数量呈不断上升趋势，2018 年约翰·本杰明（John Benjamins）出版社推出由福建师范大学谢朝群和西班牙阿利坎特（Alicante）大学弗朗西斯科·于斯（Francisco Yus）联合主编的期刊《网络语用学》（*Internet Pragmatics*），创刊之后的第 2 期即专门讨论了在线交际中的（不）礼貌问题。网络交际（不）礼貌研究的兴盛由此可见一斑。

话语研究法偏爱自然语料的另一个影响是研究者逐渐开始重视多方交际中的（不）礼貌现象。在利奇（1983）和布朗和莱文森（1987）的经典理论等第一波礼貌研究中，第三方在场者对（不）礼貌行为的影响始终没有得到充分关注（Xia & Lan，2019），高度抽象的理论模式倾向于将所有交际概括为"说话者—听话者"的两方交际模式。但随着自然语料分析的兴起，研究者在语料收集和观察中发现：现实生活中的真实交际行为往往发生在多人之间，纯粹两人之间的对话有时反而较为少见。近十年来，多方交际中的（不）礼貌现象日益受到研究者的关注（Bou-Franch et al.，2012；Bou-Franch & Garcés-Conejos，2014；Culpeper，2011；Dobs & Garcés-Conejos，2013；Dynel，2012；Geyer，2010；Haugh，2013；Kádár & Haugh，2013；Lorenzo-Dus et al.，2011；van der Bom & Mills，2015；Xia & Lan，2019）。一个基本的共识是：在场第三方对"说话者—听话者"两方之间的（不）礼貌行为有不可忽视的影响，有时甚至会改变或颠覆话语（不）礼貌的常规解读。

受儒家思想影响深重的东亚文化因其社会等级、集体主义等特征而与西方文化迥异，是检验和反思西方礼貌理论的最佳阵地。东亚学者在20 世纪 90 年代的国际礼貌研究领域十分活跃，尤其是在批判经典理论的文化普适性方面做出了突出贡献（Gu，1990；Ide，1989；Matsumoto，1988 等）。至 21 世纪初，卡达尔和米尔斯（2011：2）等曾指出，东亚学者对礼貌研究的话语转向反应相对滞后。这一批评当时或许有一定的合理性，中国学者在国际学术界的"失语"现象是许多学科由来已久的弊病之一。但是近年来至少在礼貌研究领域，中国学者迅速崛起，很大程度上扭转了国际学界失语的局面。张绍杰、冉永平、陈新仁、谢朝群等一大批中国学者在国际一流学术期刊发表论文，探讨中国礼貌问题，提出中国特色的礼貌理论，发出了中国语用学界的声音。2016 年，由中国逻辑学会语用学专业委员会会长陈新仁担任联合主编的《东亚语用学》（*East Asian Pragmatics*）创刊发行，2018 年由谢朝群担任联合主编的《网络语用学》(*Internet Pragmatics*) 创刊，为中国语用学者走向国际舞台搭建了新的平台，同时也标志着中国学者在国际语用学界正做出越来越重要的贡献。我们相信，中国学者的礼貌研究在构建中国特色哲学社会科学话语体系的道路上大有可为，也必将大有作为。

2.1.5 顺应理论的新发展

比利时语用学家、国际语用学会秘书长耶夫·维索尔伦 (Jef Verschueren) 教授提出的语言顺应论发轫于 20 世纪七十年代，形成于八九十年代，在《语用学新解》(*Understanding Pragmatics*)(1999) 一书中得到了系统呈现。语言顺应论指出，语言使用是一个连续不断的语言选择过程，在选择过程中涉及三个不同等级上的相关概念：变异性、协商性、顺应性。该书一经问世，国内外学者（如何自然、于国栋，1999；钱冠连，2000；刘正光、吴志高，2000；Illie，2001；Jaffe，2001）立即进行述介；《语言》(*Language*) 杂志 2000 年第 2 期的 "Book Notices" 中也对该书进行了推介。钱冠连、霍永寿还于 2003 年完成了该书的中译本。语言顺应论的应用研究数量大，涉及的话题广（李元胜，2007）。应用研究的话题主要涉及翻译现象，如戈玲玲（2002），宋志平（2004），王建国（2005），马霞（2006），李占喜（2009）等；语法现象，如于国栋（2001），张克定（2002），冉永平、方晓国（2008），张绍杰（2017）等；语用策略，如何自然、张淑玲（2004），鞠红、戴曼纯（2006），吴亚欣（2006）等；外语教学，如吴增生（2004）、谢少万（2003）等。应用研究涉及的语篇类型除日常交际话语外，还包括广告语（陈新仁，2013a）、医疗咨询会话（袁周敏、陈新仁，2013）、学术对话（任育新，2013b）、庭审辩护词（崔凤娟、苗兴伟，2009）等。本部分旨在探究《语用学新解》(1999) 问世以来语言顺应论在理论研究方面的发展动态，具体包括对该理论核心内容的进一步诠释，围绕该理论展开的争鸣和提出的修正方案，以及维索尔伦本人对该理论进行的补充。

1. 理论诠释

对语言顺应论的诠释包括两个方面：一方面是对《语用学新解》（1999）等语言顺应论原始著述中提及的重要术语和核心理念进行内涵还原；另一方面是对语言顺应论思想体系中的关键要素开展详细分析和具体评价。

第一个方面涉及的话题主要包括：（1）语言顺应论的理论属性问题。维索尔伦指出语言顺应论不同于合作原则或关联理论，它并不是一个操作性（operational）理论，关注的是语言—心智关系的总体属性，"提出该理论的初衷是提供理解语言和语言使用的一个视角而非将其当作分析具体言语交际的方法或路径"（郭亚东、陈新仁，2020：37）。因而，在术语上维索尔伦更倾向于使用"adaptability"而不是"adaptation"。因为后者"体现语言使用特征的具体过程"，而前者"是指语言—心智关系的总体属性"（同上）。另外，维索尔伦也不倾向于使用理论（theory）来指涉《语用学新解》（1999）中建构的体系，而是更倾向于将之称为框架（framework），所以按照维索尔伦的观点，我们称之为"语言顺应论"的学说英文表达应为 the framework of Linguistic Adaptability（仇云龙，2016）。（2）语用学学派二分问题。这种二分源于莱文森（1983），并在黄衍（2007）中被详细阐发。黄衍（2007）将国际语用学界划分为两个学派：一是"英美语用学派"，二是"欧洲大陆语用学派"。前者将语用学视为同语音学、音系学、词汇学、句法学和语义学并列的语言学研究分支，秉持"分相论"，并以会话含意、预设、言语行为、指示语等为分析单元。后者将语用学视为可解释任何层面语言现象的综观，秉持"综观论"，没有明确的分析单元，其代表性学说主要是语言顺应论。这种二分法为学界广泛接受，但维索尔伦并不认同。维索尔伦指出，语用学学派二分是建立在三个基本假设之上的：一是存在两个对立的学派；二是对立的两个学派一个是"英美语用学派"，另一个是"欧洲大陆语用学派"；三是"英美语用学派"秉持"分相论"，"欧洲大陆语用学派"不认同"分相论"。维索尔伦认为，欧洲大陆语用学者并未形成一个学派；"英美语用学派"中深耕的部分话题具有浓重的欧洲大陆印记，而语言顺应论所秉持的综观视角则深受弗斯语言学的影响；雅各布·梅伊（Jacob Mey）、简－奥拉·奥斯特曼（Jan-Ola Östman）等部分欧洲大陆语用学者采用综观的方式进行语用学分析，但也认同"分相论"。总之，维索尔伦不赞同这种基于地缘标准的划分（Verschueren，2017）。

第二个方面涉及的话题主要包括：（1）对语言顺应论所提出的语用视角观进行解读。毛延生（2014）围绕语言顺应论的四个维度进行了论述，指出就语境维度而言，视角是一种语境化了的关系；在结构层面上讲，视角存在显性和隐性之分；从动态机制上看，视角具有复杂性、涌现性；就突显程度来说，视角允准分层化认知处理。（2）对语言顺应论的意义观进行阐发。毛延生（2011b）认为语言顺应论的意义研究回归了复杂性，具体体现在：本体论上从分析性转入复杂性，价值论上建构语用三角、突破语义三角，认识论上锁定优化解而非最优解。就语言顺应论中的复杂性思想而言，毛延生（2013）还从本体论、认识论、方法论三个角度入手进行了哲思。（3）对语言顺应论的方法论进行诠释。毛延生（2012）从方法论诠释的可能性、可行性、现实性三个基本维度入手阐释了顺应论中的方法论思想——超越还原论。

2. 争鸣与修正

语言顺应论问世以后，学界肯定其积极贡献，但也有部分学者对其进行了质疑，概括起来主要包括：解释力过强、覆盖面过宽、不可证伪（Huang，2001），笼统和解释不充分（杨平，2001），对语言选择界定过严、语言选择与语言效果对应过于固定（何自然等，2007）。秉持这些看法，学者们围绕相关问题展开了争鸣，也尝试提出了修正方案。

围绕语言顺应论"不可证伪"这一话题，陈新仁（2010）提出"语言顺应论要证实的是什么？如何认定该理论可以被证伪？"的问题，指出了语言顺应论能被证伪的五种条件（陈新仁，2010）：

（1）交际者针对特定的交际目的，不刻意顺应语境因素使用了语言，但仍实现了交际目的；

（2）交际者针对特定的交际目的，刻意顺应语境因素进行语言选择，但未实现交际目的；

（3）交际者没有特定交际目的，但仍进行了语言选择；

（4）交际者虽然有交际目的，但却不顺应语境因素；

（5）由于交际目的、立场等与对方的目的、立场等冲突，交际者刻意不顺应语境因素。

毛延生（2011a）指出，语言顺应论"不可证伪性"的困境主要表现在四个方面：（1）因果关系复杂阻遏证伪条件有效提取；（2）辅助假说集合并置决定证伪阐释搁浅；（3）隐性概率陈述命题悬置可证伪性论证；（4）限界条件不明剥离证伪的现实性前提。同时文章还讨论了如何从顺应论的"可证伪性"分析反思"证伪"以及"可证伪性"在语用研究科学性评价中的当下境遇。

围绕语言顺应论笼统、解释不充分这一话题，部分学者提出了修正方案，如杨平（2001）提出了"关联—顺应"模式，冉永平（2004）提出了"顺应—关联"模式，廖巧云（2005，2006）提出了"合作—关联—顺应"模式，韩东红（2010）提出了新的"关联—顺应"模式。陈新仁（2010）认为将会话合作原则、关联理论和顺应理论在同一个层面上进行组合有所不妥，建议将这些理论融入语言顺应论这一宏观框架下，具体分析说话人交际目标，具体说明交际者拟传达的特殊表达效果，具体明确语言选择中特定层面上发生的顺应特征，具体考虑语言选择时交际者顺应的语境因素，具体细化与语境因素相关的微观理论模块。毛延生（2011a：68）认为提出修正方案是改进语言顺应论"缺陷"的积极尝试，但也认为这些修正方案的实际效果有限。

围绕语言顺应论对语言选择界定过严、语言选择与语言效果对应过于固定这一话题，陈新仁（2010）对维索尔伦提出的语用学理论结构图（Verschueren，1999：67）进行了局部修改（见图 2-2）。他认为，由于社会文化、认知等的影响，同一结构或形式可以执行多种功能；反之，同一功能可以由多种形式实现，因此语言结构对应的是其交际功能，二者之间的匹配不是一一对应的关系，需要考察结构与功能在具体语境中的匹配问题，而非结构与语境的匹配问题（陈新仁，2010）。

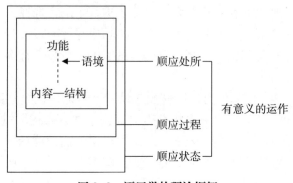

图 2-2　语用学的理论框架

3. 理论补充

如前所述，维索尔伦对于语言顺应论理论体系的构建，到《语用学新解》（1999）为止，完成了包括语言使用认识视角、语言使用属性、语用学研究角度在内的系统构建。然而，该书对于语用学研究的四个角度在微观语用分析中所承负的任务以及彼此之间的关系表述还不够明晰，对于微观语用分析中适宜采用的研究方法描述还不够具体。此后，维索尔伦在这两个方面进行了补充，进一步丰富了语言顺应论的理论体系。

关于四个角度在微观语用分析中所承负的任务以及彼此之间的关系，维索尔伦主要进行了以下探讨。如维索尔伦（2018：97-98）所述，"对动态意义生成过程的解释需要围绕语境、结构和意识突显度进行"。在维索尔伦看来，结构与语境是"一体工作的"（Verschueren，2008：22）。交际中的结构与语境之间存在本体论上的联系和认识论上的联系。结构与语境之间的本体论联系体现在："语境变化，形式所表达的意义随之变化；语言形式变化，语境也随之变化"。结构与语境之间的认识论联系体现在："在交际者参与的活动交互展开过程中，结构资源被用来标明说话人对语境现象的诉诸"（Verschueren，2008：14）。"换言之，交际者可以从语言结构的使用情况了解到语境的情况。"（陈新仁，2014b：9）结构与语境之间的本体论联系说明二者并非单向的得体关系而是相互顺应关系（Verschueren，2008：21），结构与语境之间的认识论联系有助于人们"以实证的方法去评估语境因素的关联性，而不必滑向主观臆测"（Verschueren，2008：23）。陈新仁（2014b）肯定这一思想在深入认识语言形成、变化、发展以及理解语言使用本质、机制等方面的积极作用，但也指出这种思想容易走向机械主义，不能充分解释交际中不时发生的错位或"有标记"结构选择。在近年的论著中，维索尔伦对语用学四个研究角度的探讨是建立在对显义、隐义关系的进一步厘定基础之上的。就隐性意义和显性意义的关系而言，他认为语言具有两个本质特征。第一，所有的语言（或许所有的言语）使用的都是由隐性意义、显性意义共同构成的复合体。第二，所有的语言都有结构手段对隐性意义进行"标记"（或编码）（Verschueren，2016：149）。Verschueren（2013）指出，隐性意义和显性意义不是二元关系而是层级关系（Verschueren，2013：5）。这种层级性并不是单维度的，隐性意义载体与其语言环境和非语言语境之间还存在着互动；而且隐性意义还存在一个"突显度"的问题，隐性意义在隐性程度上是有差别的。维索尔伦（2016，2018）构建了以下的隐性意义三维模型（详见图2-3），这三个维度共同呈现出意义的动态性。

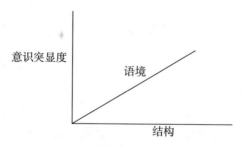

图 2-3　隐性意义的三维模型

关于研究方法，维索尔伦历来重视基于数据的实证研究。在他看来，语用学是一个实证研究的领域，"理论建构固然很重要，但只有将理论验之于语言使用的事实，我们才能取得真正的进步"（朱磊、郑新民，2010：79）。维索尔伦对语用研究方法的集中论述和系统实践集中体现在《语言使用中的意识形态：实证研究的语用准则》（*Ideology in Language Use: Pragmatic Guidelines for Empirical Research*）中，该书以语言顺应论为理论基础，以历史教科书中记述的"印度民族大起义"（"Indian Mutiny"）等殖民相关素材为语料，系统介绍了参与语言使用和意识形态分析的基本语用准则，细致呈现了一系列具体分析步骤，勾勒出语言使用中生成的意识形态图景，"从语用学的角度为意识形态研究提供了一种有效的、全面的分析方法"（姜晖、刘风光，2013：478）。

综上所述，自《语用学新解》（1999）问世以来，语言顺应论在理论研究方面取得了长足的发展，这其中既有维索尔伦本人的论述也包括其他学者的探索。对语言顺应论重要术语和核心理念内涵的还原为该理论的准确理解和应用打下了更为坚实的基础；对语言顺应论视角观、意义观及方法论的阐释有助于加强对该理论的认知宽度和评价深度。对语言顺应论的争鸣与修正一方面有助于在比较中理解语言顺应论与其他语用学理论之间的关系，另一方面为语言顺应论的成熟和完善提供了洞见。维索尔伦本人在语言顺应论组成框架及方法论方面的补充使语言顺应论的体系构建从宏观走向微观，各核心要素在语用分析中承负的角色更加明晰，研究方法更为细化，为相关研究起到了示范作用。

2.2 语用学的新视角

1962年奥斯汀的《如何用言语做事》（*How to Do Things with Words*）出版，标志着语用学研究的发端，在过去近60年的时间里，语用学发展非常迅猛，特别是进入新世纪以来，语用学发展的多元化趋势和跨学科特征越来越明显，已形成精彩纷呈的研究局面。除了诸如对比语用学、跨文化语用学、语际语用学、认知语用学等相对早一些确立起来的研究领域之外，实验语用学、临床语用学、变异语用学、历史语用学、人际语用学、元语用学、语言模因学等研究领域不断兴起。

2.2.1 变异语用学

本节主要包括三个部分，即变异语用学的基本知识、研究现状和未来展望。

1. 基本知识

变异语用学（variational pragmatics）是语用学研究的一个新兴领域，主要考察同一语言内部由于地域、性别、年龄、民族身份以及社会经济阶层等宏观社会因素差异而引起的语言使用上的变化（Barron，2017；Barron & Schneider，2009；Schneider，2010；Schneider & Barron，2008a，2008b）。

尽管变异语用学被认为是语用学研究的重要领域，但就其学科渊源来看，它的产生与社会语言学也有密切关系。巴伦和施耐德（2009）指出，变异语用学可以看作是语用学和社会语言学的界面研究，更确切地讲，是语用学和方言学的交叉研究。一方面，作为社会语言学分支之一的现代方言学研究主要聚焦语音、词汇、语法等，对语言的使用维度缺乏关注；另一方面，语用学研究中对地域及社会因素（如性别、年龄、社会经济阶层等）影响语言使用的情况关注不足。为寻求二者的结合（Schneider & Barron，2008a），即"语用学研究的'方言化'（the 'dialectologisation' of pragmatics）和方言学研究的'语用化'（the 'pragmaticisation' of dialectology）"（Schneider，2010：239），变异语用学应运而生。

与涉及不同语言间语言使用进行比较研究的对比语用学和跨文化语用学不同，变异语用学聚焦同一语言语内语言使用变化；与之"孪生"学科（Schneider & Barron，2008a）——历史语用学——聚焦历时层面不同，变异语用学考察的是同一语言内部共时层面的语言使用变化。

就方法论来看，对比是变异语用学的基本原则之一，"变异语用学从根本上是对比性的，对比研究至关重要"（任育新、陈新仁，2012：193）。与之相关的另一个原则是语料或数据的可对比性原则。以巴伦（2008a）对英国英语和爱尔兰英语中请求言语行为的研究为例，其受试包括两组：一组是爱尔兰东南部一所学校的 27 名女生，平均年龄 16.2 岁；另一组是英格兰南部一所学校的 27 名女生，平均年龄 16.3 岁。显而易见，两组受试请求行为的数据之间具有可对比性。但如果拿 27 名平均年龄 50 岁的爱尔兰男性的请求行为跟 27 名平均年龄 16 岁的英国女生的请求行为进行比较，就不具有可对比性。除此之外，变异语用学研究不是内省式的，而是必须要遵循实证原则，这是"变异语用学最基本方法论原则"（Schneider，2010：252）。

巴伦和施耐德指出，变异语用学分析可以在五个具体层面上进行（Barron & Schneider，2009；Schneider，2010；Schneider & Barron，2008a）：

形式层面（formal level）： 主要是对语言形式的分析，如话语／语用标记语、模糊限制语、强化语等。

行为层面（actional level）： 主要聚焦言语行为，如依据话语直接程度和礼貌程度来考察的言语行为关系和言语行为的修饰；言语行为的功能以及言语行为的语言实现方式等。

互动层面（interactional level）： 主要聚焦话语序列模式的分析，如毗邻对、言语行为序列、会话启动和会话结束，同时也可拓展到会话过程中的身份建构、礼貌及不礼貌的协商等。

话题层面（topic level）： 关注话语的内容和话题，如可以选择哪些话题、如何引入话题、如何在交际互动中拓展、改变以及终止话题等；再如哪些话题适合闲聊，哪些话题属于禁忌话题等。

组织层面（organisational level）： 主要关注话轮转换，如如何占有发话权、如何分配发话权，以及停顿、重叠、打断等。

2. 研究现状

虽然在20世纪90年代中期就有学者就开展了变异语用学相关研究，但"variational pragmatics"这一术语直到2005年才正式出现，任育新、陈新仁（2012）将之翻译为"变异语用学"。巴伦和施耐德是变异语用学研究的两位开拓者和推动者。在他们的积极推动下，变异语用学研究快速发展，受到越来越多学者的关注，在近十年里取得了丰硕的研究成果。

1）对五个宏观社会因素的考察

地域、性别、年龄、民族身份以及社会经济阶层等是目前变异语用学研究中关注的五大类宏观社会因素。当然，这些宏观社会因素不是封闭的，可以纳入更多因素，如受教育程度和宗教信仰（Schneider & Barron，2008a），还可以拓展到城乡背景差异、职业背景差异、虚拟—

现实空间差异等（任育新，2019）。

　　基于这些宏观社会因素差异，学者们进行了很多有益探索。总体上看，目前的研究主要关注地域因素的变化，如对以英语、西班牙语、法语等为母语的不同国家和地区之间的语言使用的对比分析。施耐德和巴伦主编的《变异语用学：聚焦多中心语言的地域变体》（*Variational Pragmatics: A Focus on Regional Varieties in Pluricentric Languages*）是地域语用变异研究的典型文献。也有对性别、年龄、民族身份以及社会经济阶层等差异引起的语用变异研究，但相对比较缺乏。

2）对五个分析层面的研究

　　在上述五个分析层面中，行为层面是变异语用学关注最多的，现有研究涉及请求、赞扬、致谢、邀请、给予、建议、致歉、抱怨、谴责等。其中最受关注的是请求言语行为，如巴伦（2008a，2008b）对英国英语和爱尔兰英语中请求言语行为的研究、菲利克斯 – 布拉斯德芙（Félix-Brasdefer，2009，2010）对不同地域的西班牙语中请求言语行为的研究、约翰斯和和菲利克斯 – 布拉斯德芙（Johns & Félix-Brasdefer，2015）对达喀尔（Dakar）法语和法国法语中请求行为的研究。相对请求行为而言，对其他言语行为的研究广度还很不够。对这一层面的分析有一个较为明显的研究方法上的特征，即语篇补全任务（DCT）问卷是主要的数据收集方式。

　　其次是语言形式层面的研究，涉及语用标记语、回应标记语、模糊限制语等。比较典型的研究，如艾吉木（Karin Aijmer）（2013）对比了多个英语变体中 or 和 and 引导的拓展语（即 or-extenders 和 and-extenders）的使用情况，如 or something，or anything，or whatever，or something like that，and things，and stuff，and everything，and that，and all that 等。由于语言形式便于检索，所以语言形式层面的研究多以现有语料库为数据来源，通过语料库方法开展。艾吉木（2013）对 or 和 and 引导的拓展语的考察基于"英语国际语料库"（International Corpus of English，缩略为 ICE）中的多个子语料库，如其中的英国英语（ICE-GB）、澳大利亚英语（ICE-AUS）、新西兰英语（ICE-NZ）、加拿大英语（ICE- CAN）、新加坡英语（ICE-SIN）等部分，由于此语料库中没有美国英语，所以采用了"圣芭芭拉美国英语口语语料库"（Santa

Barbara Corpus of Spoken American English，缩略为 SBC）作为美国英语变体的语料来源。

最后，互动层面、话题层面、组织层面也有一些相关研究。较为典型的是施耐德（2008）基于对话产出任务（dialogue production task，DPT）收集的数据，考察了英国、爱尔兰、美国的闲聊话语的会话结构，对其开始话轮和延伸话轮的特征进行了详细对比。他指出，三者之间的差异在形式层面、行为层面、互动层面、话题层面、组织层面上均有体现；最突显的差异体现在开始话轮中的语步类型上。另外，弗洛克（Ilka Flöck）和格鲁伊肯斯（Ronald Geluykens）（2018）对比分析了英国英语和美国英语中请求回应序列中的偏好 / 一致结构和非偏好 / 非一致结构，堪称运用语料库方法研究会话分析相关内容的有益探索。

3）对多中心语言的考察

变异语用学研究目前涉及的多中心语言，主要包括英语、西班牙语、法语、德语、荷兰语、瑞典语、汉语等。总体上，对英语语言的变异语用学研究最多，如英国英语与爱尔兰英语（Barron, 2005a, 2008a, 2008b; Barron et al., 2015）、英国英语与美国英语（Flöck, 2016; Flöck & Geluykens, 2018）、英国英语与新西兰英语（Jautz, 2008）、英国英语与澳大利亚英语（Merrison et al., 2012）、美国英语与澳大利亚英语（Haugh & Carbaugh, 2015）等；其次是西班牙语，如墨西哥和多米尼亚西班牙语（Félix-Brasdefer, 2008），墨西哥、哥斯达黎加和多美尼亚西班牙语（Félix-Brasdefer, 2009），基多（厄瓜多尔）、圣地亚哥（智利）和塞维利亚（西班牙）西班牙语（Fuentes Rodríguez et al., 2016; Placencia et al., 2015）等；也有对其他语言的变异语用学研究，但相对较少。

近年来，变异语用学研究也逐渐引起了国内学者的注意。例如，任伟考察了中国大陆和台湾地区汉语拒绝言语行为（Ren, 2015）和请求言语行为（任伟, 2018）的使用情况；《外语研究》2019 年第 1 期刊登了陈新仁组织的"当代中国礼貌观变异调查与分析"研究专题，以致歉行为为切入点，引入变异语用学视角，考察了当代中国礼貌观的城乡差异（陈新仁、李捷, 2019）、地域差异（邓兆红、邱佳, 2019）以及当代中国大学生礼貌观的性别差异（李梦欣等，2019）。《浙江外国语学院学报》2019 年第 5 期发表了任育新组织的"变异语用学"研究专栏，包括四篇文章，分别聚焦民族身份、不同地域网络交际社区、职业群体、"00 后"群体的城乡及性别差异等宏观社会因素，考察了致歉行为、抱怨行为、致谢行为、请求行为，对之前研究较少的宏观社会因素进行了积极探索。

3. 未来展望

作为新兴研究领域，变异语用学已基本确立了自己的学科特征和研究范式，但今后研究仍可从多方面进行拓展和深化。

首先，可以拓展宏观社会因素范围。目前的研究多基于地域差异考察语用变异，对此方向可持续推进，进行深入细致研究。同时需要关注考察较少的因素：性别、年龄、民族身份、社会阶层等，还可以将教育背景、城乡差异、职业差异等因素纳入考察范围。

此外，虚拟—现实空间差异与语用变异研究可以作为今后变异语用学研究的重要方向之一。目前基于网络和各类新媒体的交际越来越普遍，这些交际中的语言使用新方式与现实生活交际有一定差异。任育新（2017：230）指出，"虚拟—现实空间的差异，也会造成人们在两类空间交际中语言使用的差异"。因此，需要开展网络新媒体交际以及虚拟空间与现实空间语言使用的异同研究。

其次，可以深化五个分析层面内涵。在五个分析层面上，以后的研究在拓宽形式层面和行为层面研究的范围和内容的同时，需要加强对互动层面、话题层面、话语组织层面上语用变异的考察，并以之为基础拓展到言语交际中的其他语用现象，如礼貌或不礼貌现象（Haugh & Bousfield，2012；Schneider & Placencia，2017）、身份建构、权势关系建构（任育新，2020）等。施耐德（2010：244）明确指出，这五个分析层面并非是穷尽性的，因此以后的研究可以进行拓展。可以看出，巴伦和施耐德搭建的五个分析层面的框架主要是基于以语言为媒介的交际，而"在科技创新与发展的背景下，交际方式、交际过程等都出现了较多新的语用特征及新的话语表现"（冉永平、宫丽丽，2016：37），意义的传递也具有了多样性。因此，变异语用学的分析层面还可以包括非言语交际以及多模态话语交际的内容。

此外，需要加强多中心语言地域变体的考察。未来研究一方面可以更深入、全面地考察英语和西班牙语这两类受关注较多的多中心语言的语用变异情况，另一方面加强对其他多中心语言的变异语用学研究。

尽管巴伦和施耐德（2009：426）明确指出变异语用学考察的是"相同语言作为第一语言（L1）的各种变体间及跨变体的语用变化"，但其实还可以打破仅考察母语为相同语言的语内语用差异的局限，关注卡齐鲁（Braj Kachru）（1992）所说的英语"外圈"变体之间以及"扩展圈"变体之间的语用变异以及英语作为通用语的语用变异。全球化语境下，英语作为通用语的重要性越来越突显（Hynninen，2016；Jenkins et al.，2017；Smit，2010），从变异语用学视角考察不同地域英语作为通用语的使用情况具有重要的理论和现实意义。

2.2.2 批评语用学

批评语用学（critical pragmatics）是语用学研究中的一个新兴领域，主要沿袭批评话语分析的研究路径与方法，采用语用学理论工具来考察社会语境中语言使用背后隐含的意识形态、价值取向、权力干预、社会偏见、欺诈蒙骗等问题，目的在于批评不恰当或不文明的语用语言方式，同时弘扬文明的语用语言方式。本节首先对批评语用学的形成与发展进行追溯，然后介绍该领域的学科性质与主要话题、主要理论工具以及应用研究，最后对该学科的未来发展前景予以展望。

1. 批评语用学的形成与发展

批评语用学的起源与发展主要来源于两个路径，一个是语用学自身的研究视域不断拓展与深化，由关注社会语境中的语用方式，转为进一步深入探讨话语背后隐藏的社会心理、价值观念、语用歧视、权力关系等意识形态方面的问题；另一个发展源头是早先发展起来的批评话语分析理念，两个方面彼此交融、相辅相成，最终催生了语用学研究的批评范式以及语用学视角下的批评话语分析研究路径,形成了"批评语用学"(Chen, 2020;Mey, 1993;陈新仁,2009,2013a)。

早在 1979 年,欧洲大陆派语用学代表人物——丹麦学者梅伊(Jacob Mey)发表了一篇题为"语言研究的批评理论构建"("Toward a Critical Theory of Language")的文章,提出了开展"语言解放"的理念。随后,梅伊在 1985 年又出版了一部著作,题为《谁的语言?语言语用学研究》(Whose Language? A Study in Linguistic Pragmatics),运用马克思主义辩证法分析了社会语言使用存在的问题,并强调了将语言与语言使用者紧密结合来展开话语分析的重要性。他认为,语用学研究只有结合语言使用者背后的各种社会因素展开深入分析,才能更深地了解语言使用者的心理及其交际意图。这些观点可以看作是批评语用学思想的早期萌芽。

在此期间,随着批评话语研究的快速发展,很多语言研究领域均受到批评思想的渗透和影响,语用学也不例外。几年之后,梅伊(1993)进一步丰富和完善了早期的批评语用学思想,并在其出版的著作《语用学引论》(Pragmatics: An Introduction)中正式提出了 critical pragmatics(批评语用学)这一学科概念。他提出,语用学在研究社会领域的语言使用现象时,必须牢牢把握住"语言使用者"这一基本要素,考察语言使用者的身份和使用者所处的社会语境条件,以及这些语境条件对语言使用者产生的影响,等等。他认为,语用学作为一门社会科学,应该利用自己的学科优势去着力引导人们认识语言使用中可能潜藏的权力不平衡现象及语言歧视现象,并努力去改变或减少这些语言使用现象所带来的负面社会影响。这本书的主要贡献有两个,第一是正式提出了批评语用学这个学科概念,第二是提出了语用学研究应该多关注话语中存在的不平衡现象及语言歧视现象。然而,这个阶段的批评语用学研究目标、研究方法及体系还是处于雏形阶段,并未产生较大的影响。

后来,随着语用学研究范围的逐渐拓展与研究内容的逐步加深,批评语用学的概念与内涵也得以继续丰富与发展。20 世纪末,国际语用学协会秘书长、比利时安特卫普大学维索尔伦也关注到了语言背后的意识形态问题。他在其专著《语用学新解》(1999)中指出,(言语)交际与意识形态之间存在着不可分割的关系,并结合语用学常见话题(如指示语、元语用标记语等）详细讨论了话语与意识形态之间的关系。同时，该研究还揭示了霸权主义和群体边缘化是如何通过隐性的话语方式得以实现的，并为开展类似研究提出了基本的研究框架和路径。虽然他在研究中并未明确使用"批评语用学"这个概念，但其主张的语用学研究在理念与路径上与梅伊所提出的批评语用学理论主张不谋而合。2007 年，维索尔伦在日本语用论学会第十届年会暨国际研讨会的专题论坛上再次强调，语用学应该关注公共领域话语中存在的社会问题，并致力于揭示和解决隐藏在语言之中的负面意识形态和话语权力操控等问题。

随后，陈新仁于 2009 年基于梅伊和维索尔伦的研究，发表了题为"批评语用学：目标、对象与方法"的文章，认真梳理了批评语用学的起源与脉络，并对该学科的研究目标、研究对象及研究方法进行了比较系统的探讨。2013 年，他在其完成的国家社科项目基础上出版了一部题为《批评语用学视角下的社会语用研究》的专著，进一步系统阐释了批评语用学的研究方法与路径，构建了社会用语的批评语用分析框架，并聚焦店铺名称、欺诈性广告话语、社会歧视用语、不文明社会用语等社会语用现象，开展了批评用研究视角下的个案分析，揭示了社会用语中的不良意识形态，并倡导更文明和适切的社会用语表达。2020 年，该书的英文版（ *Critical Pragmatic Studies of Chinese Public Discourse* ）由 Routledge 出版社出版，成为国际上第一部英文撰写的批评语用学著作，引发同行关注（ *Journal of Pragmatics* 、 *Discourse Studies* 和 *Critical Discourse Studies* 三本 SSCI 期刊刊载了关于该书的书评），进一步奠定了批评语用学作为语用学分支学科的学术地位。

2. 批评语用学的学科性质与主要话题

陈新仁（2013b）认为，批评语用学属于批评话语分析的一个分支，是采用语用学理论开展的批评话语分析，在理论路径上是对现有的批评话语分析路径的有效拓展和补充。如今批评话语（语篇）分析的理论路径主要包括系统功能语言学路径（批评语篇分析、批评语言学）、认知语言学路径（如批评认知语言学分析或批评认知语言学），语用学路径（批评语用分析或批评语用学）。也就是说，批评语用学的学科目标是在语用学理论框架内，通过话语的积极评论与消极评论，考察言语交际中消极或不良的语用语言方式，揭示其背后隐藏的不良意识形态、社会观念、话语权力等等，并试图通过批判性评论来影响人们的思想与行为，旨在弘扬正面的社会语用方式，以期对社会公共领域的话语生态及语用文明建设做出应有贡献。

批评语用学中的"批评"基本沿袭了批评话语分析的"批评"内涵，认为批评是"对社会生活中的语言现象所持的反思性、观察性态度"（Mey，1993：315）。基于前人研究，陈新仁（2009）认为，批评语用学作为语用学的一个新兴研究领域，主要侧重于采用一定的视角或立场对社会语用现象进行积极或消极评论。它一方面关注积极的社会语用现象（如文明、礼貌的社会用语），肯定和弘扬积极、正面、文明、礼貌的语用语言方式，称为积极批评语用分析（positive critical pragmatic analysis，PCPA）；另一方面也关注消极的社会语用现象（如语言使用背后的权力压迫、社会偏见、欺诈蒙骗等），可称为消极批评语用分析（negative critical pragmatic analysis，NCPA）（陈新仁，2013b；Chen，2020）。

批评语用学关注的话题较为广泛，涉及语言使用中的权力操控问题（如医患交际中的提问、打断、话轮控制及法庭交际中的权力支配等）、广泛社会用语（特别是广告用语）中的欺诈问题、语言使用中的偏见／歧视问题（涉及性别、年龄、职别、阶层、文化、种族、省籍等方面的歧视）等（陈新仁，2013b）。梅伊（1985，1993）认为，批评语用学应该将语言使用者（而不是语篇或话语本身）作为批评的对象。例如，考察具有一定社会权力的语言使用者是如何通过语言使用实现话语控制的，比如医疗话语、教育话语、媒体话语等机构性话语。又如，通过考察公共场合下的社会用语、官方文件用语等，可以分析话语使用者的价值取向、社会情感等。

3. 批评语用学的理论工具

田海龙（2016）认为，话语研究主要有两种不同路径：一是语言学路径，一是社会学路径。语言学路径主要侧重于透过语言运用这一窗口考察各方利益纠结和权力斗争；社会学路径则侧重于通过不同社会现象（如疯癫、罪犯）的产生和发展来认识语言在社会发展中的建构作用。前者一般被称之为批评语言学研究路径，借鉴的理论工具主要是韩礼德等提出的系统功能语法（包括及物性系统、人际功能系统等）等工具。批评语用学则主要借鉴语用学领域的一些理论，如言语行为理论、预设理论、礼貌理论、语言顺应理论、关联理论、模因论等来展开话语分析（陈新仁，2013b）。

比如，我们可从言语行为视角来考察实施言语行为在交际语境及交际者身份的适切性问题，并分析交际者采用的言语行为类型及语言方式时的特定用意和特定效果，以及在特定语境下说话人所使用的言语行为可能隐含着负面的意识形态、价值观念或社会心理，并对其展开评论，从而引导人们准确地识别和抵制这些隐藏的负面价值观念或社会心理，并有效地消除它对受话人可能产生的负面影响。再如，礼貌理论也可以纳入批评语用学分析的框架当中。社会用语合理利用语言礼貌是语言文明的主要标志，因此我们同样可以使用礼貌理论针对不文明、不礼貌的社会用语开展批评语用分析。

此外，我们还可以运用预设理论开展批评语用分析。语用预设的单向性和隐蔽性可能使得话语中会被植入说话人故意设计的观点或前提，让听话人无意中就中了圈套。比如支永碧（2011）根据说话人的主观心态，将虚假语用预设分为主观虚假语用预设和客观性虚假语用预设，认为主观性虚假语用预设具有一定的语用目的和意识形态倾向；从修辞功用角度看，它有积极的修辞效果，可称为积极虚假语用预设。文章认为，对批评话语分析者而言，积极虚假语用预设是话语生产者表达观点、操控读者、实现交际意图的一种有效手段，揭示了虚假语用预设的意识形态特征。后来，支永碧（2013）又以批评语言学和系统功能学为理论基础，结合政治新闻话语的具体事例探究了名词化语用预设与权力、话语控制和意识形态的关系。这两项研究都充分展示了语用预设在批评语用学研究中应用的可行性，并具有较强的解释力。

在顺应论框架下，我们首先可以从语言的选择性角度解读言语交际者在语言层面及内容上的各种选择，以及这些选择的背后可能存在哪些特定的交际意图，并对其展开语用批评分析。此外，我们还可以从语言的顺应性角度来分析说话人为了达到某些特定的交际意图，采用哪些话语策略来顺应了一些负面社会价值观念或心理因素来对受话人实施心理操控，从而达到其特定的交际目的（钱永红，2014，2019）。同样，关联理论也可应用于批评语用分析的框架当中。比如，胡旭辉、陈新仁（2014）认为，关联理论的分析框架可以为批评话语分析面临的几个问题做出有效补充，进一步增强批评话语分析的解释性、分析的主观性和结果的不确定性，并提出了具体的解决措施。

除此之外，国外还有一些学者探索了批评语用学研究的理论嫁接与创新应用。比如有学者（Velasco-Sacristan & Fuertes-Olivera，2006）结合了认知、语用及批评话语分析三个领域的研究方法，构建了一个批评认知语用学分析框架，研究了英国广告用语中的性别隐喻现象，挖掘其中隐藏的性别歧视问题。文章论证了批评认知语用分析的特殊优势所在，即可有助于帮助观众更高效地找到认知关联，更清楚地揭露广告隐喻中一些性别歧视的意图，并提醒广告受众如何避免克服广告语言可能产生的负面社会影响。这个混合式批评语用研究框架是一个较为成功的勇敢尝试，也为批评语用学理论的进一步丰富与发展开拓了思路。

4. 应用与展望

批评语用学着力于关注社会话语中的现实问题。国内学者开始对社会话语中的问题展开一系列探索，从研究领域来看，批评语用研究目前已涉及广告话语、公共环保话语、教育话语等多个领域，体现了较强的应用性及较广泛的开拓空间。

比如，国内外许多研究着重关注了商业广告中的一些误导和违法问题。徐建华（2005）分析了我国电视媒体中大量违法烟草广告存在的问题，发现其主要原因是广告商利用创意手法的隐蔽性，迎合消费者心理，假托企业宣传，以字幕掩盖真相。陈新仁、陈娟（2012）的研究表明，模糊性商业广告用语在语用效果上具有美化、渲染的功能，对消费者的理解会产生一定的诱导，客观上可能成为引发商业纠纷的隐患。钱永红（2014）分析了欺诈性直销广告中的模糊语使用问题，揭示了广告商利用消费者的某些社会心理进行隐性操控而实施其欺诈目的的心理机制。陈新仁（2018a）运用了语用身份论作为理论工具，分析了房产商业广告中的身份建构类型、分布情况及话语策略的使用情况，通过分析广告背后的顺应特征，揭示了广告商的身份套路的说服机制。除上述关于广告话语的研究外，陈娟（2019）在大量环保话语语料的基础上，从生态观念、管理观念及相关话语实现方式角度开展了积极与消极批评语用分析。此外，批评语用研究还可以用于教学领域当中。比如胡丹（2011）采用了语用学理论对低调陈述用作课堂教学评价语进行了积极批评语用研究，发现低调陈述修辞格是一种积极的语用策略，是文明的、合理的语用方式，能够创造一种良好的教育教学的语言生态环境。低调陈述的恰当使用，有利于创造课堂教学艺术佳境，促进和谐师生关系的构建，有助于提高学生综合素质和能力。

总的来说，相对于语用学中的哲学视角、社交视角、认知视角等，批评语用学属于一个比较新颖的研究视角。目前国内外学者已经勾画了批评语用学的目标、对象、方法以及各种可以利用的理论工具，为今后的批评语用研究与实践指明了方向。从现有研究看来，批评语用学研究的理论工具来源和话语分析领域有待进一步拓展。比如，国外学者卡普（Cap，2014）也尝试将认知语用研究方法与批评话语研究分析方法进行了嫁接与融合，进一步丰富了批评语用话语分析的理论探索。他在文中探讨了危机与威胁话语的认知语用模型—趋近化分析理论（proximization）在批评话语研究中的运用，提出批评话语分析的研究领域正不断得到拓展，应当引入新的跨学科理论来不断丰富其研究方法和路径，从而可以更好地阐释越来越广泛的话语现象，比如卫生、环境及当代科技领域及其他领域中的话语。希望今后看到更多的研究者不断开拓批评语用研究的话语领域，不断采用新的理论工具来进一步丰富批评语用学的研究方法，更好地促进国家语言语用文明建设。

2.2.3 临床语用学

在过去的三四十年里，越来越多的学者关注临床语用学（clinical pragmatics）的发展，国际上出现了大量关于临床语用学的著作和论文（如 Cummings，2009，2017；Müller，2000；Perkins，2007 等），以语用学与医学交叉为主要特征的临床语用学成为国际语用学研究的热点和前沿学科，并已开始引起国内学者的关注。

国内部分学者曾对国际国内语用学领域文献进行了详细梳理，发现临床语用学是国内尚未实际开展的国际语用学热点领域，有着巨大的拓展空间。比如，向明友（2015：40）以 pragmatics 为关键词，对于 SSCI 和 A&HCI 检索文献的细致分析后发现，当今语用学研究交叉学科特征凸显，已从理论语言学和语言哲学伸展至语言障碍研究等多个学科领域，语用学在"儿童失语症研究中的应用已经成为语用学研究的又一亮点"。肖雁（2017）也对 2006—2015 年 Web of Science 核心合集中的语用学论文进行梳理、归纳和总结，发现无论是发文量，还是发文的主要议题或主题词，都反映出语用学向临床（障碍）的拓展研究是国际研究的热点，并指出临床语用学、语用—病理等学科交叉及界面研究发展迅猛，已成为语用学研究新的增长点。袁周敏、徐燕燕（2018）则以 CSSCI 源刊数据库为研究语料，对 1998—2016 年间国内语用学研究的年度发文量、期刊及学科领域分布、高被引期刊、关键词共现网络、高被引文献等五个维度进行文献计量学分析，发现国内语用学研究临床语用学等前沿交叉研究领域缺乏相关文献，目前国内仅有冉永平（2000），李欣芳、冉永平（2017），冉永平、李欣芳（2017）三篇综述性文章及述评，这也从侧面表明国内语用学与国际接轨所面临的压力与挑战。

本节将在已有研究基础上，对于临床语用学的基本概念和发展脉络、主要理论基础和研究路径、前沿方向等方面进行细致的梳理，以期为今后该领域的研究提供启示。

1. 临床语用学溯源

为了厘清临床语用学的发展脉络，必须要对临床语用学与其他学科的关系及基本概念加以梳理，对该学科的发展历程进行回顾和考察。

1）临床语言学与临床语用学

临床领域的语言研究由来已久，但如果以克里斯托尔（David Crystal）（1981）出版《临床语言学》作为临床语言学学科开端的话，作为临床语言学大的框架下的临床语用学研究也随之应运而生了。库明斯（Louise Cummings）（2009）指出，语言学的四个分支学科——音位学、句法学、语义学、语用学，能够为语言障碍的描写和研究提供支持，语言障碍研究发现也能够对语言学理论的发展起到推动作用。

临床语言学可以细分为临床语音学、临床语医学、临床句法学、临床语用学等多个分支。如果将临床语言学置于应用语言学之内的话，临床语用学亦在应用语言学的范畴之内。同时由于临床语用学着重关注的是语言使用中的交际和语用障碍，并常常以语用学及相关学科作为其重要的理论基础，因此临床语用学可以视作语用学向临床的延伸，具有学科交叉的明显特征。

克里斯托尔（1981：418）将临床语言学定义为"用语言学的理论和方法，对口语、书面语和手语的语言障碍的分析"，凸显了语言学理论和方法在语言障碍分析中的作用。库明斯（2009：1）则认为"临床语言学研究人类语言能力可能发生障碍的各种方式"，这些障碍除了"语言障碍"之外，还包括从交际中断到更为广泛的语言传送和接收过程中发生的各种障碍。显然，言语和语言治疗师在临床上所遇到的与语言、交际相关的障碍都应包括在内，而临床语用学就是研究在特定交际目的下语言使用中所出现的各种障碍，既包括发展性语言障碍（developmental language disorder），也包括获得性语言障碍（acquired language disorder）（Cummings, 2009），以及导致这些语言使用障碍的常见原因，包括脑外伤、脑血管疾病及其他异常，一般发生在成长初期或者青春期甚至成人期阶段。

2）临床语用学的起源及发展

追根溯源，语用学的概念和观点被应用于语言障碍的研究已有约40年的历史，早期的研究几乎完全集中在语言障碍、自闭症和听力受损儿童的语用功能和缺陷的研究上（Cummings, 2010）：比如自闭症儿童的交际意图的研究（Wetherby & Prutting, 1984），聋儿对隐喻理解的研究（Iran-Nejad et al., 1981），语言障碍儿童对新旧信息的标记（Skarakis & Greenfield, 1982）和修正行为的研究（Gallagher & Darnton, 1978），对患有自闭症和智力障碍的成年人间接请求的理解的研究（Paul & Cohen, 1985）等。

　　临床语用学作为一个独立的研究领域，它的出现则是以部分著作和学术期刊的陆续出版为标志的。这些书刊均以"临床语用学"为标题或主题，集中探讨了临床中的语用问题，将临床语用学作为一个独立的学科推向前台（Cummings，2009）。出版的著作包括《临床语用学：揭示沟通失败的复杂性》（*Clinical Pragmatics: Unravelling the Complexities of Communicative Failure*）（Smith & Leinonen，1992），《神经源性沟通障碍的语用研究》（*Pragmatics in Neurogenic Communication Disorders*）（Paradis，1998），《言语与语言病理学的语用研究》（*Pragmatics in Speech and Language Pathology*）（Müller，2000），《儿童的语用沟通困难研究》（*Children's Pragmatic Communication Difficulties*）（Leinonen et al.，2000）;《语用损伤》（*Pragmatic Impairment*）（Perkins，2007），《临床语用学》（*Clinical Pragmatics*）（Cummings，2009）等。同时，国际期刊《大脑与语言》（*Brain and Language*）、《临床语言学与语音学》（*Clinical Linguistics & Phonetics*）和《言语与语言专题研究》（*Seminars in Speech and Language*）分别于 1999 年、2005 年、2007 年推出该领域专刊，这些著作及专刊的出版极大地推动了临床语用学的发展。临床语言学（clinical linguistics）的条目也开始在语用学手册中出现，如《语用学手册》（*The Handbook of Pragmatics*）（Verschueren & Östman，2006）和《语用学百科全书》（*The Pragmatics Encyclopedia*）（Cummings，2009）。

　　临床语用学这一新学科的兴起源于语言治疗师发现在对儿童和成人的语言障碍的评估和治疗中需要借助语用学的帮助，比如语用学为发展性语言障碍进行分类以及言语治疗师对患者交际技能的评估提供了理论基础（Cummings，2010）。比如，临床言语治疗师发现在如何评估和治疗语言障碍方面存在很多错误的假设，基于这些错误的假设，以往临床语言治疗上过分强调语言的结构，但忽视了语言的交际意义，而实际上有些儿童的交际障碍跟他们的语言结构缺陷关联不大，一些结构性语言技能相对完整的儿童在语言使用上存在明显缺陷。为此，毕索普（Dorothy Bishop）和罗森布姆（Lewis Rosenbloom）（1987）引入了一个新的术语"语义—语用障碍"（sematic-pragmatic disorder）来解释这种现象，从而标志着语言病理研究的语用学转向，语用学开始在临床诊断中得到应用。由于语用学的参与，言语治疗师在对患者进行语言评估时更多地考虑到交际因素，并试图将语用学的理论和方法应用到发展性语言障碍和获得性语言障碍的评估和治疗方案的制订中，从而逐渐确立了语用学在临床实践中的作用。

早期的临床语用学研究主要关注的对象以儿童语言障碍居多，随后所研究的语用现象的数量和类型不断增长，几乎语言交际中每一个语用特征都可以作为研究观察的对象（如会话修补、请求及回应、衔接手段、推理能力等）。随着该领域研究的不断发展，成人语用障碍的研究也开始得到重视，并不断涌现出新的成果。比如，越来越多的文献报道了成年人左半球损伤、右半球损伤、精神分裂症、创伤性脑损伤和神经退行性疾病（主要是阿尔茨海默病）引发的语用障碍，进而延伸至从儿童到老年人语用障碍的评估、干预、矫治的各个环节中。库明斯（2017）主编的《临床语用学研究》（*Research in Clinical Pragmatics*）一书则标志着国际上临床语用学的研究已经走向成熟。该书从各类引发语用障碍的原因或疾病入手，分别从发展性语言障碍和获得性语言障碍两个方面对临床语用障碍进行了系统性地梳理和阐述，展现了该领域最新的研究成果。

3）临床语用学的理论基础

临床语用学具有明显的交叉学科的特征，其研究视角兼具语用视角、认知视角和综合视角（冉永平、李欣芳，2017），然而临床语用学的语用学属性尤为突显，对于语用障碍的描写离不开对语用范畴的描写，其研究路径也与语用学密切相关。

临床语用学的研究离不开其语用学基础，语用学理论或相关方法正也越来越多地应用于有语用障碍的儿童和成人的研究中。这些理论或方法不仅仅可以用来描述语用缺陷，还可以对语用障碍儿童和成人的缺陷加以阐释和验证（Cummings，2010）。珀金斯（Mick Perkins）（2007）强调了语用学及相关学科的理论基础对临床语用学的重要价值，并从言语行为理论、会话含意理论、关联理论、语篇分析、会话分析等五个方面进行了较为细致的梳理。

（1）言语行为理论

言语行为理论本质上关注言语的交际功能，即说话者通过说话所要实现的意图（即言外之意），以及说话者对说话者所产生的效果（即其言外之力）（Austin，1962；Searle，1969）。该理论已作为研究基础，广泛地应用于分析一系列临床人群的沟通障碍，如成人失语症、右半脑损伤、精神分裂症、创伤性脑损伤、阿斯伯格综合征、自闭症、局灶性脑损伤、脑积水、听力障碍等（Perkins，2007）。

　　比如，前期研究发现，与正常儿童相比，自闭症儿童在言语行为发展中会出现选择性延迟，自闭症儿童在表达社会功能的能力发展方面晚于其他能力的习得；失语症患者在某些情况下能够理解间接言语行为，却无法理解字面意义，而右脑受损的病人能够理解字面意义，却无法理解隐含意义；有研究者则根据言语行为的类型来判断儿童是否更够产出与其年龄相符合的言语行为（Cummings，2017；Perkins，2007）。虽然言语行为理论在临床实验研究中得到了广泛的应用，然而其适用性也存在一定程度的争论（Perkins，2007）。比如言语行为理论倾向于关注单个孤立的话语，而非整个语篇，纵使脑损伤患者能够表达言语行为，但语篇缺乏连贯性，话题转换也往往缺少衔接。此外，语言障碍患者的互动中每句话都不止一个言外之意，按照言语行为理论的观点，不能很好地解释这一问题。

　　（2）会话含意理论

　　格赖斯的会话含意理论认为，说话人真实意图的表达远远超出说话人所言及听话人所听到的内容，对话语的阐释需要我们对说话人的意图进行必要的推理。所有会话参与者都应遵循合作原则，包括质量准则、数量准则、关联准则和方式准则四个准则，会话参与者所说的话语是善意的，而且是真实、相关、清晰而明确的，是在具体的语境中产生的（Grice，1975）。格赖斯的理论被广泛应用于研究沟通障碍人群，包括失语症和右半球损伤的成年人、创伤性脑损伤、学习障碍、精神分裂症、自闭症儿童、特定型语言障碍等。

　　例如，对精神分裂症患者的研究表明，对会话合作原则各准则的应用受损与心智理论（the theory of mind）的受损密切相关。一个患有韦尼克失语症的人在评估为听力理解缺陷、语言混乱之外，可能会被评估为在谈话中存在语用困难，会导致无意中违反会话合作原则的各准则。通过评估左右脑损伤的中风患者从语言和非语言材料中获得隐含意义的能力后发现，两个大脑半球都参与了隐含意义的处理（Kasher et al.，

1999）。虽然从患者对会话合作原则的四个准则的违反情况能够对语用障碍的程度进行客观的评估，但从病人的角度来看，他们往往没有违反任何准则的意图（Perkins，2007）。

（3）关联理论

关联理论是一种认知语用学理论，认为语言交际是一个认知心理过程，人的认知具有内在的关联倾向，主张以关联性概念与关联原则为基础分析言语交际中的语用现象（Sperber & Wilson，1995）。该理论目前在语言障碍的研究中得到越来越广泛的应用，研究对象包括阿斯伯格综合征、老年痴呆症、额叶缺陷、右脑损伤、精神分裂症、创伤性脑损伤、自闭症等人群的沟通，以及其他各种语用困难人群的沟通。

关联理论可以用于描写与沟通受损的个体进行互动时交际者所付出的努力的程度，并为这种描写提供了有力的手段。对阿尔兹海默症患者的会话交际的研究则表明，很多患者的会话中能够反映出一种互明（mutual manifestness），即阿尔兹海默症患者能够意识到参与会话的社交义务，因而会经常使用交际寒暄性表达或礼貌标记语以维持社交互动（Cummings，2017）。就关联理论的解释力而言，也有观点认为该理论主要从听话者的角度出发，对个体间的协同性和交互性没能提供充分解释，为此有些学者建议应将该理论纳入到一个涵盖面更广的互动模型中去（Perkins，2007）。

（4）语篇分析

语篇分析以话语（utterance）为研究对象，在语境中分析话语的意义，与语用学有诸多重叠之处。语篇的理解和产出、语篇的意义分析、功能分析以及连贯分析均与语用学密切相关。关联、预设、衔接、连贯等概念对分析语篇至关重要，同样从这些理论视角出发也推动了临床语用学的发展。语篇分析涉及语言学诸多分支领域及哲学、社会学等诸多学科，具有明显的学科交叉的特征。越来越多的临床研究者利用语篇分析来评估和测试患者的语言能力。比如，相比于其他类语篇，叙事语篇（narrative discourse）在临床语用研究中的应用最为广泛，这是因为叙事能力对于日常交流有重要的功能，通过分析患者的叙事，可以为临床上测试患者语用能力提供重要指标。在临床上，可以通过这两种方式获得叙事话语，如让患者复述一个刚刚听到的故事，或者让患者根据图片或者无字的漫画来编一个故事。程序性话语（procedural discourse）的获得通常是让受试描述他们在完成某项任务（如去上学）所需要的步骤，叙事和程序性任务可以用来研究颞叶癫痫患者话语（Cummings，2009）。

此外，语篇分析也用于研究失语症、失忆症、自闭症、阿斯伯格综合征、右脑损伤、学习障碍、精神病等患者的语用障碍。比如，已有发现认为，闭合性脑损伤患者与普通人相比，更少地使用衔接词；失语症患者的叙事研究标明，失语症患者能够实现话语的连贯；衔接困难和连贯困难并不一定同步产生，已有对外伤性脑损伤患者话语的语篇分析表明，其语篇话题转换虽然出现了不连贯特征，但其词汇衔接特征完好（Perkins，2007）。当然，语篇分析的主要优势在于分析书面语篇，对于互动会话语篇的分析并非是语篇分析的优势，如要对患者会话能力进行分析，则需要借助会话分析的研究方法。

（5）会话分析

会话分析始于 20 世纪 60 年代，是发展自民族方法论（ethnomethodology）的一种社会学研究方法，因其能够最为细致、最为客观地观察和描写人际互动的规律性特征，被广泛地应用到从日常会话到机构会话的研究之中。互动谈话是语用学研究的重要对象，会话分析作为研究互动谈话的有力工具，在临床语用学领域得到了广泛的应用。同语篇分析一样，虽然会话分析并非是一种理论，但其创建的针对人际互动的概念体系和描写框架能够为临床语用学的研究提供基础。比如，采用会话分析的研究方法，可以观察语用障碍的患者能否遵守话轮转换规则，能否维持话题或转换话题，能否执行某种社会行为，是否具备会话修补的能力，从而对其语用能力及语用障碍进行评估。

通过会话分析可以发现，精神分裂患者、自闭症谱系患者和语用障碍儿童在交谈中往往出现会话主题不相关的现象。自闭症儿童可能会不厌其烦地谈论某一个话题（比如向听话人谈论他的玩具），而无法根据当前的情境转换话题。脑损伤患者、阿尔茨海默症引起的痴呆患者在互动中会经常丧失会话的主动性，而常常出现沮丧情绪。这些问题，都是临床语用学研究的重点问题（Cummings，2009）。其中，会话分析在失语症患者交际的分析中的应用最为广泛，自 20 世纪 90 年代起，会话分析者开始关注失语症患者如何与周围的人进行沟通，关注话轮构建和话轮转换、会话修正、序列结构以及失语症的干预研究等诸多方面，发现失语症患者在日常互动中的会话表现，相比于在语言测试中的会话表现，能更真实地反映出失语症患者的语言运用能力。相比于以往的语言学研究，会话分析关注的是失语症患者在自身语言能力不足的情况下，采用何种方式和策略同周围的人进行互动和沟通（Wilkinson，2014）。当然，会话分析的优势在于对自然会话的细致的归纳性观察和研究，却无意对会话中的规律进行阐释（Perkins，2007），因此也就无法揭示语用障碍患者互动交谈中的认知心理机制。

4）临床语用学的研究路径

如前文所述，临床语用学是对语用障碍的研究。从其学科属性而言，临床语用学是语用学的一个分支学科，是语用学向临床医疗领域的延伸。同时，临床语言学又以解决语用障碍作为重要驱动，由此也带有明显的临床属性。因此其研究将主要延循两个主要路径：语用学路径和临床路径。

（1）语用学路径

临床语用学发展的一个重要特征很大程度上是将传统语用学的研究对象移植到对于语用障碍的研究中来（Cummings，2009）。因而，语用学的研究对象如指示或指代、预设、语境、言语行为、会话含意、非字面性语言（non-literal language）或修辞性语言（figurative language）、礼貌、会话等都成为了临床语用学的主要考察对象，并取得了大量的研究成果。珀金斯(2007)、库明斯（2009，2017）等临床语用学的经典著作，均重点介绍了这些主要的语用范畴，并将其作为重要的研究基础。该路径的优势在于从语言使用的特征出发，采用语用分析、语篇分析和会话分析等研究方法，考察语用障碍的主要表现方式，成熟的传统语用学理论和方法有助于语用障碍的系统性描写和规律总结，进而对临床评估和诊断提供理论支撑。比如，语用障碍的很多评估量表也是基于某些重要的语用范畴作为重要指标，进而为语用障碍的评估和诊断寻找语言标记物。譬如，姚远等（2017）利用会话分析研究方法对癫痫发作和心因性非癫痫发作的鉴别诊断就属于从语言分析出发，分析临床病症的语言互动特征，最终为临床诊断提供启示的一项研究。珀金斯（2007）主要从语用学的路径出发设计了临床语用学的框架，体现了语用学在临床实践中所起到的基础作用。

（2）临床路径

临床语用学毕竟是以解决临床问题作为重要出发点的，因此临床语用学的研究不能够离开这个"本"，需要从临床问题出发，再回到临床实践。随着临床语用学不断发展，语用障碍的语言学描写越来越细致，则更需要将这些语言学特征与临床症状结合起来，为语用障碍的评估、分类及鉴别诊断提供依据。因而，临床语用学的第二个路径是从临床实际问题即语用障碍本身出发，以解决临床实际问题为导向的，而对语用障碍的语用学分析则作为这一路径中的主要内容贯穿始终，相关的研究方法包括实验法、临床研究方法。从临床路径出发，总体说来，可以从发展性语用障碍、获得性语用障碍、其他语用障碍等三个方面具体展开。发展性语用障碍涉及语言发育迟缓、自闭症、情绪和行为障碍、智障等语用障碍，获得性语用障碍涉及左脑损伤、右脑损伤、外伤性脑损伤、精神分裂症、神经退行性疾病等，其他语用障碍则体现在听力损伤和人工耳蜗植入、先天视觉障碍、口吃和言语错乱等人群中，研究贯穿评估到干预和治疗等多个环节。库明斯（2009，2017）主要从临床路径出发设计临床语用学的框架，体现了语用学服务临床实践的导向。

2. 临床语用学研究的新进展

临床语言学诞生至今已经涌现出大量的围绕各种语用障碍所开展的实证研究，在发展性语用障碍、获得性语用障碍、其他类型语用障碍等方面均得到长足发展，儿童自闭症、老年痴呆、精神障碍等人群的临床语用研究尤其成为热点。除此之外，库明斯（2017）介绍了该领域研究的最新的三个前沿方向：语用障碍神经方面的研究、认知方面的研究以及心理社会方面的研究。

1）神经方面语用障碍的研究

除了部分精神疾病等引起的语用障碍，大多数语用障碍的行为表现都有其大脑神经基础，然而前期研究对语用障碍的神经机制研究不足，导致无法对语用行为进行一个完整清晰的描述。语用行为是一个认知和非认知过程交互的结果，缺乏神经方面的研究，将无法揭示和清晰描述语用行为背后的这些过程。比如，对于很多儿童和成人来说，大脑病变和损伤可能导致先前正常的语用技能受损。比如，脑血管疾病、脑外伤、脑瘤的人群、老年痴呆症患者，都因其神经系统的局部病变导致语用行为异常。因此，语用障碍大都有明确的神经病因——大脑的局部病变或更广泛的大脑退化模式是导致个体在语用方面出现问题的原因。为此，功能性磁共振成像等脑成像技术也开始应用于正常和语用障碍的人群的考察中，用来检验诸如讽刺等语用现象的神经基础。进一步加强语用障碍神经基础和神经网络的研究是今后该领域研究的重要方向。

2）认知方面语用障碍的研究

语言是认知的一部分，对语用障碍的阐释离不开对语用行为的认知过程的研究。语用障碍的认知基础研究也是近期的一个热点研究问题。库明斯（2017）认为，语用学研究正在经历一个认知转向（cognitive turn），对语用概念的认知考察与对其进行社会的、哲学的和语言学的考察同等重要，抛开认知因素的考察，则无法对语用障碍患者进行有效评估和干预。因此，对语用障碍的认知研究可以从心智理论和执行功能两个方面加以开展，而关联理论、认知语用学理论和模块语用学理论（modular pragmatics theory）则为语用障碍的认知基础的考察提供了理论基础。想要在此基础上进一步深化，未来仍需大量工作。

3）心理社交方面语用障碍的研究

语用障碍的评估、干预和治疗需要考虑其心理和社会因素。人是社会生活的产物，人的成长和生存离不开社会交往。如何帮助语用障碍人群减缓心理焦虑和社交障碍即社交失能往往是语用障碍的干预治疗中首先要考虑的问题。语用障碍常常伴随着一系列的心理和社会方面的困难，比如，语用障碍人群面临着心理焦虑等心理问题，语用障碍儿童如何跟同伴和他人相处、如何适应学校环境将决定了他能否拥有一个健康、成功的童年，获得性语用障碍的成年人则面临着如何与他人建立和维系社会关系的困难（包括如何建立和保持友情、如何维系家庭关系、工作关系、如何达成社会融入等），失语症老年人如何面临成功老龄化的问题。

如何充分揭示语用障碍中的心理和社交因素，并将其纳入到语用障碍的评估、干预和治疗的方案中去，将是未来的一个重要研究方向。

近年来，语用学的交叉研究属性愈加明显，作为一门兼具理论性和应用性的新兴交叉学科，临床语用学的研究需要语用学、临床医学、认知心理学、言语病理学等多学科的参与，需要理论研究和应用研究并重，因循语用学研究和临床研究两条路径，对临床语用学所涉及的实际问题开展深入研究。开展该领域的研究，不但要求研究者应具备扎实的语用学基础，还需要研究者对神经、认知、心理、生理、临床等相关的知识有所涉猎，同时要求语用学研究者以社会重大需求为导向，具备问题意识，并善于在实践中发现问题，通过主动与临床医学等其他相关学科积极协作，进行合作攻关，积极开展针对汉语人群的本土化研究，共同推动中国临床语用学的发展。

2.2.4　历史语用学

历史语用学作为一门独立分支学科的研究始于 20 世纪 90 年代中期。1995 年，本杰明出版社出版首部以《历史语用学》(*Historical Pragmatics*) 为标题的论文集 (Jucker, 1995)，标志着历史语用学系统研究的开始。2000 年，《国际历史语用学学刊》(*Journal of Historical Pragmatics*) 发行，历史语用学作为一门独立的学科在语用学领域获得一席之地。此后，历史语用学相关专著、论文集相继推出，如 2007 年菲茨莫里斯 (Susan M. Fitzmaurice) 和塔维特赛伦 (Irma Taavitsainen) 的《历史语用学研究方法论》(*Methods in Historical Pragmatics*)、2010 年尤克尔和塔维特赛伦的《历史语用学手册》(*Handbook of Historical Pragmatics*)、2011 年卡尔佩珀的《历史社交语用学》(*Historical Sociopragmatics*) 以及 2014 年塔维特赛伦等学者的《历时语料库语用学》(*Diachronic Corpus Pragmatics*) 等。其中，卡尔佩珀的《历史社交语用学》从跨学科视角，"将历史语用学研究同语言研究的社会维度相结合"，体现了历史语用学领域在研究议题方面的新进展；塔维特赛伦等学者的《历时语料库语用学》融合语用学研究内容与语料库语言学以及历时研究方法，明确将历时语料库语用学作为历史语用学研究的特殊分支，体现了历史语用学领域在方法论上的新进展。历史语用学领域的新发展也见诸近几年的《国际历史语用学期刊》发文中。

本节首先简要介绍历史语用学研究内容以及主要分支、研究语料以及研究方法等，随后使用语料库方法对《国际历史语用学期刊》20年来论文摘要进行词频分析、形成主题词云，基于此梳理该领域的主要研究议题，最后结合国内历史语用学研究现状提出后期研究建议，为国内学者从事历史语用学相关研究提供启示。

1. 研究内容及主要分支

语用学研究有微观和宏观之分：传统的英美学派研究往往采取微观视角，认为语用学是语言学的学科分相之一，研究指示语、预设、会话含意、言语行为、会话结构等内容，称为"微观语用学"（micropragmatics）。后期发展起来的欧洲大陆学派研究则更偏向宏观研究视角，关注语言使用的社会、文化、认知等所有与语言理解和使用相关的内容，将语用学视为语言功能的一种综观，称为"宏观语用学"（macropragmatics）。

作为语用学的主要研究领域，历史语用学领域的研究亦有英美学派和欧洲大陆学派之分，表现为关注不同的研究内容。英美学派的历史语用学研究大都致力于探讨语言元素的语法化过程、发展路径以及语言发展过程中会话准则的功能（Brinton, 2006; Traugott & Dasher, 2005）。譬如，特劳戈特作为典型的英美学派学者，认为语用学研究的主要内容就是"语言使用过程中的非字面意义"（2004: 53），因此历史语用学研究就是"基于用法研究语言变化的一种路径"（2004: 58）。另一方面，采取宏观视角的欧洲大陆学者往往采取具社会学倾向的研究路径，调查早期社会条件下的人类交际互动模式（如 Jucker, 2006），这在一定程度上与社会语言学研究重合。此外，研究者也关注交际互动模式的发展历程及管约原则。

从历史语用学概念提出至今，相关研究分支也在发生变化。1995年，在《历史语用学》为题的论文集中，雅各布斯（Andreas Jacobs）和尤克尔（Andreas Jucker）首先划分了历史语用学的两大研究分支，即"语用语文学"（pragmaphilology）和"历时语用学"（diachronic pragmatics）；2009 年，阿克尔（Dawn Archer）和卡尔佩珀（Jonathan Culpeper）在此基础上增加了第三个研究分支——"社交语文学"（sociophilology）。这些研究分支具体内容如下：

语用语文学：是对特定社会文化背景下的历史文本语用层面进行共时性描述和研究的历史语用学分支，不仅描述语言形式和功能，还聚焦交际参与者及其社交和人际关系、文本产出和理解的物理和社交语境以及文本的交际目的等语境内容（Jacobs & Jucker，1995）。在具体研究中，"既可以把言语形式当作研究的出发点，探讨特定历史时期该言语形式的交际功能，也可以把交际功能当作研究的出发点，考察特定历史时期该交际功能所使用的言语形式"（Brinton，2001：39）。相关研究包括对中世纪文本的新解读、对乔叟作品及莎士比亚剧作会话的分析以及对历史证据的交际性阐释等。语用语文学研究视历史文本（文学文本或非文学文本）本身为一种独特的交际事件。

历时语用学：是研究语用现象发展嬗变的宏观路径，关注同一语言在不同历史阶段的语言结构及交际功能之相互作用（Huang，2012）。该分支进一步细分为形式到功能的映射和功能到形式的映射。前者研究特定言语形式的交际功能，如语用标记语、增强语、感叹词等功能在不同历史时期的变化情况；后者研究特定交际功能的语言实现方式，如言语行为、礼貌等的语言实现方式在不同历史时期的变化情况（Jacobs & Jucker，1995）。

社交语文学：是以语境分析为出发点研究言语形式和功能的宏观路径，聚焦历时文本、语类、社交情境及 / 或文化等语境如何影响或塑造特定历史阶段的言语形式和功能。社交语文学研究与语用语文学和历时语用学研究的区别在于：首先，社交语文学研究既可以采取共时性视角也可以采取历时性视角；再者，社交语文学研究有着跟社交语用学研究一样的研究兴趣，即关注"语言使用的局部语境"（Leech，1983：10），但两者的不同之处在于，社交语文学更倾向采取来自批评话语分析或社会学研究领域的理论进行语境阐释。

2. 研究语料及方法

　　语用学研究往往以自然发生的口头会话作为研究对象，然而历史语用学研究者却无法"现场接触和观察古人的交际模式"（钟茜韵、陈新仁，2014：22），自然无法获得不同历史时期自然发生的口头会话语料，从而导致拉波夫（1994）所称的"糟糕语料"（bad data）问题。针对语料问题，历史语用学研究者提出各种应对策略（Culpeper & Kyto，2010；Jacobs & Jucker，1995），总结为三种路径：

　　第一，使用尽可能接近真实口语的书面语料。书面的历史文本中通常也包含对口头交际的描述。里赛伦（Matti Rissanen）（1986）认为一些历史书面语篇中的口语特征甚至比当时口头交际中的特征更为常见。历史语用学研究者关注的"与口头语言最接近的历史文本"（Taavitsainen，1995：460）包括历史庭审诉讼、剧本、私人书信等。譬如，在赫尔辛基语料库中，剧本等是主要的语料来源。马兹宗（Gabriella Mazzon）（2003：223）在对莎士比亚戏剧作品中的称呼语进行研究时也指出，"剧本比其他类型的文学作品能更忠实地模仿口语互动"。在卡尔佩珀和京都（Culpeper & Kyto）等整理汇编的《英语对话语料库》（*Corpus of English Dialogues*）涵盖从 1600 年到 1720 年以来四类与口语密切相关的历史语篇——剧本、小说、审判记录和证人证言。此外，私人书信中接近真实的交际和对话也吸引了历史语用学者的关注（Palander-Collin，2010）。

　　第二，聚焦书面语篇自身的交际特征。譬如，尽管历史新闻语篇与语用学者视角下的口语语料相去甚远，但仍然受到学界广泛关注。早期的英语宣传小册也被作为大众媒体形式进行研究。这些宣传小册常被用于回应争议性话题，往往以"对……的答复""对……的回应"等作为标题，因此也同样具有对话性质，成为历史语用学研究的语料来源（Fritz，2010）。瑟尔（Roger Sell）（1991）倡导文学语用研究，认为文学作品的创作和阅读也是涉及语言使用的交际过程，应关注文本作者与读者之间的互动。

　　第三，借助考齐（Peter Koch）和欧斯特雷切（Wulf Oesterreicher）（1985）的交际模型作为历史语用学研究书面语料的理据。考齐和欧斯特雷切模型摒弃传统的口语／书面语二分法，基于媒介实现方式和交际距离重新看待不同类型语言。根据该模型，通过文字媒介实现的书信、法庭记录、剧本对话等虽然并非传统意义上的自然发生的口语语料，但却具有典型的即时交际特征，因此同样可以从历史语用学视角进行研究（Jucker，2006；Taavitsainen & Jucker，2010）。

在研究方法方面，历史语用学研究离不开基于语篇分析的定性研究方法和基于语料库的定量研究方法。基于语篇分析的定性研究方法多用于"单一文本的语用语文学研究"（钟茜韵、陈新仁，2014）以及社交语文学研究，对文学文本中特定言语形式、功能及语境因素进行定性描述和阐释。瑟尔（1991）对历史语篇的文学语用研究多采取此类定性研究方法。此外，钟茜韵和陈新仁（2014）发现，一些研究者（如 Ruhi & Kádár，2011）也采取语篇分析方法、对小规模历史文本进行共时或历时性的比较研究。语料库研究方法多用于对不同时期言语形式和功能历时发展和变化的考察。研究者往往使用现成的语料库，聚焦话语标记语等特定言语形式进行检索、结合语篇分析，对特定形式对应的功能进行分析和统计，该方法适用于对大规模语料的定量研究。在 1995 年雅各布斯和尤克尔的论文集中，研究者已经尝试使用赫尔辛基英语语篇语料库进行历史语用学研究。除赫尔辛基语料库之外，目前被广泛用于历史语用学研究的语料库还包括多体裁历史语料库 ARCHER、早期英语书信语料库 CEEC、早期医学英语语料库 CEEMW 以及英语对话 CED 等。近年来，随着语料库语言学研究发展，历时语用研究与语料库方法结合的趋势越加明显，甚至形成"历时语料库语用学"（Taavitsainen et al.，2014）这一历史语用学研究领域的特殊分支，体现该领域研究在方法论上的最新进展。

3. 国际历史语用学研究议题

我们对 2000—2019 年 20 年共计 40 期《国际历史语用学学刊》刊发的所有论文标题和摘要进行整理，建成 37130 字的历史语用学文献语料库，运用语料库方法进行主题词检索，形成 20 年来国际历史语用学研究的主题词云图（图 2-4）。

图 2-4 《国际历史语用学期刊》论文摘要主题词云图

由图 2-4 可见，国际学者在进行历史语用学研究中，所考察的语料主要来自英语，也有部分聚焦日语、德语语料，所考察的历史时期包括早期、现代以及中世纪等，所研究的体裁包括书信类、仪式类、报纸类、布道类以及审判类等，所涉及的话题包括礼貌、标记语（markers）、小品词（particles）、言语、行为、称呼语、建构、社交、关系、语法化（grammaticalization）等。这些研究话题大致可归为四类议题：

第一，聚焦言语形式，挖掘特定言语形式在不同历史阶段的话语功能、历时变迁及其动因研究。这类研究包括话语标记语、语用小品词、语法化等话题，研究者关注特定的话语标记语或语用小品词等在不同历史阶段的功能、发展变化，并分析其演变中的语法化、语用化或是主观化机制。譬如，希文特（Scott Schwenter）和特劳戈特（2000）对语用标记语 in fact 演变路径进行了研究，布林顿（Laurel Brinton）（2001）对由 look 构成的人际语用标记语（如 look here, look you, lookee, lookit 等）历时变化路径的研究，戴威德斯（Kristin Davidse）等（2015）试图重构情态和话语标记 no doubt 演变路径，并对其语法化和词汇化发展动因进行分析，里赛伦（2018）对古英语和现代英语中具有近似意义的时间关系连接词 ere 和 before 的历时变化进行考察，并阐释影响其使用的历史社交语境因素。除了英语话语标记语和小品词外，研究者还对日语、韩语、汉语、法语、德语、希腊语、意大利语等其他语言话语标记语的历史使用和历时变化进行了研究。譬如，扎克斯基（Samuel Zakowski）（2018）对希腊语中的áge，íthi 和 phére 等语用标记语的结构—句式特征及在交际中的语用功能进行研究，并且关注这三类话语标记语使用的历时变化。索恩（Sung-Ock Sohn）（2016）对韩语中表示"顺便说一下"的话语标记语 kulentey 进行了历时和共时视角下的研究。历时研究发现，kulentey 尽管来源于 15 世纪的朝鲜文本，但作为话语标记语仅出现在 20 世纪以后的文本中；共时性分析也发现了 kulentey 在话语功能和韵律上的独特性。

　　第二，聚焦言语功能，挖掘特定功能在不同历史阶段的话语实现、历时变迁等。这类研究涉及言语行为、（不）礼貌等话题，研究者关注或诅咒、发誓、侮辱、祈祷等言语行为以及（不）礼貌等在特定历史时期的语言实现方式或是在不同历史阶段的发展变化情况。言语行为研究在早期的历史语用学文献中十分常见。阿诺维克（Leslie Arnovick）（1999）等率先基于语言实例调查英语中的许诺、诅咒、告别等言语行为的历时变化，最早一期《国际历史语用学学刊》中也刊发了三篇言语行为相关的论文，包括卡尔佩珀和瑟米诺（Elena Semino）（2000）对早期现代英语女巫诅咒言语行为中所使用的动词意义及其历时变化的研究，尤克尔和塔维特赛伦（2000）对来自英语古诗、乔叟和莎士比亚作品以及个人书信、法庭记录等历史语料中的侮辱行为及其历时变化的考察以及帕皮（Marcella Papi）（2000）对历时研究行为理论可行性的探讨等。可以发现，早期言语行为研究主要聚焦英语历史语篇，近期对其他语言中特有言语行为的历史语用学研究有所增加。譬如，沈星辰和陈新仁（2019）聚焦古代汉语语言中特有的谏行为，以《资治通鉴》语篇为例，考察该言语行为策略及言后效果。除了言语行为以外，礼貌研究也是这类研究的重要话题。早期研究者在布朗和莱文森（1978/1987）的面子理论以及利奇（1983）的礼貌原则框架下，关注在不同历史时期与礼貌直接相关的称呼语的使用及变化（Nevela，2009）及其他语用—语义变化等（Beeching，2007），也有研究者使用早期现代英语文本分析不礼貌的句法/语义框架（Kryk-Kastovsky，2006）、使用女巫庭审记录考察言语互动中的自我面子和自我身份（Chaemsaithong，2009）等。

第三，聚焦历史语篇本身，关注其语言、体裁等层面的修辞、结构特征。此类研究属于历史语文学研究内容，在《国际历史语用学学刊》论文中也不在少数。与前两类研究不同，此类研究者不聚焦历史文本中的特定语言形式或功能的描述，而是聚焦历史语篇本身，关注特定体裁历史语篇的语言、结构和修辞特征。譬如，霍勒格尔（Thomas Honegger）（2000）比较了中世纪和早期现代英语语篇中求爱互动的开场白语篇结构和修辞，克里克－卡斯托夫斯基（Barbara Kryk-Kastovsky）（2000）分析了早期现代英语庭审记录中的口语化特征，巴克斯（Marcel Bax）（2001）聚焦17世纪德语剧本中诱骗互动的语篇框架结构，塔维特赛伦（2001）描述了中世纪英语药疗食谱的体裁、语篇类型以及语篇规约。还有一些研究者聚焦对中世纪女巫庭审档案、不同时期的报纸新闻语篇、医药类语篇、宣传小册以及文学作品的体裁特征、话语修辞和风格研究（如Chovanec, 2014; Claridge, 2005等）。

第四，聚焦宏观社会学议题，关注历史语篇中的面子、形象、身份、角色以及社交和人际关系建构及其历时变迁研究。此类研究往往以基于理论阐释和文本分析的定性方法为主，在礼貌、面子、身份建构、关系管理及批评话语分析等理论框架上，采取话语建构视角，对上述人际和社交层面内容的话语建构进行具体分析。研究主要集中在近几年《国际历史语用学学刊》的几期专刊论文中，包括：2009年的专刊"历史社交语用学研究"、2017年的专刊"历史（社交）语用学新发展"以及2019年的"历史（不）礼貌研究"。譬如，菲茨莫里斯（2009）研究了18世纪求爱信中交际参与者社交语用角色的建构问题，内维拉（Nevela, 2009）考察了早期现代英语语料库中交际者如何使用第三人称指示语进行身份和人际关系建构。还有研究者对历史社交语境进行重构，如伍德（Johanna Wood）（2009）采取费尔克劳文本—话语实践和社会实践三维分析框架构建了15世纪英语贵族书信交互的语境，多提（Kathleen Doty）（2007）构建了女巫审判档案中交际者的语境因素。

4. 国内历史语用学研究进展及启示

在中国知网以"历史语用学"为关键词进行检索，去除不相关的文献以及书评类文献，仅有8篇相关论文。其中3篇是关于国外历史语用学研究内容和方法介绍和综述性论文（王雪玉、陈新仁，2013；钟茜韵、陈新仁，2014；张秀松，2017），其余 5 篇为研究性论文。最早一篇是 2010 年陈诗谣（2010）关于汉语中"博士"一词历时变迁的分析，作者从历史语用学角度，考察"博士"一词从古至今在词义、用法上的演变及其动因和机制。此外，还有研究者对英语条件分词连词、英语情态动词、汉语拟声词（如张小芳、周青宇，2013；罗琼鹏，2017）等具体言语形式演变情况进行历史语用学研究，刘承宇和胡曼妮（2015）以 providing（that）和 provided（that）为例，从形式、句法到语义、语用层面的嬗变过程，揭示此类实词到功能词转化的语法化演变路径、机制和动因。这些研究都采取了历时语用学形式—功能映射路径，以语言形式为研究出发点，阐释特定形式在不同时期的具体使用、功能，并揭示变化动因。张欢雨（2017）则采取语用语文学研究路径，考察了莎士比亚剧作中主仆关系建构的面子策略。

总体而言，国内学界关于历史语用学研究的起步晚、数量少，研究内容多聚焦英语语言形式的演变过程及机制，对汉语语言的关注不足，研究方法多以基于语篇分析的定性方法为主，研究方法相对单一。鉴于此，后期的研究可以在增加研究数量、扩充语言种类、丰富研究内容、融合语料库方法等方面进一步开展历史语用学研究。毕竟，汉语语言悠久的历史文化背景、浩如烟海的历史文献资料，为中国学者提供了进行历史语用学研究的有利条件，国内学者应充分利用此有利条件，为推动历史语用学学可研究的发展做出应有的贡献（王雪玉、陈新仁，2013）。

2.2.5　人际语用学

霍、卡达尔和米尔斯（2013）明确指出，人际语用学其实是一种研究人际交往的语用学视角，主要根源于"人际修辞"（Leech，1983）与"礼貌"（Brown & Levinson，1978/1987）。对于前者的研究发展为社交语用学的分支，对于后者的研究构成了礼貌研究。洛克和格拉汉姆（Sage Graham）（2010a）编辑的论文集形成了人际语用学研究的大体轮廓：总结了人际语用学研究的定义（Locher & Graham，2010b），初步讨论了人际语用学研究的理论视角（如身份协商论）（De Fina，2010）、人际取效的策略使用（如尊重策略）（Haugh，2010）、人际语用研究的语境问题（如医患交际）（Davis，2010）等方面。早期的人际语用方面的研究聚焦于面子，认为礼貌是某种方式的自我呈现与证实（Goffman，1967）。然而，最近10年的研究重心转向于在更宏观的人际关系（relating/relationships）框架下重新定义礼貌，主要框架包括关系工作（relational work）（Locher & Watts，2008）、关系管理（rapport management）（Spencer-Oatey，2008，2013）与面子构建（face-constituting）（Arundale，2010a）。随着不同分支研究的整合，逐步形成了人际语用学（Locher & Graham，2010a），其中，（不）礼貌研究是人际语用学形成的关键要素，"关系"成为人际语用学研究的中心（Locher，2013）。事实上，有关人际交往的很多研究与（不）礼貌、面子及身份等类似现象的语用研究重叠，因此，人际语用学应作为一种研究交往与互动中的人际方面的语用视角，其本质是多学科或跨学科的，其宗旨在于为语用学和交际及其相关领域的研究搭桥，而非创造更深的学科界限（Haugh et al.，2013）。霍、卡达尔和米尔斯（2013）进而总结出人际语用学研究的三个领域——语言使用中的人际关系建构、人际情态表达与人际关系评价，超越了研究面子与（不）礼貌，范围扩大至人际情感、关系、规约以及与身份构建有关的社交指示等方面（O'Driscoll，2013）。语用学乃至语言学研究的最终目的是探究语言的本质与工作机制，而人际语用学研究作为语用学的衍生物，最终目标不是语言的本质而是人际关系的本质（O'Driscoll，2013）。

1. 人际语用学和人际关系

语用学是研究语言使用的科学，因此人际语用学研究人与人间的语言使用。人际间的语言使用场合不同，有通过公共演讲和小组交际的公众间的交际，也有一对一的面对面的交际，尽管前者通常不被视为人际间的交际。洛克和格拉汉姆（2010b：2）将人际视为交互，所以人际语用学是研究交互语境中的语言使用，涉及小组和一对一间的交际。洛克和格拉汉姆（2010b）定义人际语用学为研究交际者使用语言建构和形成具体语境中的人际关系的方式。安托斯（Gerd Antos）等（2008：1）从语言学视角定义人际传播为会话者通过使用语言系统及其意义交换事实、观点、信念等。按照这一观点，人际交互或关系可以成为传播出现或被研究的语境。洛克和格拉汉姆（2010b）倾向于认为人际关系工作（relating）是一种塑造和形成人际关系（relationships）的过程。这种区分反映了人际两个层面的意义，即人际关系为语境的一部分，人际关系工作是一个动态过程。

人际交往主要与以下方面有关：（1）非正式和没有固定结构的交际；（2）至少在两者间；（3）存在近的身体距离；（4）个性的、个体的和心理的信息（Knapp et al., 1994：9）。当然，需要注意的是：（1）人际交往也存在于机构场合，例如医患之间的会话或工作场合的会话；（2）两人间的交际也可以是更大人际网络的拓展，交际双方可能是更大群体的成员，所以他们的会话受到他们归属群体的构架和规约的影响；（3）人际交往在各种媒介的技术条件下发生；（4）社会和文化知识在人际交往中起着重要作用（同上）。这跟实践社区（Eckert & McConnell-Ginet, 1992；Mills, 2003）和交互网络（Kádár & Haugh, 2013；Watts, 2003）的概念相似。同样，阿伦戴尔（2013b）提出交互形成概念模式（interactional achievement model），认为互动是两个或更多个体使用语言的活动，他们相互依赖的行为或认知活动将这些语言使用活动关联成一个统一的体系（Krippendorff, 2009；Watzlawick et al., 1967）。据此，一个互动的会话序列是一种过程，此过程中两个或更多认知自主的人参与发话并解读彼此的话语设计和理解话语序列中的行为（Arundale, 2010a：2079）。

人际语用学研究的核心是交际互动中的人际关系，包括由会话调节的交际者间互动的社交关联，如地位、亲疏、角色、权力、义务。身份构建与人际关系构建密切相关，前者是后者的必经过程，而后者是前者的构成要素（Locher, 2013；Spencer-Oatey, 2013）。然而，传统的语用学分析视角没有将礼貌、面子和身份置于人际关系及其建构的整体框架之内。

2. 人际语用学和面子、礼貌

面子研究是人际语用学研究的焦点之一。面子在礼貌研究中起着重要的作用，但面子不等于礼貌，应该有其自己的理论分析构架，因为面子涉及的不仅仅是礼貌。聚焦面子研究有利于分析更多更大范围的问题，其中包括人际关系和道德秩序在面子和面子工作的语用学研究中的作用（Haugh，2013），也有利于研究面子的主体认知理解在理论层面的作用。研究面子的这些作用反过来会揭示人际关系、道德秩序和主体认知如何在其他现象中呈现，这应该成为人际语用学研究的焦点（Haugh，2013）。

阿伦戴尔（2013a）将面子作为人际语用学研究的焦点，通过分析人际关系和主体认知推动面子的研究，提出了面子构建理论（Face Constituting Theory，简称为 FCT）（Arundale，2010a）。面子构建论认为面子是一种日常交际中的交互现象，具体而言，面子是一种会话建构体，是会话者在当前会话跟他人联结和分离的辩证对立中得以构建的结果。这一辩证的对立是所有人际关系中最重要的。阿伦戴尔（2010a）认为，面子构建论涉及第二层级的、文化概念化的面子构建，指某一文化群体或实践社区的参与者使用特定话语表达人际联结或分离。我们据此可以理解第一层级的、具有特定文化特征的主体对于面子的认知。人际关系中的联结指联合、相互依靠、协同一致、相互融合和关系亲近。人际关系中的分离中指交往中出现的趋异、独立、脱离、自主、分离和距离等（Baxter & Montgomery，1996）。这些不同的术语表征人际关系的联结和分离中的多种微妙变化，我们据此来分析关系和面子。她进而提出面子的解读分为三个层面：第一，直接解读（direct），即交际个体自己对于面子的理解，即我自己对于当前即时交际中关系联结和分离的理解；第二，代替解读（displaced），即交际者对于交际对方的关于当前人际联结和分离的理解，即我对于你对面子的解读的理解；第三，自反的（reflective）解读，即我对于你对于我对于当前关系联结和分离的理解。由此可见，面子构建论为我们深入分析面子的动态交际过程建构提供了清晰的框架。

语用学的礼貌研究以雷科夫（1973），布朗和莱文森（1978/1987）和利奇（1983；另见 2014）的研究为经典，他们的理论具有很大影响

力（Locher，2015）。后来对于礼貌的研究范围从面子维护和面子提升
的行为拓展到冲突性的或面子威胁强化的行为。越来越多的研究讨论
礼貌研究方法和理论视角的恰当性，并且有些研究开始使用其他视角
例如身份构建视角来分析礼貌。卡尔佩珀首先将不礼貌纳入研究范围
（如 Bousfield & Culpeper，2008；Culpeper，1996，2005，2010，2011；
Culpeper et al.，2003），分析历史的或虚构的数据（如 Culpeper，1996，
2010；Culpeper & Demmen，2011）。洛克讨论了礼貌的研究范围并且
采用交叉学科研究视角来研究人际语用学。卡尔佩珀（2008：30）也认
为，个体的、文化的、情景的和语篇的规约能够塑造交际会话。卡达尔
和霍（2013：95）也指出，即时语境的规约、实践社区 / 构架或群体规
约和社交文化规约都能影响道德秩序，并影响礼貌的评价。将礼貌研究
置于道德框架是一种动态的即时语境的评价分析，这更加利于我们分析
礼貌评价背后的意识形态如何跟社会因素（性别、阶级、年龄或职业等）
发生关联。另外，有些研究只是分析关系工作中的特定方面（如礼貌或
不礼貌），而没有聚焦某一种言语实践，如医患语境中的建议行为或学
生的邮件请求。因此，卡尔佩珀（2011：3）强调采用多种方法或学科视
角分析来自不同语境中的礼貌或不礼貌语料，这样才能分析礼貌或不礼
貌现象而不只是分析表层的语言结构，我们要尽可能从多个不同的视角
分析尽可能多的不同文化和语言语境（如历史、社会、即时语境）。

3. 人际语用学和身份构建

　　人际语用学研究的中心是人际关系研究，身份关系构建是人际关系
构建的必经之路。人际语用学视角下的身份构建研究范围包括人际语用
研究的三个领域，因而具有多元性与多面性，具体表现在以下三个方面。

　　第一，身份构建与人际关系紧密相关。交际互动中的人际关系包括
由会话调节的交际者间互动的社交关联，如地位、亲疏、角色、权力、
义务（李成团、冉永平，2015）。最近，人际语用视角（Garcés Conejos
Blitvich，2013；Haugh，Kádár & Mills，2013；Spencer-Oatey，2013）
认为关系是两个或多个个体共同关注、照顾彼此的社会构建的自我，建
立人际关系指表现或照顾交际中出现的身份。由此可见，关系工作与身
份构建紧密相关，前者是后者的成因（Locher，2013）。

第二，身份构建与人际情态密不可分。人际态度，包括受到会话调节或影响的交际者视角（stance），具有一定价值取向，被会话者带有情感地投射到他人，如慷慨、同情、喜好或厌恶、憎恶、惧怕与发怒（Culpeper & Haugh，2014）。与人际态度紧密相关、同时出现的是人际情感，包括交际者表现出来的各种情感与心境，如非理性的或主观的、无意的或有意的、真实的或虚假的情感及心境。一方面，情态表达作为主要交际行为不仅能够建立、维护与改变人际关系（Floyd，2006），而且还能增强或减弱会话者的个人与社会身份。例如，会话者的尊重态度能够关联交际双方的身份及其构建，凸显人际身份与地位的差异（Haugh，2010）。另一方面，语用学研究（Culpeper，2011；Garcés-Conejos Blitvich，2013）与多模态交际研究（Fisher & Adams，1994：199；Stets & Turner，2006）发现，身份的构建、协商与证实能够引发会话者不同的情感。

第三，会话者选择不同的言语形式与策略构建身份，引发交际双方对人际关系的评价。人际评价涉及交际双方或多方对彼此间关系的评价，影响交际者对彼此间关系的理解与感受，有时还会影响交际者的行为（Kádár & Haugh，2013：61）。斯宾塞－欧蒂（2008，2013）认为会话者选用特定语言手段或策略构建人际关系与身份关系，会引起会话者间对彼此言语行为的评价：如果会话者否定、拒绝或鄙视交际中出现或构建的身份，会引起对方对此行为的不礼貌评价，反之，会引起礼貌评价。同时，随着交际进展，人际关系的远近亲疏与地位等级次序也会得到重新的评价、维系或改变。

2.2.6 元语用学

元语用学（metapragmatics）是关于元语用（metapragmatics 有时也用来指元语用现象）的研究，探讨语言使用者如何利用语言选择来组织话语、给予评价、调控理解。从广义上看，有学者将元语用学视为对语用学理论的解释和反思，比如杰斯译佐尔特（Kasia Jaszczolt）（2019）基于对后格赖斯语用学的再审视提出语用学所面临的新挑战。从狭义上看，元语用是一种语用现象或行为，是语言使用的"元层面"（metalevel）（Verschueren，1995：367），反映我们作为交际者如何使用语言（即元语用话语）来谈论、监控、评价语言使用的方方面面。正如姜晖（2013）在讨论语言学中的 meta 术语及其相关研究时指出，元语用是说话人元语用意识的体现。本节主要基于对元语用的狭义理解，从元语用意识、元语用话语以及元语用与（不）礼貌三个方面梳理近十年来元语用学的发展状况，并对未来研究做一点展望。

1. 元语用意识及相关研究

关于元语用意识的类别，一些学者进行了详细的阐述。卡达尔和霍（2013）划分了四种元语用意识或曰自反意识（reflexive awareness），即元语言意识（metalinguistic awareness）、元交际意识（metacommunicative awareness）、元话语意识（metadiscursive awareness）和元认知意识（metacognitive awareness）。卡尔佩珀和霍（2014）区分了三种元语用意识，分别是：（1）元认知意识，涉及信息认知状态的自反呈现，如相关信息是已知还是新信息，是意料之中还是意料之外的信息，是容易理解的信息还是难以理解的信息；（2）元表征意识（metarepresentational awareness），涉及某人观念、思想、愿望、态度、意图等中有关自我和他人意图状态的自反表征，如反语和回声话语的使用所示；（3）元交际意识，涉及源于对自我和他人作为社会人的意识而对话语产生的自反解读和评价，包括交互意识（interactional awareness）和人际意识（interpersonal awareness）。陈新仁（2020）则区分了关于语境的元语用意识、关于发话人自身的元语用意识、关于受话人的元语用意识、关于交际双方或多方的元语用意识、关于信息的元语用意识、关于语篇的元语用意识和关于语码的元语用意识。

关于元语用意识与语用能力的关系，姜晖（2018）在《语用能力与关联性》一文中指出语用意识和元语用意识是语用能力框架中两个不同的认知过程。作者首次从"元"层面关注二语学习者的语用能力，通过修辞性言语和程序、概念标记的识别来激活听话人/读者的认知警觉机制，从而来解读说话人/作者的意图和想法。程杰（2017）在交叉文化语用学框架内，以通用语交际的社会认知属性为切入点，尝试在元语用意识的反身意识和自我监控层面探讨多元语用能力培养的深层本质与维度，指出多元语用能力在意识层面不仅包括语用意识还应涉及元语用意识。解月、任伟（2021）针对语用能力中的语篇连贯能力，探究了不同水平的中国学生对段落连贯问题的元语用意识和元语用知识。

在元语用意识的应用研究方面，一些学者关注言语行为实施中的自反意识。比如科鲁兹（Padilla Cruz, 2015）针对抱怨言语行为为外语/二语学习者元语用意识的培养提供建议。李茨婷和高雪松（Li & Gao, 2017）研究中国香港二语学习者的元语用意识在请求言语行为中的作用以及对于实施请求言语行为时语言选择的影响。周文和邓军（Zhou & Deng, 2017）探讨了显性元语用教学对中国的外语学习者习得恭维语回应的影响。另一些学者关注不同语篇类型话语中体现的元语用意识。秦小锋（2010）从元语用意识视角分析外交活动中的语言，认为语用含糊实际上是具有较强意图性的语言现象，体现了说话人较高程度的元语用意识。孙淑娟（2012）关注新闻标题中体现的元语用意识。刘平、冉永平（2020）考察了英语商务投诉回应中使用的元语用话语及其背后的协商意识。傅琼（2020）聚焦文学作品会话中发话人的元话语使用及其体现的元语用意识。孙莉、严静霞（2021）分析了投诉类广播节目主持人应对投诉话语中关于自我角色凸显的元语用意识。何荷、李梦欣（2021）分析了淘宝店主的商品描述中自我身份建构的元语用意识。还有学者将元语用意识与语言使用者的交际意图或策略紧密相连。比如，姜晖（2013）指出对于元语用的研究主要集中于语言使用者在元语用意识调控下如何进行语言选择，从而了解交际者的交际意图和语言使用的运作机制。从元语用的角度看，功能性言语标记是语言使用者有意识的策略选择，体现出较强的元语用意识（姜晖，2011）。同样，袁周敏（2011）从元语用视角探究称呼语的身份标记功能，认为语言使用的过程就是交际者顺应相关语境因素为实现交际需要而对不同的语言项目进行选择的过程，这种对不同语言项目的选择体现了交际者调控语言的元语用意识。陈新仁（2021）考察了中国驻美国大使访谈中所使用的身份元话语类型，探讨其使用身份元话语的可能动因，说明其关于身份的元语用意识。王晓婧（2020）分析了电视调解节目主持人如何使用语境元话语作为交际资源推进交际目标的实现，并对交际语境中的物理世界做出顺应。

2. 元语用话语及相关研究

1）元语用话语的界定与分类

一些学者对元语用话语进行了理论探讨。胡布勒（Axel Hübler）（2011）认为元语用表达和推理并不仅仅是以互动为导向的，更多的是为了维护和构建身份。斯尔弗斯坦（Michael Silverstein）（2015）从元语用和语用的关系出发阐释元语用话语和元语用功能。刘平（2012b）从语用学角度考察元语用话语在意义表征和意图表达方面的独特特征，认为元语用话语的意义表征和意图表达体现语言、认知与世界三者之间相互作用的互动关系。姜晖（2019b）认为元语用话语表达具有形式的多样性、位置的灵活性、表达的程式性和语境预测性特征。

不同学者根据各自的研究目的和语料对于元语用话语采取了不同的界定与分类。卡尔佩珀和霍（2014：9）用 metapragmatics 及 indicators of metapragmatic awareness 指说话人或作者引述、评价自己或他人语言时使用的语言，包括：（1）语用标记语（pragmatic markers），可以进一步区分为话语标记语（discourse markers）、句子副词（sentence adverbs）、模糊限制语（hedges）、自我指称表达（self-referential expressions）、显性互文连接语（explicit intertextual links）等；（2）转述性语言使用（reported language use）；（3）元语用评论（metapragmatic commentary）；（4）社交话语（social discourses）（用来界定话语解读框架的表达）。欧弗斯特利特（Maryann Overstreet）（2015）从语用语言的视角阐述了四种元语用话语，即模糊限制语（hedges）、语境提示语（contextualization cues）、语用标记语（pragmatic markers）和转述语（reporting speech）。尤努阿波纳（Olayinka Unuabonah）（2016）把在司法公开听证会上的元语用评述语分为四类：言语行为描述（speech act description）、谈话控制评论（talk regulation comments）、会话准则的遵守和违背（maxim adherence and violation）以及元语言评述（metalinguistic comments）。刘平（2010）将会话冲突中元语用话语的

主要表征类型划分为四类：施为性元语用话语、强调性元语用话语、态度性元语用话语和否定评价性元语用话语。刘平（2012a）根据元语用话语与所依存的句子之间的功能关系，把机构性会话冲突中常见的元语用话语概括为：立场展示性元语用话语、信源性元语用话语、免责性元语用话语、施为性元语用话语和评价性元语用话语。刘平（2014b）根据与所依附成分（host clause）的功能所指关系，将机构语篇中的元语用表达分为四类：元语用评论语、言说施为句、重述标记语和信源标记语。刘平和冉永平（Liu & Ran，2016a, b）将论辩性电视节目主持人使用的元语用表达分为施为句（performatives）、评述语（commentaries）、言据标记（evidentials）、信息释义语（message glosses）和立场显示语（stance displayers）五类。刘平和刘会英（Liu & Liu，2017a）把英语为通用语商务语篇中的元语用表达分为评述语（commentaries）、言语行为描述语（speech-action descriptions）、信息释义语（message glosses）和言据标记（evidentials）。陈新仁（2020）基于其元语用意识的分类，将元语用话语分为语境元话语、发话人元话语、受话人元话语、关系元话语、信息元话语、语篇元话语和语码元话语。姜晖（2020）通过分析TED演讲者与受众多层面互动背后的元语用意识，将受众元话语分为信息引导语、意图提示语、受众知识状态提及语、受众立场态度预测语、介入参与提示语五类。

2）不同体裁中元语用话语的功能

一些研究聚焦机构性会话冲突或媒体语篇中元语用话语的功能。例如，刘平（2010）发现元语用话语可加剧会话冲突，是因为它们搭建交际互动框架促使交际者有效坚持、加强自己的和/或者反对、抨击对方的观点、态度等，结果造成交际双方的对抗升级，加剧冲突程度。刘平（2012a）通过对争辩性电视节目语料的分析，发现机构性会话冲突中元语用话语作为语境线索语激活特定的语境因素，对交际内容、人际关系、交际期待进行适当性语用调节，旨在降低交际中的对抗性，对交际顺利进行、任务完成、目的实现有积极作用。刘平（2014b）通过对争辩性电视节目中嘉宾话语的分析，发现在交际规范、机构任务与目的、敏感面子与形象制约下，交际者选择的各类元语用表达对交际进程、论辩过程以及人际关系实施影响与控制，体现交际者为顺应机构语境制约而对交际实施语用管理的意图。刘平（2014a）在框架分析（frame analysis）视角下探讨争辩性电视节目主持人话语中元语用评论语的语用调节性及其积极语用效应，发现主持人通过框定、转换框架、重新框定过程对信息内容和言语行为等进行调节，实现四大积极语用效应：推进交际进程、调节信息内容、引导交际方向与方式、缓和紧张氛围。刘平（2016）在语言顺应论视角下探究在机构权力制约下媒体话语中元语用评论语的功能。语料分析表明，主持人顺应职位权力（positional power），选择元语用评论语调控交际进展与节目影响、调节嘉宾间冲突程度、关照其面子与情感需求。嘉宾则顺应个人权力（personal power），选择元语用评论语锚定和引出观点阐述以及凸显其合理性与有效性。刘平和冉永平（2016a，2016b）发现在媒体语篇中元语用表达不仅可以在互动程序控制、人际关系管理和影响控制三个维度进行语用调控作用，还可以构建中观语境（meso-contexts）来连接前语境和当前语境，确保互动交流的顺利进行。

　　除了前文提到的机构语篇和媒体语篇之外，其他一些语篇类型或交际场景中的元语用话语或元语用行为也受到国内外学者们的关注。例如，卡达尔和帕特诺斯特（Annick Paternoster）（2015）将历史视角融入元语用研究，对 16 世纪意大利行为手册中关于"discernment"概念的相关元话语含义及其使用进行元语用分析。柯兰克（Sonja Kleinke）和鲍斯（Birte Bös）（2015）研究英语和德语在线论坛中的交际实践，着重探讨了协调社群内无礼行为的元语用话语。柯伊托拉（Samu Kytölä）和威斯提伦（Elina Westinen）（2015）研究了一名芬兰籍足球运动员的推文，并关注其推文在芬兰一家主流足球网络论坛上引发的元语用评论语。刘平和刘会英（2017a）研究元语用表达在英语为通用语商务语篇中的作用，通过语料分析指出交际者通过元语用话语表达构建浮现的共有知识（common ground）来协商意义和维系和谐的人际关系，来达到交际双方的理解和共识。刘平和刘会英（2017b）基于社会认知视角研究发现中国航空公司电话接线员回应客户投诉时使用的元语用表达具有给出解释、确认和查找信息、协调适当补偿、建立密切的人际关系等功能。郑（Tseng）（2016）研究中国台湾创新企业商品说明话语中体现创新性和创造力的元语用行为。布里吉斯（Judith Bridges）（2017）研究社交媒体推特和脸书帖子中"mansplain"一词被性别化使用的元语用行为。刘平和游晓晔（Liu & You，2019）采用社会认知视角研究中美大学生学生习作网上互评中以修改为导向的元语用评论语的使用。刘会英、冉永平（2019）基于商务会议语料库研究商务英语通用语交际中元语用表达的交互能力。金颖哲（2021）探讨了学术场景中专家自我表述时发话人元话语的使用所具有的形象管理功能。

此外，一些学者聚焦具体的元语用话语开展了研究。例如，冉永平（2013）从元语用否定的独特视角研究汉语中带有否定标记的语句，分析汉语中结构否定和语义否定，加深了我们对汉语否定的理解。邵洪亮（2013）认为副词"还是"的元语用法表达主观上的"非断然"选择。"还是"在一定的语境中，所具有的弱因果关联功能，与"还是"的"非断然"情态功能有密切关系。"还是"与"当然"在元语用法上显示出非断然与断然的对立。"还是"与"还"的元语用法也存在明显的差异，有时形式上使用了"还是"，实际上是"还 + 是"，仍是"还"的元语用法。

3. 元语用与（不）礼貌

一些学者关注元语用与（不）礼貌之间的关系。卡达尔和霍（2013）曾在关于礼貌实践观的研究中指出，语言使用的元语用视角对于礼貌研究同样重要。礼貌行为本身是带有自反性特征的，涉及"你认为别人会怎么看你"。两位研究者认为，人们在理解礼貌时体现出四个方面的元语用意识：元语言意识、元交际意识、元认知意识和元语篇意识。卡特里尔（Tamar Katriel）（2016）在礼貌策略和面子理论的基础上，重新审视直接话语。苏席瑶（Hsi-Yao Su，2019）从元语用视角研究中国台湾人对于（不）礼貌的认知、表达和评价。姜晖（2019a）指出礼貌话语的使用是说话人在不同程度的元语用意识调控下根据一定的社会规约、认知语境、听话人的认知期待等因素，反思自我与他人之间的关系与互动而做出的元语用选择和实施的元语用行为。福岛（Saeko Fukushima）（2019）从元语用和跨学科视角（包括社会心理学、跨文化心理学、人类学、交际学等）分析周到与体贴、同情、利他以及帮助四个近似概念的关系，从而阐释日本文化中的礼貌表达。霍（2019）通过对澳大利亚和新西兰英语中（不）体贴的元语用分析，加深了对不同语言文化中礼貌的理解。

4. 未来展望

通过对近十年元语用学的研究进行回顾和梳理发现，元语用解答了在语言使用者选择语言的背后蕴含着一定的认知、文化、社会背景等问题，通过这一层面可为观察语言使用构建过程创建一个新的视角。对元语用话语和行为的研究离不开语言使用者的内在语言选择机制——元语用意识，而元语用话语是体现说话人元语用意识的外在标记，是在语言层面留下的语言痕迹。从元语用话语可以分析说话人的元语用意识，不同的元语用话语在不同语篇类型或交际场景下具有的语用功能各不相同。

近十年来，国内外研究者一方面继续围绕元语用意识和元语用话语进行理论和实证研究；另一方面出现了一些将元语用与其他传统语用学理论、视角、议题或语用现象结合起来的研究，比如语用能力、言语行为、顺应论、身份、（不）礼貌等，反映出研究者在继续推进关于元语用意识及其在语言层面表征研究的同时，逐步认同元语用意识在言语交际和人际互动中的重要作用并深入探讨元语用话语在不同语境下所具有的语用功能。

关于元语用研究的方法，目前更多的是采用话语分析和语篇分析的方法，语料规模较小，限制了对研究结果的概括性。霍（2018b）指出语料库的研究方法可以弥补这个缺陷。对于元语用话语的研究可以采用语料库的方法，选择已有的语料库，或者基于研究目的自建语料库，把阐释性的质性研究和数据化的量化研究结合来分析具体情境中的元语用话语。

总体而言，元语用理论及应用研究已经引起越来越多学者的关注，研究的话题越发细微而深入，研究语料日渐丰富多样，研究路径和方法还可以进一步拓展。

2.2.7 语言模因学

语言模因论是语用学领域的一个新兴理论，是关于语言使用的一系列观点或主张。该理论提出语言模因是语言文化传播的单位，它基于人类语言行为大量模仿复制的特性，从不同层面对相关语言现象产生的外部动因和语言基础给予一定的阐释。

1. 发展历程

语言模因论吸收了旨在解释文化进化机制的模因论主张，经历了从达尔文文化进化论到模因论再到语言模因论的发展历程。

模因论诞生于信息化时代，以达尔文进化论和分子生物学为学科背景，试图从历时和共时的视角对事物之间的普遍联系以及具有文化传承性的进化规律进行诠释，是解释文化进化规律的一种新理论（何自然等，2014）。英国牛津大学著名动物学家和行为生态学家道金斯（Richard Dawkins）于 1976 年出版专著《自私的基因》(*The Selfish Gene*)，提出模因（meme）概念和模因论（memetics）的基本思想，用于解释文化进化现象，成为模因论的起源。他认为模因是在诸如语言、观念、信仰、行为方式等的传递过程中与基因在生物进化过程中所起的作用相类似的那个东西，是复制因子，主要传播方式为模仿。

继道金斯之后，苏珊·布拉克摩尔（Susan Blackmore）推动了模因论的发展。其著作《模因机器》(*The Meme Machine*)（1999）充实和完善了道金斯的观点，初步确立了模因论的理论框架。总体而言，布拉克摩尔（Blackmore，1999）在书中总结了模因论的发展，揭示了模因概念的新内涵，给模因研究注入了新活力。她的贡献主要体现于三个方面（何自然、何雪林，2003）。首先，将模因的概念泛化，综合了多种学科的研究成果，提出"任何一个信息，只要能够通过广义上被称为'模仿'的过程而被'复制'的信息单位都是模因"（Blackmore，1999：43）；其次，她具体提出了模因的两种复制和传递方式，即对结果复制的传递和对指令复制的传递。这在一定程度上消除了人们对模因传递保真度的质疑。第三，她用模因论来解释宗教、大脑、语言、利他、自我等复杂现象，拓展了模因论的解释范围。

　　模因概念及其相关学说逐步进入越来越多学者的视线，并受到关注。譬如，著名认知心理学家斯波伯（2000，2006）、语用学家莱文森（2003，2006）和生物哲学、心理学家与语言哲学家米力坎（Ruth Millikan）（2004，2005）等人均对模因论给予了不同程度的关注。另外，迪斯汀（Kate Distin）（2005）运用模因论解释语言起源和语言使用问题，其专著《自私的模因》（*The Selfish Meme*）由剑桥大学出版社出版；奇尔顿（Paul Chilton）（2005）认为模因论能够解释思想和概念的传播问题；《自私的模因》出版 30 周年之际，牛津大学出版社推出第三版（Dawkins，2006）以及论文集；模因研究专刊《模因学刊》（*Journal of Memetics*）被美国 EBSCO 学术期刊数据库全文收录。模因论得到广泛传播的同时，也得以正名，逐渐走出学术边缘化（谢朝群、何自然，2007）。

　　对模因的认识和评价并非总是一致赞成的。面对模因论质疑者提出的"学科独立性"和理论科学性两方面的挑战，模因论学者们做出相应的回应（谢朝群等，2007）。就学科独立性而言，模因论提出了一些重要的论述，比如（1）概念与概念之间并非泾渭分明，模因的定义具有开放性，而不是封闭式；（2）模因的关键在于模仿，并非任何东西都是模因；（3）模因概念并非直接借用于其他学科，而是对诸多术语的整合，符合科学创新的路径；（4）模因论在观察充分性和描写充分性方面可能超越传统的人文学科，而且，描写与解释往往同步进行，因而是符合理论目标的三个充分性要求的。在理论科学性方面，模因论学者认为：（1）模因的获得兼具本性与习性，两者之间是互动和彼此影响的；（2）从逻辑实证主义的经验证实原则的本身缺陷来说明，以此为据质疑模因论的科学性问题是不可靠的；（3）模因论重视文化遗传，同时也关注了意向性问题。在讨论与争鸣中，人们越来越关注模因论能够产生的意义与影响，无形中也推动了模因论的进一步发展。

　　模因论已经渗透到经济学、社会学、语言学等各个学科的研究领域，用于解释文化、思想和语言的进化问题（Distin，2005；Levinson，2003；Millikan，2004）。国内学者在引进和介绍模因论的同时也展开了具有本土特色的创新性研究，关注的焦点是模因与语言之间的界面研究，目的在于从模因论的角度审视和解释语用现象。

2005 年，何自然先生在国内率先运用模因论研究语言使用现象，并带动一批学者成立模因研究团队，展开关于语言的各种话题研究（陈新仁，2017a）。语言模因论揭示了语言发展与变化的规律。关注的焦点是模因与语言之间的界面研究，旨在从模因论的角度审视和解释语用现象，并进一步加深对人自身的认识，具体回答了人类如何使用语言、语言在使用中如何发生变异、语言如何影响社会生活和精神生活等问题。《语言模因理论与应用》于 2014 年出版，标志着语言模因论的雏形基本形成。

2. 主要观点

模因是一个解释力很强的概念，能够用于分析、解释诸多社会文化现象。从模因论的角度来看，语言是模因的载体之一，同时模因有利于语言的发展，而模因又靠语言来自我复制和传播，语言本身就是一个模因系统。当某种思想或信息模式出现，在它被复制或被重复传播之前，它还不算是语言模因。只有当这种思想或信息模式得以传播、仿制才具有语言模因性。任何"携带模因宿主意图、借助语言结构以重复或类推的方式反复不断传播的信息表征"（何自然等，2014：9）或语言单位都可以成为模因。

语言模因可以从不同角度加以区分（何自然等，2014：18；陈新仁，2017a）：从表征信息内容和表征形式角度看，语言模因可以区分为形义复合模因、语形派生模因和语义派生模因三类；从模因的传播力度来看，语言模因可以分为强势型模因和弱势型模因；从信息对人类影响的积极和消极方面，语言模因可区分为积极语言模因和消极语言模因；从所包含的信息类别角度，语言模因可区分为文化性模因和非文化性语言模因。

语言模因的传播主要有教育和知识传授、语言本身的运用和信息的交际与交流这三个渠道。就其传播方式而言，不管语言模因的形式和内容如何，可分为重复与类推两种传播方式。其中，模因以重复的方式复制和传播，很大程度上是受相似语境的诱发，表现为语言结构形式的直接套用或近似复制。引经据典、转述他者话语等都是语言模因的直接套用。语言模因的直接套用使用方便也便于理解，自然容易为宿主接受并广为传播。模因的近似复制指以不同形式反复指称相同信息。语言模因复制和传播的第二种方式是依据相同或类似的音或形、以类推的方式创造出新的模因变体来传播，具有更强的灵活性和语境适应性，因而这种方式更为普遍。其中，同音类推是模仿词语发音而形成的新模因变体，常见于广告语中。同构类推的模因变体是在保持语言结构不变的前提下传播新的内容和信息，此类模因的语言结构一般都具有强烈的语用效果和明显的修辞色彩特征，比如经典话语、诗词名篇等，更容易受到人们关注和模仿。

陈新仁（2017a）提出特定语言模因的形成需要具备合适的内部条件和外部条件。就内部条件而言，成功的语言模因往往具有高度的意义可理解性和语际可感染性，能适用于多种社会背景或语境；就外部条件而言，具有实用性、合理性、时尚性和权威性的语言模因往往传达了宿主的某种强烈表达需求或符合宿主的某种心理趋向，其赖以产生的背景事件会受到较高的社会关注度，传播的空间和渠道也有开放性、容忍度、传播力等特征。正是因为上述内部和外部条件的存在，相关语言模因才会形成模因复合体，弱势和陈旧模因能得到强化和新生，获得长久的生命力（陈琳霞、何自然，2006；张旭红，2008）。

语言模因的进化与语言模因宿主密切相关，表现出高度主体性。语言模因首先必须酝酿并储存于宿主的大脑里，然后通过该宿主传递到下一位宿主，完成复制和传播的过程。而这一过程中语言宿主会持有自己的语用态度并顺应特定的社会语境，发挥主观能动作用。语言模因不只是语言信息的简单复制和传播，还会发生不同程度的变异。其中一个重要的原因就是"模因的复制过程中还携带着宿主的主体性因素，例如情感、偏好、立场、情绪、评判、意图等，体现出某种语用态度。这些因素与语用意图密切相关"（何自然等，2014）。宿主倾向于表达那些他认为有趣和重要的、需要重复的模因。凭借新媒体的强大力量，网络互动的及时便利性使得语言模因的宿主在数量上远远超过传统媒体的覆盖能力，因而体现出更高的主体性。

3. 语言模因论的应用

正如上文所述，模因论自问世以来已经被引入到许多学科的研究领域。语言模因论基于模因论，"是模因论与语言研究相结合的产物"（陈新仁，2017a）。在何自然先生的倡导与带领之下，中国语言学界的研究者们已经普遍把模因论当成一种解释语言现象的视角，并且在研究实践中展现其强大的解释力（陈梅松、陈新仁，2016）。

从研究对象来看，语言模因论的运用涉及语言使用的多方面话题，如广告语言、语言变异、言语幽默、网络委婉语、网络流行语、隐喻、翻译策略、构式现象、"被××"结构、社会流行语，等等。

从语用—语言表现形式来看，具有强大生命力的语言模因在使用时会产生明显的修辞效应，给宿主留下深刻的印象，让宿主在自觉和不自觉中加以仿效（何自然，2008）。语言模因在使用和传播过程中的修辞形式与手段灵活多样，主要体现为隐喻和转喻、反复与重叠、仿拟与类推、典故与俗语等。

从应用领域来看，语言模因论与翻译、二语习得和语言教学的实质和实践等领域的结合都取得了丰硕的研究成果；而语言模因在媒体语言中的运用成果尤为喜人。媒体语言中存在大量的模因传播现象，从模因论的视角来研究媒体语言，探讨如何利用模因传播规律来指导媒体语言创作，使其像模因一样传播得更快、更广、更深入、更持久，是一项非常有意义的课题（何自然等，2014：125）。具体研究包括分析广告语言模因类型、形成与选择、新闻标题的模因类型与特征、网络流行语的来源与动因，以及祝福短信的模因表现与社会心理特征等。

综上所述，从其发展历程、主要观点以及应用现状与前景来看，语言模因论能够为语言形式和功能的形成、发展、变异、语言的修辞性使用、语言和话语意义的解读机制，以及语言的社会价值提供全新的解读和阐释，深化我们对于语言的认知和理解，显示出了强大的解释力和广阔的应用前景。

2.3　语用学的界面研究

"界面"源于英文单词 interface，它在《新牛津英语词典》(*The New Oxford Dictionary of English*)里的解释为"(两学科、体系等的)接合点，交叉区域"。根据这个定义，语用学的界面研究指语用学和其他学科的交叉研究。本部分首先探讨语用学与语言学内部学科的界面研究，然后再探讨语用学与语言学外部学科的界面研究。

2.3.1　语用学与语言学内部学科的界面研究

语用学与语言学内部学科的界面研究主要体现为它与语义学、词汇学和认知语言学等学科的关系研究。语义—语用界面研究主要围绕着如何解决格赖斯的经典会话含意理论的缺陷。格赖斯(1989)根据"修订了的奥克姆剪刀"原则，即字面意义除非必要不作多义解释，把交际内容分为所言和所含，并认为所言属于语义学，所含则属于语用学。然而所含中区分的规约含意、一般会话含意和特殊会话含意构成了语义—语用连续体：规约含意完全依靠语词的规约特征推导，一般会话含意是某些语词的使用不依靠语境带有的含意，既与语义内容相关，也与语用成分相联，特殊会话含意与话语的语义内容无关，完全依靠语境推导。所含中的一般会话含意既与语义内容相关，也与语用成分相联，这使语义学和语用学形成了连续体(Huang, 2014, 2017；张绍杰，2008)。因此，格赖斯对于所言和所含的严格区分并没有解决语义学和语用学之间的界线问题，暴露了其理论上的局限性。

针对如何弥补格赖斯经典会话含意理论的缺陷，国外的语义—语用界面研究形成了四种不同的观点。第一种观点是语义—语用界面论，代表人物有莱文森和黄衍。他们反对格赖斯把交际内容分为所言和所含两层。在莱文森(2000)看来，交际内容包含三层意义：句子意义(sentence meaning)、话语类型意义(utterance-type meaning)和话语例示意义(utterance-token meaning)。莱文森(2000：1)同时指出，"话语类型意义是先于语境的优先解释的意义，是语言结构带有的意义"。

也就是说，它是完全基于语言的形式特征和话语的内容而与语境无关的默认意义。它的推导过程受引发性原则（Q- 原则、I- 原则和 M- 原则）制约，因此，话语类型意义包含三种类型：Q- 含意，I- 含意和 M- 含意。其中，Q 含意包括 Q- 级差含意、Q- 小句含意和 Q- 交换含意（Huang，2017）。莱文森（2000）认为，话语类型意义既不能归到语义学，也不能归到语用学，它属于二者的交叉意义层面。因此，莱文森的意义三层论无疑使语义学和语用学的界线更加模糊。

第二种观点是语义—语用分工明确论，代表人物为巴赫（Bach）。巴赫认为格赖斯关于所言和所含的划分太过严格。他赞同莱文森的观点，即所言和所含之间存在一个中间意义的层面。因此，他也把交际内容分为三层：所言、隐义（impliciture）和会话含意。"隐义，即暗含在所言中的一种意义，完全不同于所言，但又是从所言中推导出来的；它超出了所言，但与会话含意有根本的区别"（Bach，2007a：273）。它通过补足（completion）和扩展（expansion）两种语境过程实现。补足指话语的命题不完整，即只是一个命题基（propositional radical），只有在推导的过程中补足才能消除话语的不确定性；扩展是指虽然话语的命题内容完整，但需要概念强化（conceptual strengthening），使交际的意义充分表现出来。

a. The princess is late [for the party].

b. Andre weighed 500 pounds. {exactly}

尽管例 a 中的句子是完整的，但是它在语义上或概念上不完整，它的规约意义只是命题的一部分，或者是命题最基本的部分，对其补全后才能确定表达的意义。例 b 中句子的命题是完整的，即它是一个最简命题，扩展后会使交际意义更加明确。总之，补全指填充（filling in）一个命题基，而扩展指使话语的最简命题意义充实（fleshing out）。巴赫（1994）进一步指出，所言指明确陈述的意义，它属于语义学的研究范围；隐义虽然是指所言中通过补足或扩充而得到的含义，但它不同于所言和所含，介于二者之间，隐义和所含是语用学研究的范畴。简言之，语义学和语用学的分工明确，因为巴赫（2007b：29）认为承认语义学和语用学之间存在界面的观点是一种误导。巴赫多次强调隐义不仅没有造成语义学和语用学的区分更加模糊，反而使它们的分工更加明确化。

第三种观点是语义—语用并合论，代表人物为杰斯译佐尔特。杰斯译佐尔特（2005：3）否认存在语义学和语用学界面的可能性，她指出，"正是因为语义学和语用学的界面、句法学和语义学的界面以及句法学和语用学的界面等界面研究，导致了人们对话语的解释出现了不同的观点"。杰斯译佐尔特提出的默认语义学简化诸多界面的作用，把语义学和语用学并合于一个意义层面。基于语义—语用并合论，真值条件内容表现为对来自词义、句子结构、有意识的语用过程和默认意义等语用信息的并合（merger of information）。杰斯译佐尔特摒弃了格赖斯关于所言和所含的区分，提出了主要意义和次要意义的区分（primary-secondary meaning distinction）。"主要意义是对所言扩充的意义，是首要的、直觉的、突显的意向意义；同时，它也是听话人识别的主要信息"（Jaszczolt，2010：196）。在杰斯译佐尔特（2010：197）看来，"主要意义可以视为一种并合表征（merger representation），它有一个组合结构，这个结构依赖组合原则（principle of compositionality）把语义信息和语用信息并合在一起"（见图 2-5）。

主要意义：

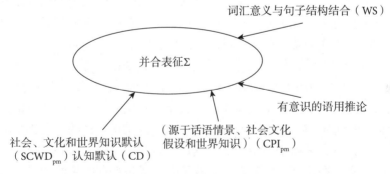

图 2-5 杰斯译佐尔特的并合表征模式（2010: 200）

图 2-5 告诉我们，对所言扩充的意义包含两种默认意义：一种是社会、文化和世界知识，来源于社会和文化组成的方式，而另外一种是认知默认，来源于人类思维过程的特征。

a. ① Pablo Picasso's painting is of a crying woman.

② *The painting executed by Pablo Picasso* is of a crying woman.

b. ① The architect who designed St. Paul's cathedral was a genius.

② *Sir Christopher Wren* was a genius.

例 a 中的 "Pablo Picasso's painting" 的意义扩充为 "The painting executed by Pablo Picasso"，这种扩充依赖社会文化规约。杰斯译佐尔特（2010：15）指出，默认意义和交际意向的强度有关。交际有三种意向：交际意向、镶嵌在交际意向中的信息意向和所指意向。意向的程度受首要意向（primary intention）原则和意向程度原则制约：前者指交际中意向的首要作用是保证说话人话语中的指称对象；后者指意向的程度有强弱之分（Jaszczolt，1999：209-211）。意向的程度达到最强时，指称对象能够得到完全保证，听话人就可以用最小的力获得说话人的信息。当使用有定描述语（definite description）时，意向的程度通常最强，因此它有特定的指称对象。例 b 中的 "the architect who designed St. Paul's cathedral" 是一个有定描述语，它保证了听话人能够以最小力获得说话人的指称对象，即 "Christopher Wren"，Jaszczolt 称之为 "认知默认"，它与最强的所指意向相对应。这两种默认意义是突显的、自动的、省时省力的、无意识的，它与推论毫无关系。突显、自动、省时省力和无意识这三个特征决定了听话人可以省略中间任何的推导步骤直接得到默认意义。在杰斯译佐尔特看来，格赖斯所定义的一般会话含意或者对所言扩充的意义属于上述两种默认意义。

第四种观点是语用决定论，代表人物为关联论学者。关联论秉持真值条件语用学（truth-conditional pragmatics）的思想，即包括真值条件意义在内的一切意义都由语用因素决定的；同时，它还坚持 "语言不确定论"（linguistic indeterminacy thesis），即句子表达的意义都是不确定的，它只有在具体语境中才能被确定。这两点决定了关联论框架下的意义研究不存在语义的可能性。关联论摒弃了格赖斯所用的 "所言" 这个术语，并认为没有必要区分一般会话含意和特殊会话含意，含意都必须在语境中依靠关联原则推导。该理论区分了显义和隐含。"显义指话语的命题形式，隐含是话语在语境中的假设；显义指对话语里不完整的概念表征或逻辑形式的一种推论性扩展"（Carston，2009：47）。根据卡斯顿（2009）的解释，扩充逻辑形式的语用过程主要有两种：语义饱和（saturation）和自由扩充（free enrichment）；语义饱和是将逻辑形式中的变量或空缺补充完整的一个语用过程，而自由扩充指尽管句子的逻辑形式不存在空缺，其逻辑形式也需要概念上的充实。显义和隐含都是听话人依赖关联原则在特别语境下推导出来的；它们完全是语用的，语义和语用之间无界面。

语义—语用界面研究促使了词汇语用学的兴起。众所周知，索绪尔开创了以符号为语言基本分析单位的现代语言学。后来的乔姆斯基革命促使语言基本分析单位由符号转向为句子。语义—语用学界面研究的最新成果使语言基本单位再次发生转向，即语言基本单位由句子转向为语词。这个转向促成了一个新的学科诞生——词汇语用学，即语用学和词汇学的界面研究。它主要探讨语词或者词组层面的语用意义，即非整句成分（non-sententential elements）意义（Wilson，2017）。词汇语用学认为语词的编码意义无法确定说话人使用该语词所表达的意义，即词义不确定论（lexical underdeterminacy thesis）（Carston，2002；Horn，1984；Jaszczolt，2005；Levinson，2000；Sperber & Wilson，1986）。

    a. Mary likes wearing rabbit.

    b. Mary likes eating rabbit.

"rabbit"的词义是不确定的，在不同的语境下表达不同的意义：a 的"rabbit"指"rabbit fur"，而 b 的"rabbit"指"rabbit meat"。后格赖斯语用学普遍认为"rabbit fur/meat"是基于"rabbit"的词义充实（enrichment）而来的意义（Bach，2007a）。词义的语用充实主要包括两个过程：词义收缩 / 强化（lexical narrowing/strengthening）和词义扩大 / 松散（lexical broadening）。

    a. ① The tea is warm.

        ② The tea is not hot.

    b. ① The playground is rectangle.

        ② The playground is approximately rectangle.

在例 a 中，"warm"有两个意义："at least warm"和"warm but not hot"；在使用词项"warm"的时候，它的含义为"warm but not hot"，意义由两个收缩为一个，进而"warm"的意义得到了进一步强化。这称之为词义收缩（lexical narrowing）或者词义强化（lexical strengthening）。然而，例 b 完全不同于例 a，它体现为"词义扩大"

（lexical broadening）或者"词义松散"（lexical loosening）。在例 b 中，"长方形"显然不是"标准的长方形"，而是一个"大约的长方形"。因此，"长方形"的词义扩大了。那么，词义语用充实的机制是什么？语用充实得到的意义是什么？这与前面提及的语义—语用界面研究的四种观点密切相关。语义—语用界面论认为，词义的语用充实意义是听话人依赖 Q- 原则、I- 原则和 M- 原则推导出来的不依赖语境的默认意义；语义—语用分工明确论认为，该意义是听话人依赖补充或者扩展推导出来的隐义。语义—语用并合论认为词义的语用充实意义依赖组合原则而产生的默认意义，而语用决定论则认为该意义是听话人依赖关联原则推导出来的显义。从上可见，词义的语用充实一直是当今语用学界面研究的一个有争议的话题。

认知语用学指语用学与认知语言学的界面研究。国内外一般文献中提及的"认知语用学"往往是对认知语用学的狭义理解，即以关联论为基本运作模式的语用学研究（何自然、冉永平，1998）。前面提及的关联论从认知科学的角度提出了认知语用学，奠定了该学科的基础，完成了意义研究从哲学向认知的转向。以关联论为基础认知语用学源于格赖斯的经典会话含意理论，被认为是一种以认知为导向、旨在为话语理解提供心理现实解释的语用理论（Hall，2018）。近 20 年来，语言与认知科学的跨学科研究为认知语用学提供了新的契机，越来越多的学者摆脱了传统的格赖斯范式，开始运用认知语言学的理论阐释语用问题。他们的成果赋予认知语用学新的内涵，即认知语用学从传统的关联论扩展为语用学和认知语言学的交互研究。

随着越来越多的认知语言学研究者关注语言的使用，认知语用学从传统的关联论范式扩展为基于认知语言学理论的语用研究，即从认知语言学中汲取理论养分来解释语用现象，这给语用学和认知语言学的界面研究提供了新的契机。认知语言学理论被广泛应用来解释语用现象。例如，基于语言使用提出的认知语法被看作为 20 世纪语言学中的语用转向，即从传统的语法理论（如句法学）转向为以语言使用为中心的理论（Mey，2001；Terejko，2016）。兰盖克（Ronald Langacker）（2008：40）指出，"语义学和语用学之间不存在固定的界线，即这两个学科很难清晰地分离，它们形成了一个连续统一体"（见图2-6）。在认知语法看来，"语

用因素融入了语言表达式的规约意义"（Taylor，2002：30）。换句话说，
"语用推理模式被固着在语言表达式上"（Langacker，2001：146）。因此，
认知语法对词义的解释整体来看依然属于语义解读，因为它更多地强调
意义概念化的认知机制的激活。

图 2-6　认知语法视角下的语义学和语用学的关系

　　认知语言学的其他理论同样关注语言的使用。例如，法比斯扎
克（Magorzata Fabiszak）（2012）指出原型范畴论是一个可分等级的
结构，分析语义和语用现象时应该考虑语言结构中的原型效应。荷恩
（2018）从原型范畴论视角解释词汇语用克隆现象，认为它是一个心理
上或知觉上凸显出的典型或中心范畴成员。雷科夫（1987）在原型范
畴理论的基础上提出理想化认知模型（ICM）理论。玛玛利窦（Sophia
Marmaridou）（2000）进而提出了"指向理想化认知模型"（pointing
out ICM）来解释指示语，认为它涉及指向空间中的一个实体的语言行
为、授权执行该言语行为的说话人和该言语行为指向的未聚焦的听话人，
同时，说话人和听话人在给定的时间点共同存在于构建出的心理空间中。
认知语言学对语用现象的研究并非有一个统一的理论框架，但是它的诸
多理论都坚持百科信息知识观和基于语言使用的观点，通过具体语境激
活概念决定语言意义（Evans，2012）。

　　语用学与语义学、词汇学和认知语用学的界面研究也一直备受国内
学者的关注。沈家煊（1990：34）早在 1990 年发表了《语用学和语义
学的分界》一文，他指出，"最早关于语义学和语用学界面研究对语义
学和语用学分界问题的讨论，其目的与其说是为了最终解决分界问题，
不如说是促使我们去对各种意义的性质及其推导过程做深入研究"。总
体上看，国内近十年的语用学与语言学内部学科的界面研究，主要呈现
以下五个特点。

　　第一，语用学与上述三个语言学学科的界面研究主要围绕如何解释
含意，因此它们源于格赖斯会话含意理论的缺陷，国内学者更关注该理

论对意义解释的不充分性。例如，张绍杰（2008）指出一般会话含意既具有语义的特征，也具有语用的特征，它的两面性与格赖斯倡导的语义—语用严格区分相互矛盾；陈新仁（2015）认为格赖斯的会话含意理论对所言解释不充分，它无法解释所言中的语用成分；黄衍（2017）则认为诸如会话含意在内的语用充实内容可以侵入句子的真值条件意义，即格赖斯定义的所言；这种侵入所言的意义称之为新格赖斯语用学框架下的前语义会话含意（presemantic conversational implicature）。上述成果说明中国学者对格赖斯会话含意理论的研究发生了转变，即由过去的介绍转变为现在的批判和发展。

第二，后格赖斯语用学涵盖的范围进一步扩大。如何修正和改进格赖斯的会话含意理论一直是语用学研究的重要议题之一。传统语用学把荷恩和莱文森的理论归于新格赖斯语用学，而把以关联论为代表的语用决定论归于后格赖斯语用学，形成了两大对立的学派。新格赖斯语用学主要修正了格赖斯提出的四条会话准则，而后格赖斯语用学则把格赖斯的四条会话准则简约为一条会话准则。随着语用学的快速发展，越来越多的语用学学者开始修正和改进格赖斯的会话含意理论，比如前面提及的语义—语用分工明确论和语义—语用并合论，这两个理论完全不同于新格赖斯语用学和关联论。因此，语用学的快速发展迫使语用学研究者们必须更新术语的涵盖范围或者创造出一个全新的术语。21世纪初，中国学者率先更新了后格赖斯语用学涵盖的范围。新时代背景下的后格赖斯语用学指一切以格赖斯意向理论为基础发展而来的理论（张绍杰，2008；张延飞，2012）。前面提及的理论都统称为后格赖斯语用学，范围的扩大适应了新时代语用学发展的迫切要求。

第三，语用学与上述三个语言学学科的界面研究的相关理论引介进一步加强。早在20世纪90年代，国内学者就引进了新格赖斯语用学和关联论（何自然，1995；何自然、冉永平，1998；徐盛桓，1993；张绍杰，1995），上述两个理论的研究在国内取得了丰硕的成果。近十来年，后格赖斯语用学的其他理论引起了国内学者的高度重视，如莱文森的语义—语用界面论（陈新仁，2015；张延飞、张绍杰，2009），巴赫的语义—语用分工明确论（陈新仁，2015；何鸣、张绍杰，2018）、杰斯译佐尔特的语义—语用并合论（陈新仁，2015；张延飞，2016）和语用决定论（赵燨、向明友，2018）。但是近十来年的语用学研究不同于早期的语用学研究，因为近十年来的语用学研究主要从界面这个角度探讨不同理论对于意义解释的差异，而不是纯粹单一理论的引介（陈新仁，2015；曹笃鑫、向明友，2017）。

第四，以关联论为代表的语用决定论依然是国内语用学研究者关注的焦点。自 20 世纪 90 年代，何自然教授在国内率先引进关联论，关联论一直备受国内学者的高度关注，相关的研究成果也颇丰。这也使以关联论为基础词汇语用学发展相当迅速，它主要体现理论的引介和应用（陈新仁，2017b；冉永平，2005，2012a）。例如，冉永平发表的《词汇语用学及语用充实》是我国第一篇比较系统地介绍关联论框架下的词汇语用学的论文。他还指出，关联论是解释汉语语用充实的最佳理论之一（Ran，2006）。因此，关联论是国内学者用于解释汉语词汇充实现象比较青睐的理论框架。相反，国内以其他理论为框架的词汇语用学的研究成果颇少，如陈新仁（2007）从顺应理论探讨了词汇构成中的阻遏现象；陈新仁（2017）运用模因论讨论了英语非作格动词"致使化"的成因与机制；陈新仁（2019）从语用身份论视角考察了词汇的理解问题，这也为今后国内语用学的发展提供了广阔的空间。

第五，语用学与认知语言学的界面研究发展迅速，并逐渐形成了中国特色。前文提及，以关联论为基础的认知语用学是当今语用学和认知语言学的界面研究主要代表，因此国内学界普遍认为认知语用学就是关联论。事实上，语用学和认知语言学的交互研究也属于认知语用学。为了区别以关联论为基础的认知语用学和认知语言学与语用学的交互研究，中国学者率先提出"新认知语用学"（neo-cognitive pragmatics）（陈新仁，2011；王寅，2013）的概念。新认知语用学指利用当代认知语言学的理论分析框架对语言交际开展认知研究。具体说来，"新认知语用学旨在运用依据人类基本认知方式解释语言现象的认知语言学基本原理解释言语产生和理解、语用推理和会话含意"（陈新仁，2011：40）。认知语言学中的各种理论（如原型论、心理空间论、空间整合论、隐喻论和转喻论等）都可以用于解释语用现象。新认知语用学的提出完全可以避免学科上的误解，也使学科的划分更加清晰。此外，国内还有一些学者尝试用认知语言学的理论分析语用现象。例如，董成如（2007）用图式范畴化理论分析词义的收缩和扩大，并指出听话人需要根据语境知识收缩或扩大图式意义来理解说话人所要表达的具体意义。张延飞和张绍杰则运用认知语法论证非级差集合产生的含意是依赖语言使用规约激发的认知默认（Zhang & Zhang, 2020）。

上述五点告诉我们，国内语用学和语言学内部学科的界面研究沿着引介—批判—应用—创新这条主线发展并在此基础上取得了一定的成绩。总体来看，我国的研究主要以引介、批判和应用为主，并未形成具有中国特色的语用学界面理论。未来的语用学界面研究可以考虑以下三个方面。第一，国内语用学界面研究已经在关联论方面取得了丰硕的成果，关联论强调社会文化百科知识在含义推导过程中的作用，如何把中国特色的社会文化百科知识与关联论相结合是今后语用学研究本土化的一个途径。第二，其他的语用学界面理论的引介和应用应该引起国内语用学研究者的高度重视。从国内外语用学界面研究的回顾来看，以关联论为基础的语用决定论起着主导作用，加大引介和应用其他的语用学界面理论是今后国内语用学赶超世界的一个捷径。第三，"新认知语用学"是当今语用学跨学科和跨界面研究的产物，国内语用学应该进一步思考它的的理论框架如何建立和研究方法如何，这或许是今后语用学理论创新的一个突破口。总之，语用学理论的创新与本土化是今后语用学研究者亟需完成的历史使命。

2.3.2 语用学与语言学外部学科的界面研究

前文回顾了语用学与语言学内部学科的界面研究。语义—语用、语用—词汇和语用—认知等界面研究的最新成果告诉我们，当今意义研究针对词义扩充的意义存在重大分歧。语义—语用界面论和语用决定论围绕着词义充实的意义是否是默认意义、是否依赖语境、是否由规约激发更是形成了相互对立的观点。

a. ①语义—语用界面论认为词义扩充的意义既是语义意义也是语用意义；

②语用决定论认为词义扩充的意义是语用意义。

b. ①语义—语用界面论认为词义扩充的意义是默认意义；
　②语用决定论认为词义扩充的意义是显性含义。

c. ①语义—语用界面论认为词义扩充的意义完全不依赖语境；
　②语用决定论认为词义扩充的意义完全依赖语境。

d. ①语义—语用界面论认为词义扩充的意义完全依赖语言使用规约激发；
　②语用决定论否认语言使用规约的作用。

e. ①语义—语用界面论认为词义扩充的意义是省时省力的默认意义；
　②语用决定论否认默认意义的存在。

从上面的分歧我们可以看出，语义—语用界面论认为词义充实的意义是不依赖语境的默认意义，是依靠规约激发的省时省力的假定意义。语用决定论则秉持语言不确定论（linguistic indeterminacy thesis），即一切意义都是不确定的，它必须在语境下才能确定；该理论否定默认意义的存在，并认为词义充实的意义依靠关联原则推导的语境依赖的显义。语用决定论的领军人物卡斯顿（2004：72）明确指出，"任何含意都不是默认的推论，语境关联完全可以保证含意的推导"。为了进一步证明默认意义的不存在，语用决定论学者率先展开了一系列的心理认知实验，这激发了语用学与语言学外部学科的界面研究。总体来看，由于语用学与语言学外部学科的界面研究深受语用学与语言学内部学科的界面研究的影响，即语用学与语言学外部学科的界面研究致力于为语用学与语言学内部学科的界面研究提供数据支撑和技术支持，语用学研究者主要借助于心理认知科学和计算科学的方法展开验证研究，并在此基础上形成了两个新的语用学分支：实验语用学（experimental pragmatics）和计算语用学（computational pragmatics）。

实验语用学指语用学借助于心理科学、神经科学和认知科学的实验方法来验证前文提及的各种理论假设，它为语用学研究提供了一个全新的研究方法。语用决定论学者在该领域取得了前所未有的科研成果。诺威克和斯波伯于 2004 年出版的《实验语用学》（*Experimental Pragmatics*）标志着以心理和认知实验为基础的语用学实证研究方法

日趋成熟。2018 年，Noveck 出版的《实验语用学：认知科学的基础》
（*Experimental Pragmatics: The Making of a Cognitive Science*）全面回顾了
当今实验语用学所采纳的实验手段，并在此基础上总结了相关的研究成
果。总体来看，实验语用学研究呈现以下几个特点。

第一，实验语用学开展的绝大多数实验都以语用决定论为基础，通
过心理认知的实验，试图证明默认意义是不存在的。例如，诺威克和斯
波伯（2004）的实验通过测试默认意义的特征得出默认意义不是省时
省力的，也不是自动的，进而证明了默认意义的不存在。他们还从听话
人推导级差含意的速度的角度提出关联理论和默认理论存在本质的差别
（Noveck & Sperber, 2007）。

  a. Some students went to the garden.

  b. Some but not all the students went to the garden.

在上例中，从 some 推导出 some but not all 主要涉及两个层面：字
面意义层面和扩充意义层面（见表 2-1）。在关联论看来，字面意义层
的语言解码过程要比扩充意义层的语用扩充所耗费的时间和加工之力都
要少（Noveck & Sperber, 2007），这与莱文森的默认解释模式完全不
同。根据莱文森（2000）的解释，字面意义层的语言解码过程要比扩充
意义层的语用扩充所耗费的时间和加工之力都要多。因此，"扩充"在
这两种理论中的作用是不同的，这就导致了关联理论和默认理论对一般
会话含意或者所言扩充的意义的解释完全不同，即关联理论否定对一般
会话含意的默认解读，而默认理论认为一般会话含意是默认意义。

表 2-1 关联理论和莱文森的一般会话含意理论关于级差含义解释的差别
(Noveck & Sperber, 2007: 196)

级差词项的解释	一般会话含意理论	关联理论
字面意义	默认扩充 + 语境中被取消，因此速度较慢	无扩充，因此速度较快
扩充意义	默认扩充因此速度较快	语境中扩充因此速度较慢

第二，实验语用学的实验技术逐渐多样化和全面化，运用了大量
的心理科学和神经科学的实验技术，它主要包括离线型实验（offline

measurement）和在线型实验（online measurement）。离线型实验主要通过问卷、访谈、观察等手段来收集受试者对语言现象进行认知加工的结果。例如，语句判断型任务（sentence judgement task）通过受试者对目标话语的判断来推断他对话语含意的理解状况。相比离线型实验，在线型实验的要求更高，结果更加精确，因为它借用了心理科学和神经科学的最新实验技术。例如，它利用心理学中的实时测量技术，以毫秒为单位测试人们对于目标话语的反应，主要的技术有眼动追踪技术（Eye-Tracking Technique）。该技术利用眼动仪来监控受试者的眼球变化曲线，记录并分析眼球在文本中特定位置的注视时长。该技术被广泛应用于证明莱文森提出默认意义的推导过程不是省时省力的，而是费时费力的，进而否定默认意义的存在。在线型实验还利用事件相关电位（ERP）、脑电图（EEG）和功能性磁共振（fMRI）等神经科学的技术来测量特定语言行为的大脑局部区域的激活状态和脑部血液流动情况。诺威克（2018）利用 ERP 研究级差含义加工机制，实验结果表明级差含意的加工无法脱离语境，进而验证了语用决定论，否定了莱文森的默认意义的存在。

　　第三，"否认默认意义"的观点以偏概全。实验语用学的"一边倒"现象非常明显，因为它开展的实验几乎都是以语用决定论为基础，证明了它解释意义的合理性，否定了语义—语用界面论，即不存在默认意义。诚然，实验语用学者通过科学实验得出的数据具有说服力，但是他们的实验只是否定了莱文森提出的默认意义的存在。前文提及的语义—语用明确分工论和语义—语用并合论都属于默认意义解释模式。虽然普遍认为默认意义的共同特征是"突显的""无标记的"和"假定的"，但是由于没有一个统一的默认解释模式，很难对"默认意义"加以界定。因此，实验语用学的结论存在以偏概全的可能性（Zhang & Zhang，2017）。甚至还有学者通过实验语用学的研究方法反证了默认意义的存在（Garrett & Harnish，2007，2009），这无疑使以语用决定论为基础的实验语用学的结论难以让人信服。

　　作为语用学和计算科学的界面研究，"计算语用学是具有计算手段的语用学，包括语料库数据、语境模型以及用于语境依赖话语生成和解释的算法"（Bunt，2017：326）。依靠软件工具支持的大型语料库的使用势必会使实证性语用研究更加系统化，它可能导致语用学界重新思考一些核心概念或理论框架。从目前的文献研究来看，基于语料库的计算语用学延续了语用决定论的研究传统。威尔逊和柯来提（Patricia Kolaiti）（2017）从语料库中抽取"红眼"（red eye）来探究它的词义收缩过程。根据从语料分析，"红眼"在语料库中共出现 54 次，分别出现在 26 个情景语境中，其中这 26 个情景语境有 17 个仅出现一次；"红眼"的意义确定还需要大量的语境信息，这些信息具体包括眼睛所属的实体（如人类、动物、虫类和幽灵）、导致红眼的原因（如湿疹、醉酒、哭喊、感冒和劳累）和眼红的严重程度。由于一次仅一次的语境高频出现，上述三种语境信息也会随着语境的变化而变化，这就决定了"红眼"在不同的语境下收缩为不同的意义。威尔逊和柯来提（2017）通过语料库证明了词义收缩的意义是依赖语境的，进而否定了默认意义模式。从某种意义来看，语料库技术的应用验证了语用决定论。例如，拉里维（Pierre Larrivee）和杜弗雷（Patrick Duffley）（2014）基于自然会话语料库，通过观察承载级差含意的 some 的使用语境，指出以关联论为基础的语境决定论比莱文森提出的语义—语用界面论更具说服力（李民、陈新仁，2019）。

通过回顾语用学与语言学外部学科的界面研究，尤其实验语用学和计算语用学的最新成果，我们不难发现，它们主要以语用决定论为出发点，试图证明该理论的强大解释力，进而否定语义—语用界面论的观点，即否定默认意义的存在。遗憾的是，以莱文森和黄衍为代表的语义—语用界面论主要采用内省的研究方法从理论层面解释默认意义，缺乏实证性的验证，这也是目前实验语用学和计算语用学出现一边倒的原因之一。

国内关于实验语用学和计算语用学的相关研究主要还是理论引介和方法介绍（李民、陈新仁，2019；刘思，2008；钱永红、陈新仁，2014；周榕、冉永平，2007），而相关的原创成果非常少，这也是今后国内语用学研究实现突破的一个方向。总之，语用学与语言学外部学科的界面研究逐渐使语用学徜徉于人文精神和科技理性之间，成为一门介于人文科学和自然科学之间的交叉学科。

第 3 章
语用学研究方法及其新进展

近十年来，语用学的发展呈现出了研究话题的多面性与学科交叉性，语用学研究方法也不断丰富与完善，方法多元化的局面已经形成，同时也为语用学理论的深化、检验等提供了重要保证。研究方法并无好坏之分，每种方法都有各自的优缺点，服务于特定的研究目的。研究方法的选择要依据研究的性质、类型和具体的研究问题（Culpeper & Gillings，2019；Golato，2017；Jucker et al.，2018；Yuan，2001）。

"工欲善其事，必先利其器。"研究方法与工具在学科发展中的地位毋庸置疑。语用学家们也对本学科的方法论做过相应的探讨。我国学者何自然早在 1999 年就在《解放军外国语学院学报》上发文，专门介绍了语用学的方法论，并从数据的来源、收集与分析三个方面具体地谈论了语用学的研究方法；陈新仁（2014a）在《外语教学理论与实践》组织了"语用学研究方法"专栏，探讨了定性研究法、语料库研究法、历史研究法以及实证研究方法中的语料收集法等在语用学研究中的使用情况。也有国外学者（如 Yuan，2001）介绍了语用学实证研究中的几种常见数据收集方法，如书面 / 口语 DCT、田野笔记、自然会话等；由阿兰和杰斯译佐尔特（Allan & Jaszczolt，2012）联合主编的（《剑桥语用学手册》）（*The Cambridge Pragmatics Handbook of Pragmatics*）第一章就介绍了语用学研究的对象和基本方法；由尤克尔、施耐德和布勃利茨（Wolfram Bublitz）（2018）主编的（《语用学手册》）（*Handbook of Pragmatics*）第 10 卷则以《语用学研究方法》为题，专门介绍了语用学研究方法中的方方面面。

本章旨在对国内外语用学研究所使用的方法展开分析并呈现国内外

近十年的发展变化，涉及语料的分类与选择、语用研究的类型与分析单位、语料收集和分析的常用方法与工具等，并基于语用学研究的专业权威期刊《语用学学刊》近十年来（2011—2020）发文情况分析国外语用学研究方法的使用特征及趋势，基于国内 CSSCI 外语类核心期刊近十年（2011—2020）发文情况讨论国内语用学研究方法的使用特征和趋势，最后对国内外语用学研究方法进行比较研究，以呈现国内外语用学研究方法选择的异同。

3.1　语料的分类与选择

　　语用学是研究语言使用的一门学科，毫无疑问，其分析对象多为现实生活中的语言现象，即使是理性的理论思辨，通常也要基于一定的语言实例或依赖语料的演绎论证。"没有任何一项语用学研究可以脱离语料。从某种意义上说，语料是语用研究的本质。"（Jucker，2018：3）简单来说，语用研究就是寻找语料基本模式的研究。为了解决某个具体的研究问题，我们通常都是从语料开始的。语料的类型和研究问题、理论框架密切想相关。不同的语料收集方法会产出不同类型的语料，不同类型的语料要用相应的方法来分析。另外，不同的研究问题需要特定的语料支撑，而这些语料又需要特定的收集和分析方法。作为语言研究的数据，语料可以记录和反映语言的实际使用情况，帮助人们分析和研究语言系统的规律（季小民、何荷，2014：27）。

3.1.1　语料的分类

　　一般情况下，语用学研究中的语料指现实语境中使用的语言，通常包括自然发生的或由其他方式引发的书面语或口语样本，用以代表特定的语言或语言变体（季小民、何荷，2014：27），也包括语言研究者为了论证自己的理论假设而根据直觉所生造的句子或对话。我们现实语境中使用的语言多种多样、丰富多彩：学习、工作、购物、娱乐，各种时刻和场合，甚至是在思考和睡觉时，我们都在使用语言。这些情境中的语言实例都可以是语用学分析的对象。

按照性质来看，语用学中的语料涉及直觉语料、诱发语料与自然语料三种。下面逐一介绍。

直觉是直接、即刻的、没有经过任何有意识的推理过程的对事物的感知。在语言研究上，直觉可以被认为是人对语言的本能的、即刻的感觉。这种直觉渗透到人语言运用的方方面面，是语言能力的一个重要的表现形式。早期的语用学家，如奥斯汀、塞尔等，在论证言语行为时，就使用了自身对于语言使用的直觉语料。所谓直觉语料，是指任何具有正常母语能力的说话人所具有的如何实施承诺、提问、提建议等言语行为的知识，语用学家利用这些知识来分析言语行为的适切条件等相关因素。实际上，直觉语料是哲学思辨中非常重要的语料来源（Schneider，2018）。

还有一种特殊的直觉语料，即内省语料。如果说直觉是人的一种本能反应的话，那么内省则更多的是人有意识地回想、反思的过程。它是心理学的一种实验方法，通常要求被试把自己的心理活动报告出来，然后通过分析报告资料得出某种结论。被试的报告可以在完成任务的过程中进行，也可以事后加以追忆；可以预先告诉他按照一定要求专就某些方面进行报告，也可以事先不作定向指示，事后让他报告全部心理活动。内省语料就是语言研究者通过内省所获得的直觉语料（马博森，2009：29）。这些语料可以源于研究者自身的内省，也可以是研究者自身之外研究对象的内省。对语言研究而言，内省语料是语言使用者对本族语的语言直觉，或是对给定问题的直观看法，有时需要一定的诱导手段获得。

有研究者对直觉语料提出质疑，认为它主观性较强，不是真实语言生活的反映，因而并不是可靠的证据来源，也不具有广泛的代表性（Sinclair，1991；Xiao et al.，2006；桂诗春等，2010；张立英、徐勇，2010）。但是，即使是研究自然文本的语料库语言学也并未完全排斥直觉的作用。譬如，夸克（Randolph Quirk）（1995：129）认为，语料库和本族语者的直觉对于理解语言都是至关重要的。

诱发语料指研究者凭借一定的方法和手段，如语篇填充、角色扮演、调查问卷等，诱发或引导研究对象从记忆中激活相关信息，报告、表演或写出来的语料。研究对象并没有参与到真实的言语交际中，但他们很清楚自己的话语会被用于研究目的。研究者有时会参与到数据的收集过程，甚至是主导整个过程，如访谈。

自然语料则是研究者以一定方式，如观察、录音、录像等手段收集的语料，他们自身不参与或极少参与到被试的话语活动中以免干扰、影响研究对象，同时让受试熟悉录制设备，使他们及早适应新环境（何自然，1999：3）。

研究者们对于使用哪种类型的语料各有自己的考量，直觉语料、诱发语料和自然语料各有所长，都有自己特定的适用范畴。不过，因为研究兴趣、研究条件等限制，在三种研究语料的使用量上仍然表现出了较为明显的差异：在语用学研究中，自然发生的数据使用是绝对的主流，诱发语料其次，直觉语料最少（季小民、何荷，2014；Culpeper & Gillings，2019；Jucker，2018）。但是，随着语用学中跨学科的研究越来越多、越来越深入，研究者开始倾向于使用多种语料类型，甚至是多模态语料来支撑自己的研究（Culpeper & Gillings，2019；House，2018；Jucker et al.，2018）。这也是语言研究方法的一大趋势。语料和收集语料的方法是为解决研究问题服务，只要能够有助于寻求问题的解答，就是好的语料，合适的研究方法。

3.1.2　语料的选择

尤克尔（Andreas Jucker）（2018）从四个维度对观测语料的特征进行了分析：情景维度、真虚维度、干预维度以及研究者选择维度。四种维度都是以两个极端来考查：情景维度一端是参与者在特定的场合下该说什么、不该说什么，受到了交际语境的极大限制（在何种场合以及交际的对象等），另一端则是参与者的话语很少或者不会受到交际语境的影响；真虚维度一端是完全虚构的文本（如文学作品等），另一端则是绝对的事实文本（如记录下来的真实事件等）；干预维度一端是完全不受研究者干预的语料（自然观察并记录下来的语料），另一端则是研究者故意诱导出的语料（如口头语篇填空等）；研究者选择维度指的是研究者聚焦较小规模语料（如个案语料）还是大规模的文本（如语料库）。前两个维度与语料本身的性质有关，后两个则与研究者的影响或态度有关。

　　这样的区分维度似乎可以引发这样的讨论：某一个研究问题究竟应该用哪种语料？甚至是语用学研究应该聚焦什么样的语料？在这里我们不做评价性的讨论，仍然秉持着开篇提到的态度：语料本身没有好坏优劣之分，不能说某一端的语料比另一端要好，适合自己研究的语料就是好语料。

　　下面，我们以研究者干预维度为例来讨论语料的选择。如图 3-1 所示，例 1 中的没有研究者参与的话语录音被认为是最真实的语料类型（Kasper，2000：316），因此是语用学研究的理想语料。但是，对于这类语料，研究者只能完全依赖于现有的录音，而这些录音原本并无任何研究目的，能否用来做研究语料尚未可知。比如，收音机和电视节目的录音不受研究者控制，并且是公共话语，容易获得。这类语料对语用学家来说似乎也极具吸引力，因为它们是不受研究者影响的"自然发生的语料"（Golato，2017）。但是，缺少了"操控"这一环节，研究者并不一定能从这些语料中获得他想要的语言模式或某种言语行为。实际情况是，电视节目录制情况复杂，参加人员知道这是录制场景，会特别注意控制自己的语言产出。因此，此类语料并不能满足特定的研究需求。

研究者干预　控制				示　例
低	低		1	研究者不参与的话语录音
↑	↑		2	研究者偷录
			3	研究者非偷录
			4	参与者观察录音
			5	半结构式访谈
			6	角色扮演或实施
↓	↓		7	会话建构任务
高	高		8	口头语篇补全测试

图 3-1　研究者干预维度（Jucker, 2018: 23）

　　由此产生了一个非常荒唐的做法：偷录，不让对方发现！虽然是研究者自己录音，他却无法控制被录者的言行，由此既可以获得真实语料，又可以避免"观察者悖论"（observer's paradox）（Grundy，2008；Kasper & Dahl，1991；Labov，1972）。但可惜的是，无论是从道德上还是法律上，这种做法都是不允许的。

于是研究者们不得不对语料的收集过程进行一定程度的干预，如图 3-1 中的第三条示例，研究者根据自己的需要确定语料收集的对象，当面录制，甚至对录制对象做一定的诱导。场景相对来说就比较自由了，餐桌对话、柜台服务等。有时研究者本人甚至参与到整个会话中，自己作为参与—观察者的身份收集语料。但如此一来就会对整个互动的过程产生影响，也会影响对语料解读的结果，因为研究者不再是一个纯粹的观察者。

图 3-1 中的示例 1 至示例 4 都可以看作自然发生的语料，但很明显，研究者参与的程度是不一样的。后面四条则都是诱发语料，对参与者语言的产出有着较强的控制。示例 5 的半结构式访谈虽然有一定的话题限制，但仍然给受试留了一定的自由回应空间；示例 6 的角色扮演一般则要求受试表现出某种特定的行为，但至少在某种程度上也要看受试有没有能力或者愿不愿意产出那样的行为；示例 7 的会话建构任务，则规定了具体的话语内容，要求受试以书面的形式写出含有这些话语的整个会话；最后示例 8 的口头语篇填空则对参与者的言语产出具有最高水平的控制度：通常要求他们产出某个具体的言语行为，如道歉、请求、拒绝等。

实际上，很多情况下，研究者通常使用多种语料类型来讨论一个语用问题，如菲利克斯－布拉斯德芙（2007：163）对墨西哥西班牙学者的请求行为进行的研究使用了角色扮演和自然发生的语料两种类型；弗洛克（2016：84）在对比美国英语和英国英语请求差异时使用了非正式的、自然发生的会话语料和语篇完型诱发的书面语料两种类型。两项研究不同类型语料的结合使得研究者比使用单一语料类型对请求言语行为的了解更加全面。

众所周知，语言的使用复杂多变，有各种各样的形式与变体，为语用学研究提供了丰富的语料。语用学不再只聚焦单一的语料，也不再只局限在口语这一单一模态。语用学开始关注书面语言、网络语言、手势语言以及各类非言语交际。不同类型的语料会引发不同类型的研究问题，反过来，不同类型的研究问题也需要不同类型的语料以及相应的语料收集与分析的方法与工具。

3.2　语用研究的类型与分析单位

如上所述，没有所谓"最好"的方法，每种方法都有各自的优缺点，都服务于特定的研究目的。因此，要根据研究类型和具体的研究问题确定相应的、合适的研究方法。选择何种语料收集方法要看是何种类型的语料，而何种类型的语料则要看是何种类型的研究。

3.2.1　语用研究的类型

根据研究的性质和研究语境的不同，大致可以区分几组不同类型的研究：

（1）实证研究与非实证研究
（2）比较研究与非比较研究
（3）纵向研究与横向研究
（4）质化研究与量化研究
（5）微观研究与宏观研究

实证研究与非实证研究。实证研究基于从他人那里获得的数据，而不是源于研究者自己的经验甚至是臆造的数据。相反地，非实证研究则不包括来自他人的数据，主要依赖研究者自己的日常交际经验，通过概括、总结自己的经验和能力，将其上升到普遍规则。如前所述，这种基于研究者自己的主观经验数据在语用学研究初期比较常见，但随着"语言学研究的实证转向"（empirical turn in linguistics）（Taavistainen & Jucker，2015），非实证研究被批判为"安乐椅里的语言学"（armchair linguistics），是学者们坐在办公室里凭借自己头脑中的语言直觉和智慧，通过主观臆想研究语言。不过，客观来讲，非实证研究在语用学研究初期，尤其是在一些关键话题的研究上，如言语行为、礼貌研究等，确实发挥了至关重要的作用。

比较研究与非比较研究。语用学中的比较研究主要是为了外语教学与学习而进行的两种语言与文化的对比，也包括同一语言背景下各变体的研究（如方言）。相关的研究领域包括对比语用学（contrastive pragmatics）、跨文化语用学（cross-cultural pragmatics）、中介语语用学（interlanguage pragmatics）以及变异语用学（variational pragmatics）等。非比较研究只关注一种语言或一种语言变体，如我们只考察汉语或英语中的某种言语行为。但有一类研究也被认为是比较研究，即对同一语言现象不同时期的研究结论之间的对比研究。

横向研究与纵向研究。横向研究又叫横断研究或横向比较研究，是在同一时间内对每个对象进行观察与测定，在相互比较的基础上对特定因素或各种因素间的关系进行分析与考察的研究方案。纵向研究亦称追踪研究，是在比较长的时间内对相同对象进行有系统的定期研究，或者从时间的发展过程中考察研究对象的研究方案。虽然纵向研究能看到较完整的发展过程和发展过程中的一些关键转折点，但它比较花费时间、经费和人力，且研究的时效性比较差。因此，语用学研究多数为横向研究，纵向研究较少。在中介语语用学领域，也有纵向研究通过跟踪考察外语学习者某个言语行为的习得情况以了解其语用发展情况，时间持续数月至数年。

质化研究与量化研究。质化研究（又称定性研究）通过研究者和被研究者之间的互动（比如观察和访谈），对某一现象或事件进行深入、细致、长期的体验，从而逐渐全面地理解该现象或事件的本质。质化研究强调在自然环境中，以研究人员作为主要研究工具进行多种数据的收集。研究人员通常基于收集到的数据，采用归纳分析的方法，从研究对象的角度，借鉴相关理论对所研究的现象进行分析和解释。质化研究的主要类型包括叙事研究、民族志式研究、扎根理论式研究、个案研究以及行动研究等。量化研究（又称定量研究）是一种对事物可以量化的部分进行测量和分析，以检验研究者的理论假设的研究方法。它有一套完备的操作技术，包括抽样方法、资料收集方法、数据统计与分析方法等。通常用数字来度量研究对象，借助数理统计手段寻找变量间的关系，进而发现研究对象的规律。量化研究的主要类型包括调查研究、实验研究、元分析等。

微观研究与宏观研究。微观语用研究主要聚焦具体言语行为或更小的单位，如话语标记语等。宏观语用学的研究对象是大于言语行为的语篇话语或篇章话语，主要涉及会话分析和语篇分析。虽然这两部分看似与语用学是并列的学科关系，但两者目前都被认为是语用学领域的重要研究内容之一，如研究者对言语行为序列的考察就是会话分析和语用学核心话题的结合。

3.2.2　语用研究的分析单位

一般情况下，我们收集到的语料，都是以句子的形式呈现出来的（除非我们的研究对象是字母或词汇），但这些句子本身并不一定是语用学研究的焦点，只有那些具有特定目的与意图的表达，才是语用学所关注的。

黄衍（2014）在其《语用学》（*Pramgatics*）一书中，对"句子"（sentence）与"话语"（utterance）两个概念进行了区分："句子是词汇按照语法规则组合在一起形成的结构严谨的语串"，是抽象的语法结构体，属于语言系统的一部分；而"话语是说话人在特定的场合使用的语言片段，可能是一个单词、一个短语、一个句子甚或是一组句子"（Huang，2014：11）。他认为话语是句子和语境（即句子产出的环境）的集合体，即句子必须在一定的语境中能够实施某种言语行为才是话语。这一组概念的差异也是语义学和语用学的主要区别之一，话语成为语用学分析的基本单位（Jucker，2018：6），甚至成为语用学的代名词（Blakemore，1992）。

因此，语用学关注的是话语而非纯粹的句子，是特定的时间、地点说话人具有意图的语言行为，即具体的交际事件（Peccei，1999），是言语行为（Austin，1962；Grundy，2008；Searle，1969）。语言哲学家和早期的语用学家对言语行为话语展开了研究，使之成为语用研究的支柱。他们的早期研究主要依赖自身对言语行为的理解和认知进行的，即通过分析自己的直觉语料研究言语行为。但他们对言语行为话语的研究多聚焦在单一话语。后来，格赖斯（1975）的合作原则将视角转到了整个会话，认为话语通常具有明说之外的含意，它们暗含额外的意义，由此考察参与会话者（主要是听者）是如何解读他们听到的话语。斯波伯和威尔逊（1986/1995）的关联理论对此作了进一步阐释，布莱克摩尔（Diane Blakemore）（1992）甚至认为话语的意义是不可确定的，是模糊不清、有歧义的，然而在现实情境中，会话双方通常都能够理解对方的意图，通过消除歧义、丰富话语的明示内容来获得话语的语用意义。

话语还可以组成更大的分析单元。从微观层面来看，话语可以形成上下文语境—话轮和毗邻对。话轮是日常会话的基本构造单位，是萨克斯（1974）等人提出的理论概念，指在会话过程中，说话者在任意时间内连续说的话语，其结尾以说话者和听话者的角色互换或各方的沉默等信号作为一个话轮终止的标志。一方话轮结束之后，该轮话语就成为下轮话语的语境。毗邻对被认为是会话分析的一个基本单位，指的是两个谈话者各说一次话所构成的对子。毗邻对的两个组成部分之间的关系受"条件性关联"（conditional relevance）机制的控制。一个毗邻对的第一部分的产生必然会形成某种期待，无论对方的反应是"优选的"（preferred）还是"非优选的"（dispreferred），并不影响毗邻对构成的完美性。如"问候—问候""提问—回答""陈述—反应""邀请—接受/谢绝""抱怨—否认/道歉""请求—答应/拒绝""提议—接受/拒绝"等。从宏观层面来看，话语还可以形成更大的语篇结构，如由不同层次、多个话步组成的课堂会话。

语用分析的微观单位包括指示语（Chapman，2011；Levison，1983）、立场标记语（Biber et al.，1999；Landert，2017）、语篇标记语（Fraser，1999；Schiffrin，1987）、模糊限制语和语用冗声（Culperper & Kyto，2010；Reber，2012）。这些微观单位的分析往往建立在对其语义分析的基础之上，因此成为早期语用学研究的主要对象。

3.3 语料收集方法与工具

本节参照前人研究详细介绍语用学中常用的语料收集方法与工具（Bednarek，2011；Golato & Golato，2013；Jucker，2009；Kasper，2000，

2008；Kasper & Dahl，1991；Leech，2014），主要有观察、访谈、问卷调查、角色扮演和实验等。观察法收集到的往往是自然语料，而后几种方式则是引发语料的来源。

观察是指观察者通过自身感官（如眼、耳等）或者相关辅助工具（如观察表、录音、录像设备等），直接或间接（主要是直接）收集语言素材的一种科学研究方法（杨鲁新等，2013）。在质性研究中，观察是研究人员可以采用的一种直观的数据收集方法。根据观察者的参与程度，可以分为参与性观察和非参与性观察；根据观察的方式，可以分为直接观察和间接观察；根据观察的内容，可以分为开放式观察和聚焦式观察等。观察的前提是进入观察场地，建立与研究对象的联系。研究人员可以通过各种途径，征募并接近研究对象，如以邮件、电话、微信等形式详细告知所做项目的名称、内容、流程以及参与人员所需要做的工作。在观察时，根据研究的阶段和研究的目的，研究人员可以进行走马观花式观察和集中细化观察，前者往往用在观察初期，后者则适用于研究的重点部分。观察的核心是对所观察的事物或现象进行记录。最好是边观察边记录，可以做观察笔记或观察评论，将观察到的相关事件和人物的行为、话语以及自己的想法尽量详尽客观地记录下来。观察过程中需要注意观察者悖论问题，即研究人员如果参与观察，可能在某种程度上影响所观察的事物；然而，如果观察者不出现，则无法知晓所发生的事。比较明智的做法是尽量客观、详尽地描述所观察的事物，并指出观察人员在现场可能引起的干扰或影响。观察的过程是一个长期渐进过程。经过初步分析的观察，研究人员可以作一些初步分析，在此基础上再进行观察和分析。在细化观察的过程中，研究人员也可以同时收集和记录一些在宏观层面上发生的重要事件，整个研究的过程在这种渐进式循环中上升和发展，对后期的研究分析产生积极作用（杨鲁新等，2013）。

访谈是质性研究中获取语料的重要手段之一，有时也是量化研究的常用补充工具。访谈是研究者通过与受访者交谈来获取第一手资料（如观点、态度、语言使用等）的一种研究性交谈（陈向明，2000）。根据结构、接触方式、受访人数等，访谈可以分为结构式与非结构式、面对面与电话、微信和视频访谈、单独访谈与小组访谈等不同的类型。结构式访谈对所有访谈对象提出的问题、提问的次序、方式以及对访谈对象回答的记录方式等完全统一,访谈过程高度标准化、高度控制。这种访谈实际上与问卷在功能上是相同的,常用于量化研究。其优点是能够控制调查结果的可靠程度;缺点则是灵活性较差,不利于访谈过程中访谈者根据访谈对象的回答进行互动和深入的挖掘。而非结构式访谈的问题则没有既定的顺序,在很大程度上依靠受访者的回答并要求访问者受过相关训练。但这种访谈随意性较大,可能导致因针对性不强而无法获得想要的结果。通常,半结构式访谈在质化研究中更为常用,即研究者事先准备一个访谈提纲,根据自己的研究设计对受访者进行提问,允许受访者进行自由作答。研究人员则根据访谈对象提供的信息灵活处理一些需要提出的访谈问题。访谈过程主要包括选择访谈方式和受访者、确定访谈内容和拟定访谈提纲/问题、正式访谈、访谈记录/录音和转写。需要强调的是,在设计访谈问题时,可以遵循导入问题、宏观问题、重点问题和补充问题的顺序进行。

问卷调查因易于操作且节约时间、人力、物力、财力等而被广泛应用。它通过让被调查者填写由一系列问题构成的调查表,以测量人的行为、经历、态度、看法、知识、特征等。问卷是研究者根据一定的研究目的编制的。研究者根据被调查者对问题的回答进行统计分析,以得出某种结论。质化研究和量化研究均可使用。一份问卷通常包括以下几个部分:标题、导语、问题与选项等。依据提问的方式,问卷可分为封闭式、开放式和半封闭式三种。封闭式问题易于回答,易于统计,不过,固定的选项中可能不包含被调查者的意见;开放式问题允许被调查者自由表述,调查者常常可以借此得到一些事先未曾料想到的资料,但可能因花费时间较多而导致问卷的回收率下降;半封闭式问题是两者的折中。一般来说,封闭式问卷适合量化研究,而开放式问卷则适合质化研究。因开放式问卷后期编码和分析较为复杂,目前多数问卷属于封闭式或半封闭式。经验表明,在调查问卷的结尾处加上一个开放式问题会比较好(孙三军、周晓岩,2011:120)。

角色扮演主要用来收集口语语料,是一种情景模拟活动,根据受试者可能担任的角色,编制一套与该角色实际情况相似的任务,将受试者安排在模拟的、逼真的交际环境中,从而产出相应话语。角色扮演可分为封闭式和开放式两种。

多项选择填充在跨文化交际和中介语语用学中被广泛使用，它可以使研究者在较短的时间内收集大量数据，尽管它存在许多的问题，例如它"缺乏语境变体"，"将复杂的交际简单化"并且是一种"假想的自然环境"（Nelson et al.，2002：168）。根据布朗（2001），它是一种受研究者控制的诱发测验，受试先阅读一段情景描述，然后从备选项中选出从文化和文体角度最适合给定语境的选项，例如何自然的语用能力调查（何自然，1988a）和刘建达在《中国学生英语语用能力的测试》一文中采用的 MDCT 测试（刘建达，2006）。

语料库方法在语用学研究中也常使用。语料库指经科学取样和加工的大规模电子文本库，具有如下特征：语料库中存放的是在语言的实际使用中真实出现过的语言材料；它是以电子计算机为载体承载语言知识的基础资源；真实语料需要经过加工（分析和处理），才能成为有用的资源。基于语料库的语言研究可以让语言学家和语言教师通过分析各种小型专门数据库和大型普通数据库中收集的原汁原味的语言，考察书面语或口语的方方面面。钱永红、陈新仁（2014）总结了运用语料库进行语言研究的众多优势：首先，它是一种实证性研究，可以分析语言在自然发生的语篇中的使用模式；其次，它采用大量的按照一定原则收集的自然语篇作为分析和研究的基础；再者，它可以广泛地采用电脑作为分析媒介，使用自动和互动技术对大批量数据进行分析处理；除此之外，它还可以同时利用定量和定性的分析技术尤其是对语言使用进行功能性的阐释。

语料库中的数据多为自然发生的语言，但语料库话语却不一定是观察语料。大致说来，语料库语料主要包括以下几种：（1）从语料所代表的媒介形式来分，可有笔语语料、经过转写的口语语料、视频语料以及上述几种形式的混合语料。（2）从语料的来源情况分类，有单语种语料与多语种语料之分，源语语料与目的语语料之分，母语语料与外语学习者语料之分。（3）从语料所反映的时间跨度来分，可有共时语料与历时语料之分。（4）从语料的标注与否分类，可有标注过的语料与不带标注的语料之分。前者被俗称为熟语料，后者为生语料。

由于语用学研究的是使用中的语言，是最真实、最自然的话语，其与语料库的结合为语用学研究提供了新的视角。在语料库中收集语料，最常用的方法就是关键词检索。目前，有许多软件可以实现这一功能，如 AntConc、WordSmith 等。

3.4 国外语用学研究方法的新进展

3.4.1 数据介绍

国外语用学研究方法的数据来源于近十年（2011—2020 年）国际语用学权威期刊《语用学学刊》。在语料收集过程中，首先打开《语用学学刊》的官方网址，并对 2011—2020 年的文章进行下载（2020 年的数据统计至 2020 年 9 月 15 日），在下载的过程中排除书评和专栏主持人语。最后共计获得文章 1470 篇。图 3-2 呈现了不同年份的文章数量。根据这些数据，研究将进一步展开语料类型、语料模态和研究性质的分析。

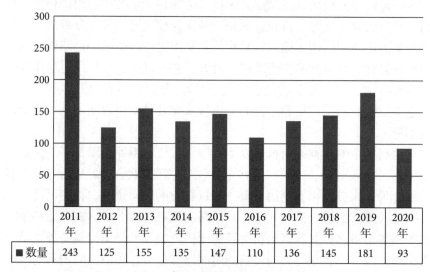

图 3-2 《语用学学刊》年度发文量

从图 3-2 可以看出，《语用学学刊》每年的发文量不一。如果以每年的发文数量作为统计标准，无法有效进行语用学研究方法的横向和纵向比较。因此，为了能够进行有效分析，本节以语用学研究的语料类型、语料模态和研究性质所出现的频率（即该类型语料或研究出现的次数与当年文章总数的比值）作为依据展开数据的分析。

3.4.2　语料种类

按照上文所述，语用学研究中所使用的语料主要可以分为直觉、诱发和观察三种不同的类型。本节在语料分析的基础上发现，研究者除了使用直觉、诱发和自然三种类型的语料，还会借用文献或者其他学者提供的语料展开论述。因此，本节主要从直觉、诱发、观察和借用四个方面对语用学研究所涉及的语料展开论述。图 3-3 呈现了不同类型的语料所占有的比例及历时发展趋势：

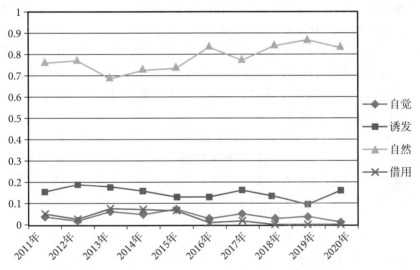

图 3-3　《语用学学刊》发文语料种类分布与发展趋势图

从图 3-3 可以看出，自然语料在语用学研究中所占有的比例最高，出现的频率在 70%—90%，而且近十年来呈现不断上升的趋势。当然，这里所提及的自然语料主要可以分为三种不同的类型：（1）基于日常生活的观察而获得的语料，比如赫什（Hirsch，2020）通过对 Facebook 中发表的帖子及评论的观察而获得的语料；（2）基于系统的观察并自建的语料库，如卡瓦尔瓦（Deo Kawalya）、德·希里弗（Gilles-Maurice de Schryver）和波斯图恩（Koen Bostoen）（2018）系统收集了 130 年的班图语历时语料并以此展开语法分析；（3）基于对大型语料库的观察，如卡佩尔（Bert Cappellea）、杜加斯（Edwige Dugas）和托宾（Vera Tobin）（2015）基于 BNC 和 COCA 两个大型语料库展开构式语法的分析。

诱发语料的数量和出现频率一直排在第二位，但是与自然语料相比数量明显偏少，出现的频率为 10%–20%，近十年来一直维持比较稳定的数量。诱发语料的来源多种多样，主要包括：（1）通过 DCT 或者 MDCT 等方式收集的语料，如丹齐格（Roni Danziger）（2018）通过 DCT 的方式收集希伯来语使用者对于恭维的不同反应；（2）通过角色扮演收集的语料，如泽维恩卡（Lori Czerwionka）（2014）通过角色扮演的方式收集数据，并以此分析缓和语的强加性和不确定性；（3）通过采访收集的语料，如赫什（Galia Hirsch）和布罗姆－库卡（2014）通过对 60 名以色列学生的访谈，了解他们对政治新闻中的反讽现象的认识；（4）通过实验的方式收集的语料，如哈特（Christopher Hart）和富里（Matteo Fuoli）（2020）通过实验的方式发现政治演讲中客观化策略要比主观化策略更为有效。

通过图 3-3 还可以看出，直觉语料和借用语料出现的频率非常低，基本都在 10% 以下，而且近十年来出现的频率不断下降。由于直觉语料和借用语料出现的频率相对较少而且频率不断下降，在此不做详细讨论。

3.4.3 语料模态

从语料的模态来看，语用学研究所使用的语料可以分为单模态和多模态两种不同的类型。其中，单模态是指研究过程中单纯以文字模态展开研究。多模态是指研究过程中除了涉及文字模态的语料外还会涉及语音、表情等其他模态。为了更为明确地说明不同模态的语料所占有的比例及历时发展趋势，图 3-4 呈现语料模态分布与发展趋势图：

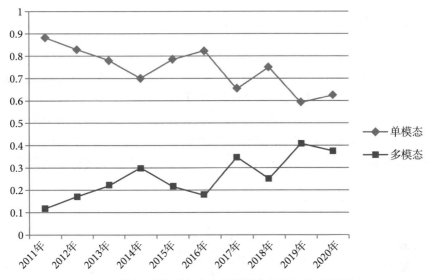

图 3-4　《语用学学刊》发文语料模态分布与发展趋势图

从图 3-4 可以看出语用学研究中单模态语料占有较高的比例，出现频率均超过 50%。不过，通过对近十年的发展趋势的分析可以发现单模态语料的比例在逐年下降，由 2011 年的 90% 左右的频率下降到 2020 年 60% 左右的频率。相比之下，多模态语料的数量在逐年上升，由 2011 年 10% 左右的频率上升至 2020 年 40% 左右的数量。也就是说，现如今单模态语料和多模态语料的数量旗鼓相当。近十年来，多模态的语料成倍数增长，足见其光明前景。

在国外的语用学研究中，单模态语料通过录音、记录、语料库等多种方式获得。单模态语料的用途广泛，既可以应用于例证分析，也可以应用于话语分析和会话分析等。多模态语料则主要通过录像等方式获得，被广泛地应用与多模态会话分析、语音分析等。比如，冉修 – 斯科拉（Dorota Rancew-Sikora）和雷米希维克兹（Łukasz Remisiewicz）（2020）对儿童与父母之间的对话展开多模态会话分析。赛尔汀（Margaret Selting）（2017）通过语音模态和视觉模态的分析，尝试研究话语互动过程中的情感特征。

3.4.4 研究性质

从研究性质来看，语用学研究可以分为实证研究和非实证研究两种不同的类型。其中，实证研究主要是指研究者通过观察等方式获得的数据展开研究，而非实证研究则指研究者依赖自己的日常交际经验，通过概括、总结自己的经验和能力，将其上升到普遍规则。国外语用学研究中实证研究和非实证研究出现的频率截然不同。为了更为明确地说明不同性质的研究所占有的比例及历时发展趋势，图3-5呈现相关研究性质分布与发展趋势图：

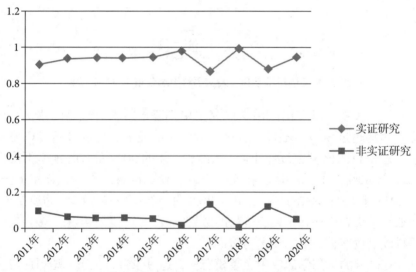

图 3-5 《语用学学刊》发文研究性质分布与发展趋势图

从图3-5可以看出，语用学研究中实证研究占有支柱性的地位，出现的频率一直在90%以上。而且，近十年来实证研究所占的比例非常稳定，没有明显的上升或者下滑趋势。相反，非实证研究的比例相对很低，只有10%以下的比例。因此，有理由相信，未来很长一段时间内，实证研究都会是语用学研究主要采用的方法。

在语用学研究中，实证研究主要由定性研究、定量研究和定性与定量的混合式研究三种不同的类型构成。三种类型的实证研究所出现的比

例也有很大的不同。为了更为明确地说明不同类型的实证研究所占有的
比例，图 3-6 呈现不同类型的实证研究分布特征与发展趋势图。

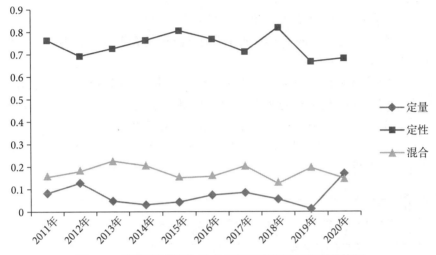

图 3-6　《语用学学刊》发文实证研究特征与发展趋势图

通过图 3-6 可以看出，实证研究中定性研究占有最大的比重，频
率基本在 70%—80% 之间，这说明定性研究是国外语用学主要采用的
研究方法。国外语用学研究中使用的定性法并不局限于叙事研究、民族
志研究、个案研究，还包括：（1）话语分析法，有研究者（如 Chiang，
2011）通过话语分析的方式探讨学生和助教之间如何能够通过话语修复
策略避免误解，实现和谐交际；（2）会话分析法，比如图西欧（William
Tuccio）和加西亚（Angela Garcia）（2020）通过会话分析的方式研究了
飞行教员使用"I would"的情景和功能；（3）案例分析法，比如列奥斯
兰德（Ljosland，2011）以挪威一所大学的英语教学部作为个案展开研究，
重点讨论了是否应该将英语作为官方授课语言。

定性与定量结合的混合式研究方法所占的比例居于第二位，频率在
20% 左右。混合式研究中，基于语料库研究范式的话语、会话、多模态
分析尤为常见。此外，受益于认知科学、生物学等学科研究中对于社会
认知具身（embodiment）效应的重要发现，近年来语用学研究也开始
关注实时交互中主体之间的情绪感染、情感共鸣以及多模态协调。

定量研究所占的数量最少，比例基本在 10% 以下。量化研究多选用实验法、语料库驱动法、问卷调查法等进行数据的收集与分析。其中，实验法常常借助跨学科研究工具或者范式，如丽丝雅－哈克特（G. L. Licea-Haquet et al.）（2019）在探究西班牙成年人言语行为识别时使用了韦氏智力测验、眼神读心测试等心理学测试量表进行认知测试，并借用了 PsychoPy2 进行实验操作。

语用学中的非实证研究主要涉及理论思辨和综述两种不同的类型。其中思辨研究的数量相对较多（10 年内共计出现 96 例），综述类研究的数量相对较少（10 年内共计出现 8 例）。为了更为明确地说明不同类型的实证研究所占有的比例，图 3-7 呈现不同类型非实证研究分布特征与发展趋势图。

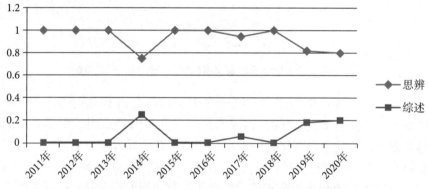

图 3-7 《语用学学刊》发文非实证研究特征与发展趋势图

从图 3-7 可以看出：国外非实证语用学研究中思辨类文章的数量占有绝大多数，出现的频率接近 100%。与之相反，综述类的文章出现的频率几乎为 0。由此可见，国外语用学研究中很少选择非实证研究，尤其是不会选择进行综述性质的研究。

3.5　国内语用学研究方法的新进展

3.5.1　数据介绍

国内语用学研究方法的数据来源于近十年（2011—2020 年）CSSCI 语言学核心期刊，具体包括《外国语》《外语电化教学》《外语教学》《外语教学理论与实践》《外语教学与研究》《外语界》《外语与外语教学》《现代外语》《中国外语》《解放军外国语学院学报》《外语学刊》《外语研究》。在数据收集的过程中，笔者通过 CSSCI，以"语用"为主题词进行检索。检索完成后通过 CNKI 对 2011—2020 年的文章进行下载，在下载的过程中排除书评和专栏主持人语。最后共计获得文章 514 篇（2020 年的文献搜索截至 2020 年 9 月 15 日）。图 3-8 呈现的是不同年份的文章数量。

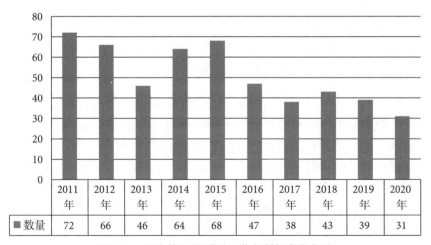

图 3-8　国内核心期刊语用学主题年度发文量

需要注意的是，在数据分析的过程中，由于每年的发文量不一，无法有效进行数据的横线和纵向比较。因此，为了能够进行有效分析，本节以研究的语料类型、模态和研究性质出现的频率（即该类型语料或研究出现的次数与当年文章总数的比值）作为依据进行数据的分析。

3.5.2 语料种类

与国外语用学研究相似，国内语用学研究中所使用的语料同样可以分为直觉、诱发、观察、借用四种不同类型的语料。图 3-9 呈现了语料种类分布与发展趋势图：

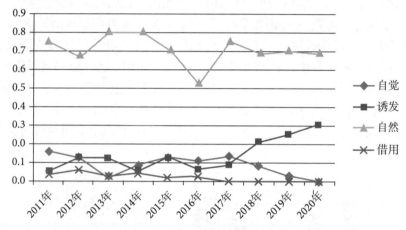

图 3-9 国内语用学研究语料种类分布与发展趋势图

从图 3-9 可以看出，自然语料在语用学研究中所占有的比例最高，出现的频率在 70%—80%，近十年来没有明显的变化。国内语用学研究中所涉及的自然语料主要可以分为三种不同的类型：（1）基于日常生活的观察而获得的语料，比如武建国和林金容（2016）以报纸、电视节目中观察到的与"中国梦"相关的语料；（2）基于系统的观察并自建的语料库，比如赵颖（2012）自建的中英两国英语本科学生英文学术论文语料库；（3）基于大型语料库观察到的数据，比如张洪芹和张丽敏（2015）基于 COCA 和 CCL 两个大型语料库对言说词语"say/ 说"的语义嬗变路径及其嬗变程度进行观察分析。

诱发语料的数量近十年来呈现不断上升的趋势，从 2011 年的 5% 左右上升到 2020 年的 30%。诱发语料相对于自然语料的数量仍然较少，但是其不断增长的趋势说明诱发语料获得越来越多的关注。国内语用学研究中的诱发语料主要包括：（1）通过 DCT 或者 MDCT 等方式收集的语料，比如李清华和宾科（2014）通过"多项选择话语填充"测量学生的程式话语识别表现，通过"书面话语填充"测量学生的程式话语表现；
（2）通过角色扮演收集的语料，比如李茨婷和任伟（2018）通过角色扮
演调查学生请求言语行为表现；（3）通过实验的方式收集的语料，如张
军和伍彦（2020）采用得体性判断和自控步速阅读实验，以语境影响为
研究视角，考察汉语母语的英语二语学习者如何解读和加工等级词项。

　　直觉语料和借用语料出现的频率非常低。其中，直觉语料的数量在
20% 以下，借用语料的数量在 10% 以下。而且近十年来直觉语料和借
用语料出现的频率不断下降，借用语料在最近三年甚至没有出现。由于
直觉语料和借用语料出现的频率较低，本研究在此不做详细描述。

3.5.3　语料模态

　　从语料的模态来看，国内语用学研究所使用的语料可以分为单模态
和多模态两种不同的类型。单模态语料主要通过研究者的观察、记录等
方式获得，被广泛应用于例证研究、话语分析等。多模态语料主要通过
录像方式获得，应用途径相对单一，主要用于辅助会话分析。在进行数
据分析时研究者发现，单模态语料和多模态语料之间的出现频率差距明
显。图 3-10 呈现的是不同模态的语料所占有的比例及历时发展趋势：

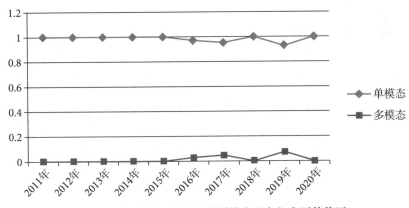

图 3-10　国内语用学研究语料模态分布与发展趋势图

　　从图 3-10 可以看出，语用学研究中单模态语料是绝对的主流，出

现频率接近 100%。不过，近几年单模态语料出现的频率略微有所下降
（下降的趋势不明显）。多模态语料出现的频率接近 0。不过，2017 年多
模态语料开始出现。值得注意的是，国内语用学研究中使用的多模态语
料多是以身势模态或者表情模态的研究为主，比如彭圆和何安平（2017）
使用批量国内高校英语课堂教学的多模态语料分析教师教学过程中使用
手势的特征与类型。

3.5.4 研究性质

从研究性质来看，国内语用学研究可以分为实证研究和非实证研究
两种不同的类型。其中，实证研究主要是指研究者通过观察等方式获得
的数据展开研究，而非实证研究则指研究者依赖自己的日常交际经验，
通过概括、总结自己的经验和能力，将其上升到普遍规则。图 3-11 呈
现的是不同性质的研究所占有的比例及历时发展趋势：

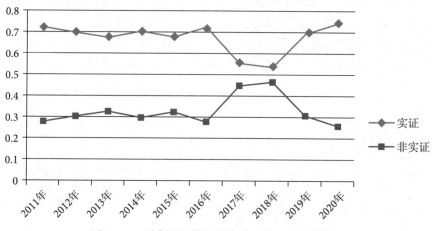

图 3-11　国内语用学研究性质分布与发展趋势图

从图 3-11 可以看出，语用学研究中实证研究占有较高的比例，出
现的频率一直在 70% 左右。虽然在 2016—2018 年有所下降，但是总体
趋势比较平稳。非实证研究的比例相对低一些，约为 30%。在 2016—
2018 年有所上升，但是总体趋势平稳。

在语用学研究中，实证研究主要由定性研究、定量研究和定性与定量的混合式研究三种不同的类型构成。图 3-12 呈现了不同类型的实证研究所占有的比例及趋势图。

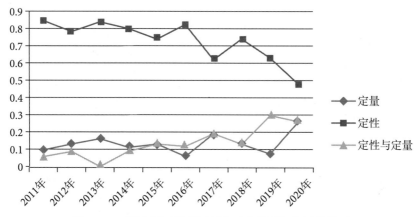

图 3-12　国内语用学实证研究子类特征与发展趋势图

通过图 3-12 可以看出，实证研究中定性研究占有很大的比重。不过，定性研究的比重呈现下滑的趋势，由 2011 年的 85% 下降为 2020 年的 50% 左右。定性研究主要采用的方法包括：（1）话语分析法，比如王晓婧（2020）采用话语分析的方式研究电视调解节目中主持人使用语境元话语对交际语境中的物理世界做出顺应的情况；（2）会话分析法，比如韩戈玲（2020）采用会话分析的方式对儿童使用汉语进行请求协商的语用能力展开研究；（3）例证分析法，比如王晶（2014）借助汉语中的例子，通过分析词汇认知语境的作用方式探讨词义理解问题。

定量研究和定性与定量混合式研究所占的比重相对较低，不过呈现不断增长的趋势。二者从 2011 年的 10% 以内上升为 2020 年的 30% 左右。而且，定性与定量的混合式研究增长速度超过定量研究。

量化研究多选用实验法、语料库驱动法等。其中，实验法多是通过设计的任务收集相关数据，并在数据的基础上展开定量的研究。比如，张军、伍彦（2020）在进行二语习得实验研究的过程中就是首先通过得体性实验的方式收集数据。语料库驱动的方法则多是基于现存的大型语料库展开定量的分析。比如，王艳伟（2013）基于交大平行语料库展开英汉预期标记对比研究。

　　国内语用学研究中的非实证研究主要涉及理论思辨和综述两种不同的类型。其中思辨研究的数量相对较多（10 年内共计出现 120 例），综述类研究的数量相对较少（10 年内共计出现 46 例）。图 3-13 呈现了不同类型的实证研究所占有的比例及趋势图。

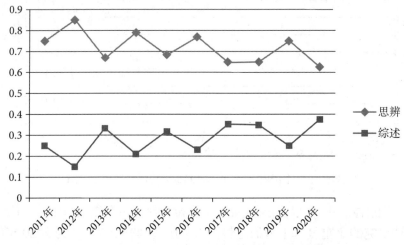

图 3-13　国内语用学非实证研究子类特征与发展趋势图

　　从图 3-13 可以看出，近十年年来国内语用学研究中思辨类研究的出现频率呈现略微下降的趋势，但是下降趋势不是很明显。国内语用学研究中的思辨研究多是对某一学科的框架或者某一理论的研究前景等展开论述（陈新仁，2020）。同时，综述研究的频率出现略微上升的趋势。近几年，以文献计量的方式展开的文献综述获得一定青睐（袁周敏、徐燕燕，2018），发文数量相对较多。

3.6　国内外近年来语用学研究方法比较

　　基于源自《语用学学刊》的 1470 篇文章和源自国内 CSSCI 语言学核心期刊的 514 篇文章，本节分别从语料种类、语料模态和研究性质三个方面对国内外语用学研究方法进行对比。循前文之例，本节依然采用出现频率的方式对国内外语用学研究方法展开研究，以避免因为国内外杂志和不同年度发文数量的不同导致对比失效。

3.6.1　语料种类比较

上文提及，语用学研究中涉及的语料主要可以分为直觉、诱发、自然和借用四种不同的类型，因此本研究将分别从这四个方面对国内外语用学研究所涉及的语料展开研究。由于国内外四种类型的语料同时出现在一张图中会显得混乱，无法有效辨别其特征和发展趋势，因此本研究以四个子图呈现直觉、诱发、自然和借用语料的国内外特征和发展趋势图。之后，研究以截图的方式将四个子图呈现于一张图中，具体见图 3-14：

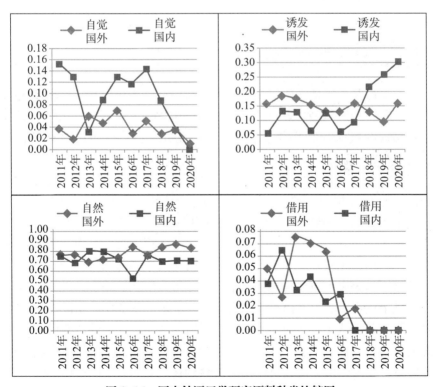

图 3-14　国内外语用学研究语料种类比较图

从图 3-14 可以分别看出国内外语用学研究中直觉、诱发、自然和借用四种语料不同的特征和发展趋势。就直觉语料而言，国内语用学研究中使用的语料相对国外而言频率要更高一些，不过国内的直觉类语料下降趋势很快，在 2019 年出现频率已经开始低于国外的同类研究。就诱发语料而言，国内语用学研究中使用的语料自 2011 年开始呈现快速上升的趋势，在 2018 年已经明显超过了国外的同类型语料的频率，表明了国内研究对于诱发类语料的青睐。就自然语料而言，它是国内外语用学研究中的首选语料，通过四幅子图的比较可以明显发现这类语料的出现频率要高于其他类型的语料。国内外语用学研究中，自然语料的出现频率不相上下，而且整体趋势发展平稳，说明这一类型的语料在语用学研究中会长期存在。就借用语料而言，国内外语用学研究中该类语料的使用频率均呈现明显的下降趋势。而且，国内和国外分别在 2017 年和 2018 年以后没有出现过该类型的语料。

3.6.2 语料模态比较

上文提及，语用学研究中涉及的语料可以分为单模态语料和多模态语料两种不同的类型。国内外同年度的语用学研究中，单模态和多模态语料出现的频率有很大的差异。图 3-15 显示了国内外语用学研究中所使用语料的模态差异：

以图 3-15 可以直观地看出，国内外语用学研究中均以单模态语料居多，多模态语料的出现频率相对较少。不同的是，国内语用学研究中单模态语料的使用频率（接近 100%）相对国外（60%—85% 之间）而言要更多。而且，国外语用学研究中使用的单模态语料呈现不断下降的趋势，国内语用学研究中使用的单模态语料下降趋势则没有那么明显。国外语用学研究中使用的多模态语料的频率呈现明显的上升趋势，而国内研究中使用的多模态语料则没有出现明显的起伏变化。由此可见，国外语用学研究越来越多地关注多模态语料的使用，未来的研究中，多模态语料的数量很可能会与单模态语料的数量持平，甚至超越单模态语料的数量。国内语用学研究所使用的语料则在短时间内仍以单模态的语料为主。

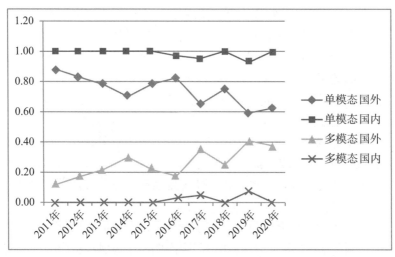

图 3-15　国内外语用学研究语料模态比较图

3.6.3　研究性质比较

国内外语用学研究按照研究性质的不同可以分为实证研究和非实证研究两种不同的类型。同年度中，国内外语用学研究所使用的实证或者非实证的研究方法存在明显的不同。图 3-16 呈现了国内外语用学研究性质的特征和趋势：

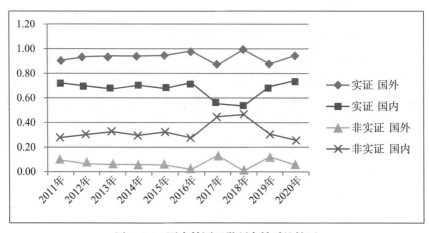

图 3-16　国内外语用学研究性质比较图

从图 3-16 可以明显地看出，国内外语用学研究均以实证研究为主，非实证研究的出现频率相对较少。不过，国内外语用学研究中实证研究和非实证研究之间的比例却有所不同。就实证研究而言，国外的实证研究占有较高的频率（80%—100% 之间），而国内的语用学研究采用实证研究模式的频率相对要低一些（60%—80% 之间）。相对而言，国内采用非实证的方式展开研究的频率要更高，频率可以达到 20% 以上，甚至某些年份可以超过 40%。而国外采用非实证方展开语用学研究的文章数量极低，基本在 20% 以下。通过对比可见，国外的语用学研究明显倾向于实证研究，而国内的语用学研究则兼有实证研究和非实证研究两种不同的类型。

语用学中的实证研究可以分为定量、定性和兼有定性和定量的混合式研究三种不同的类型。图 3-15 呈现了国内外语用学实证研究的特征及发展趋势。由于实证研究可以分为三种不同的类型，在进行比较研究的过程中只绘制一张图可能无法清晰地体现彼此之间的区别。出于这样的考虑，本节绘制了三张子图，最后通过截图的方式将三张子图统一为一张整图，具体如图 3-17 所示：

通过图 3-17 可以看出以下三个特征：（1）国内外定量研究的数量均相对较少，但是国内定量研究的发展趋势明显要比国外的发展趋势快；（2）国内外定性研究的数量相对较多，国内定性研究的出现频率不但相对较少，而且近十年的下降趋势明显；（3）国内定性与定量混合式研究的发展速度较快，前期出现的频率低于国外的研究，后期（2018 年起）则开始反超。通过比较可以看出，国外的研究仍然以定性为主，而国内的研究更为倾向定性与定量的混合式研究。

语用学中的非实证研究可以分为思辨和综述两种不同的类型。从横向来看，国内外语用学研究中使用的非实证研究方法存在很大的不同。从纵向看，国内外非实证研究的发展趋势也存在一定的差异。图 3-18 呈现了近十年国内外语用学研究中非实证方法的差异。

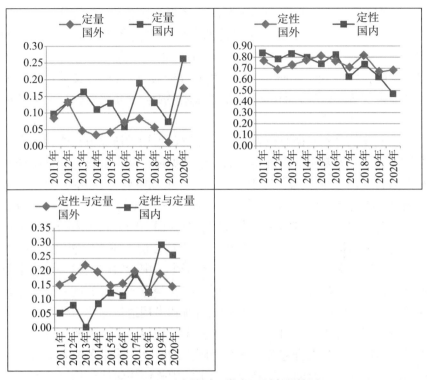

图 3-17　国内外语用学实证研究比较图

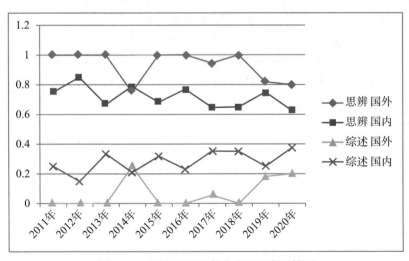

图 3-18　国内外语用学非实证研究比较图

从图 3-18 可以看出，国内外语用学研究中使用的非实证方法均以思辨研究为主。不同的是，国外思辨研究出现的频率要高于国内的同类型研究。相反，国内的综述研究的出现频率要高于国外的同类型研究。此外，国内的综述研究中，采用 CiteSpace 软件进行文献计量的综述文章出现频率较高，而国外的文献综述很少会使用可视化分文献计量方式。

以上我们分别从研究语料和研究性质对语用学研究方法的相关文献进行了综述，并基于国内外相关的文献数据展开实证分析。国外所涉及的数据为《语用学学刊》近十年（2011—2020 年）的文章，国内的数据为 CSSCI 语言学核心期刊近十年（2011—2020 年）的文章。本节分别从语料种类、语料模态和研究性质三个方面对国外和国内的数据进行了分析，并对国外和国内的数据进行了比较分析。研究发现：（1）国内外语用学研究主要以自然语料为主，包括生活中观察的语料、自建小型语料库和大型语料库等。国内对于通过实验等方式获得的诱发语料更感兴趣。无论是国内还是国外对于直觉语料和借用语料的使用频率都在降低。（2）国内外语用学研究主要以单模态的语料为主，但是国外多模态语料的出现频率和上升趋势明显高于国内的研究。采用多模态语料已经成为国外语用学研究的必然趋势。（3）国内外语用学研究均以实证研究为主。不同的是国外的非实证研究占有很小的比例而国内的实证研究却占有很大的比例。此外，国外的实证研究以定性方式为主，而国内研究倾向定性和定量结合的混合式研究。国外的非实证研究中以思辨为主，而国内研究同时关注思辨研究和综述研究。本研究的相关发现对于进一步了解国内外语用学研究方法的特征与发展趋势具有借鉴意义，可以为更好地展开语用学研究设计提供帮助。

第 4 章
语用学理论应用新拓展 [1]

语用学是一门应用性非常强的语言学分支学科。为此，本章在界定语用学应用研究的属性后，将重点介绍国内外近十年来语用学的主要应用研究情况，呈现彼此的异同。

4.1 语用学应用研究界定

语用学的应用研究似乎是一个很确定的表述，但当我们去探索这个概念的外延时却发现模糊和不确定无处不在。

应用研究是理论研究成果的应用。语用学的基本理论是什么呢？稍微了解语用学的历史就会发现语用学的理论来源不是单一的。语用学研究有英美学派和欧洲大陆学派（Huang，2010；Levinson，1983）。英美学派沿袭语言哲学和语言学的传统，其主要研究话题包括会话含意、预设、言语行为、指示、指称等。欧洲大陆学派所承袭的哲学传统更偏重经验和现象，在语言学方面更注重语言功能，其语用学研究以视角综观俯瞰语言学各模块以及语言学交叉学科，因而其研究话题也更加丰富，包含社会语言学、心理语言学、话语分析，甚至还涉及其他社会科学的话题（Huang，2010）。虽说这样的划分不够准确，至少地理上不准确（Verschueren，2017），不过如果看教科书，这样的学派划分确有体现：查普曼（Siobhan Chapman）（2011）和森夫特（Gunter Senft）（2014）这两部语用学教科书的内容是很不一样的，更不用说莱文森（1983）和

1 本研究是 2020 年重庆市社会科学规划项目（外语专项）"一带一路"背景下商务语用能力研究（项目编号：2020WYZX02）的部分研究成果。

梅伊（1993）的明显区别。这样看来，语用学的应用研究是否就意味着英美学派语用学的理论应用或者欧洲大陆学派的理论应用？答案是否定的。一方面，会话分析并不是英美语言哲学的研究话题，但却是自认为讲述英美学派语用学的莱文森（1983）的重要内容。另一方面，欧洲大陆学派虽然总体上可以大致称为功能观，但内容广泛，涵盖语言学、社会学、人类学等多个学科，其理论来源很丰富，但也无法舍弃言语行为、会话含意等英美学派的概念。因此，语用学的基本理论是什么并不是一个不言自明的问题。如果非要说这两个研究传统有什么共同之处，那大概就是二者都还算没有违背莫里斯（1938）所定义的语用学，都研究符号与其使用者或解释者之间的关系。然而，符号学理论的研究对象是广义的符号而不单是语言符号。

如果应用研究以实践性来定义，那么语用学的应用研究是实践中的语言使用研究。这难道不是语用学的定义吗？正如奥斯曼（2011）所言，在某种意义上所有语用学研究都是实践性的。国际语用学协会（International Pragmatics Association，IPrA）编辑出版了一套《语用学专题手册》（*Handbook of Pragmatics Highlights*）丛书，其中一本是《实践语用学》（*Pragmatics in Practice*）。这本书提到了语用学应用研究的很多话题：应用语言学、真实性、临床语用学、计算机作为媒介的交际、对比分析、强调、错误分析、大众语义学、反讽、语言生态学、语言政策与规划、语言与法律、读写能力、大众传媒、修辞、手语语用学、文体学、翻译学。这些话题可谓广泛而庞杂，但却很难找到足够的共性，有些话题并不完全契合"语用学应用研究"这个概念，完全可以划到其他学科里面，或者不知道究竟属于什么学科。

如果不能简单地从概念上确定语用学的理论和应用研究，我们也可以关注一下语用学研究的实际情况。事实上，语用学研究一直以来都有多学科跨学科的特征。这可以从本学科最重要的国际学术刊物之一《语用学学刊》的发文情况体现出来。不需要特别的文献分析工具，仅通过 SienceDirect 网站的在线搜索，查询标题、摘要或关键词一项[1]，即可得知该刊物论文的基本学科属性。国际语用学学会称语用学的科学目标是从最广泛的跨学科视角——功能视角——来审视语言和交际，所谓

1　搜索条件为《语用学学刊》中 2010—2019 年间的研究性文章。

功能视角即认知、社会、文化[1]。语用学研究的英美学派具有哲学传统。那么，我们可以检索一下这些关键词汇的热度：pragmatic，linguistic，social，cognitive，cultural，philosophical 以及 discourse analysis。

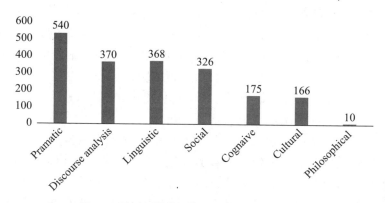

图 4-1 《语用学学刊》近十年学科类属热词

从图 4-1 可以看出，"pragmatic"一词频率极高，说明语用学自身的学科地位是非常稳固的；同时其语言学属性也是显著的，其社会属性则与此相当。如果说语用学首先属于语言学，那会其次就当属社会学了。事实上，如果探究某些作者，比如沃德奥夫（Ronald Wardhaugh）和富勒（Roger Fuller）（2015）的社会语言学教科书，可能会发现语用学和话语分析都各自成了社会语言学的一个章节，似乎二者都只是社会语言学的一部分。在第二个档次，认知和文化研究的属性也相当明显，同时语义学作为语用学相邻学科也有较大的影响。最后，作为对比，哲学的属性体现得很弱；这并非说明哲学对语用学影响极小，只是表明语用学学刊或语用学当前的研究主要不是以哲学为导向的。因此，我们从该刊的论文大致可以看出，语用学是语言学和社会学、认知研究、文化研究的交叉学科，其基本属性是语言学和社会学的。话语分析在这里出现的频率也非常高，这说明把语用学和话语分析截然分开是很困难的，更可能的情况是话语分析就是语用研究的一部分。

1　来自 University of Antwerp 官方网站中"International Pragmatics Association (IPrA)"一文。

另外，通过查询参考文献中的作者[1]，可以发现影响语用学这个学科最为深广的研究人员，他们的学科背景也能够大致反映语用学的学科背景。从图 4-2 可以看出，莱文森被引用的量是最大的[2]，他是语用学家，出版了语用学的第一本教科书，也提出了有关礼貌和会话含意的理论，这和图 4-1 中最大值为 pragmatic 是能够关联上的。第 2 至 7 位，从赫里蒂奇（John Heritage）到戈夫曼，除布朗以外，都是社会学家，足见社会学对语用学的影响之大。会话分析的方法也正是这些社会学家提出来的。第 8 位德鲁也是会话分析学家。图 4-1 中话语分析的热度排列靠前；与此照应，图 4-2 中与话语分析相关的研究人员也位居影响力前列。可以这样说，如果话语分析不算语用学基本内容，那么语用学研究将黯然失色。第 5 位布朗和第 9 位古德温（Charles Goodwin）都有着人类学的学术背景，不过他们的研究工作都与语言的社会性有关，特别是布朗的礼貌研究在语用研究领域产生了很大影响。第 10 位马丁（James Martin）是功能语法学家，可见功能语法学派对语用学也有不小的影响；而功能学派也非常重视语言的社会性。这样看起来，语言的社会性是语用研究不可或缺的方面；可以认为社会性就是语用的本质属性。接下来，第 11 位是格赖斯，语言哲学家。提到语用学几乎不可能不提到格赖斯的合作原则和会话含意理论。如果格赖斯的理论必须算作语用学的理论，那么引用量更高的作者的理论或方法也应当算是语用学的范畴。这样看的话，语言哲学研究的成果依然在语用研究中起着重要作用，而语言学和社会学方面的研究成果对语用学研究的影响则更为显著。

---

1 搜索条件为《语用学学刊》中 2010—2019 年间的研究性论文，论文作者的姓名出现在参考文献中，且正文含有作者的姓。

2 肖雁（2017）发现 2006—2015 年语用研究引用频次最高的作者是斯波伯。差异的原因是多方面的。第一，其期刊统计范围远不止《语用学学刊》。第二，时间跨度不同。第三，计量方式不同：肖雁（2017）计量作者被引用的次数，本文计量引用该作者的文章数。

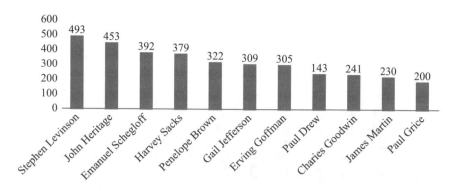

图 4-2　《语用学学刊》近十年最高被引作者

　　如果考虑理论影响力，而不仅仅是被引用量，那么我们可以关注这些作者是否在标题、摘要或关键词中被提到：毕竟在摘要中提到比仅仅在正文中提到更能体现作者及其观点的影响力。这样的引用或可称为显著引用。由此，我们得到了图 4-3 的查询结果[1]。可以看出，莱文森仍是最具理论影响力的作者，他在会话含意理论以及礼貌理论等多方面都有贡献。与图 4-2 有所不同，关联论的影响力有显著体现，斯波伯和威尔逊均因为关联论而被特别提到。位居第三位的是因为礼貌理论而被提到的布朗。第十位和第十一位的霍和卡尔佩珀也因为礼貌或不礼貌研究而产生深刻影响。如果算上第一位的莱文森，礼貌理论研究者在前十二位中就占据了四席，足见近十年礼貌研究的热度之高。同样占据四席的是以戈夫曼为代表的四位社会学家，他们的理论贡献是基于社会学视角的主要由萨克斯提出来的会话分析理论。第五位是格赖斯，显然他的理论影响力比他的被引用量要更显著一些，可以说以格赖斯为代表的会话含意理论依然至关重要。综合以上分析可以发现，会话含意理论（2 人）、关联理论（2 人）、礼貌理论（4 人），以及会话分析理论（4 人）是近十年来语用研究最重要的理论基础。前两种虽然人数不多，但影响很大，后两种也有很大影响而且热度很高。当然，这个列表还很长，接下来第十二位就是以言语行为理论著称的奥斯汀，虽然其影响力和热度

1　搜索条件为《语用学学刊》中 2010—2019 年间的研究性论文，论文作者的姓名出现在参考文献中，且标题或摘要或关键词含有作者的姓。

不能和前面几个类别相比，但作为一个独特的类别依然具有不可忽视的影响力。

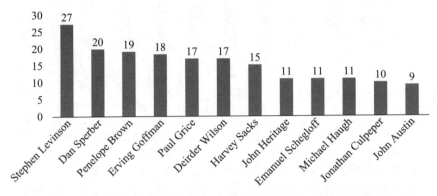

图 4-3 《语用学学刊》近十年最具理论影响力的被引作者

如果图 4-3 继续排下去，可以肯定的是作者影响力持续降低。至于研究的类别，一方面会出现与前面同类别的作者，另一方面也会出现语用和其他学科的界面研究或交叉学科。比如，哈罗德·加芬克尔（Harold Garfinkel）的民族学方法论，实则是会话分析的方法论基础，与前面的类别重复；特劳戈特所代表的语法化研究，可以算是语用和句法的界面研究；斯宾塞－欧蒂所代表的跨文化交际研究，可以算是语用和文化的交叉学科。

语用理论的应用研究，可以理解为用语用学理论去研究某种现象或实践，比如语用学理论用于二语习得研究，在这里语用学理论是作为上位的存在。按照图 4-3 的搜索规则，我们发现语用学的应用研究领域，几乎没有在标题、摘要或关键词部分被引用超过 3 次的作者。比如埃里斯（Rod Ellis）以研究二语习得知名，其显著被引用数为 3。巴提亚（Vijay Bhatia）主要研究行业话语，其显著被引用数为 2。豪斯（Juliane House）特别关注翻译研究，其显著被引用数为 1。这个列表还很长，但是总体上是有规律的，那就是语用学的应用研究的学者，其在语用学学刊上最近十年的显著引用数基本上是 3 或小于 3 的，与最高的显著被引用数（27）比起来几乎小一个数量级。看起来这个指标比普通被引用数更能反映某研究领域的理论／应用属性。比如研究中介语语用的卡斯伯，最近十年其普通被引用数高达 139，甚至略高于言语行为理论的开创者奥斯汀，但奥斯汀的显著被引用数是 9，而卡斯伯的显著被引用数是 0。当然，并非所有显著被引用数小于等于 3 的作者都属于语用学应用研究的范畴，他们可能仍属于语用学本体研究的范畴，只是影响力相对较小而已。

至此，我们可以从两方面来大致判断语用学近十年来主要的应用研究领域。一方面是定性。语用学应用研究领域是语用学理论输入到该领域，作为该领域的主要理论基础，并且这个关系是单向的，不能反过来。比如，语用学的言语行为理论、礼貌理论、关联理论输入到翻译研究中，形成语用翻译学，但翻译理论没有输入到语用学中。另一方面是定量。该领域研究者的最高显著被引用数相对于整个语用学领域的最高显著被引用数大约小一个数量级。按照这个数量标准，前文举例的翻译语用研究、行业话语研究以及中介语语用研究都属于语用学的应用研究。根据这两个标准，前文提到的语法化研究以及跨文化交际研究都不属于语用学的应用研究；一方面因为其显著被引用数还算不小，另一方面因为实质上一个是界面研究，另一个是跨学科研究。这两个标准要同时考虑。比如认知语用学，从显著被引用量来说它确实影响还不够大，但是从理论输入的路径来看，它对语用学的基础理论是有影响的，因此不属于语用学的应用研究。交互文化语用学[1]（intercultural pragmatics）看起来似乎是语用学的应用研究，就和中介语语用学（interlanguage pragmatics）一样。然而，交互文化语用学对于包括"意图"在内的语用学的核心概念的理解有别于传统的阐释，并且有融合两个研究传统的趋势（Kecskes，2014：26），因此具有一定的理论研究的特征。另外，作为该领域的代表，凯希克斯（Istvan Kecskes）在语用学学刊近十年的显著被引用数为 4，也略高于判别的阈值。这些都表明交互文化语用学有别于典型的语用学应用研究。

以上两个标准可以大致判断语用学应用研究的学科领域，或者对象类别。学科领域是指语用学的应用学科。对象类别是指研究对象的类别，

1　译名参照冉永平、刘平（2018）。

特别是话语（discourse）的类别[1]。因为有些应用研究并没有形成一个叫作语用 X 学或者 X 语用学之类的研究领域，但其研究对象（特别是某种话语）是比较明确的，比如学术话语，这种情况下可以通过其研究的对象类别来界定其研究领域。就学科领域而言，显著被引用数小于等于 3[2]且以语用学理论输入为主的学科领域主要涉及中介语语用学、语用翻译学、语用文体学、法律语用学、临床语用学等领域。就所研究的话语类别而言，语用学应用研究涉及媒体话语、政治话语、专业话语、数字话语等研究领域。当然，这里提到的类别也并没有穷尽，只是一些有代表性的语用学应用研究领域。

4.2 国外近十年语用学主要应用研究

如上所述，以语用学理论输入为主的学科领域主要涉及中介语语用学、翻译语用学、文体语用学、法律语用学等领域。下面分别作一简述。

4.2.1 中介语语用学

中介语本是由塞林格（Larry Selinker）（1972）创造的一个术语，用以描述第二语言学习者的能力和这种能力的来源。该理论认为学习者拥有一种特殊的能力或语言，它独立于第一语言和第二语言，尽管它可能会受到两种语言的影响。中介语语用学（interlanguage pragmatics，简称 ILP）是语用学与第二语言习得交叉的一个研究领域。它关注的是第二语言学习者如何理解和产生社会行为，以及这种能力是如何培养的。中介语语用学只是中介语研究的几个研究领域之一，其他领域还有中介语音系学、形态学、句法和语义学。

言语行为理论在中介语语用研究中占据了突出的位置。中介语语用

1　在语用学学刊近十年刊文里，话语（discourse）作为研究数据的论文很多；通过搜索题目、摘要、关键词一项，可以发现 discourse 的搜索结果达到 561，远远高于 utterance 的结果数 190。

2　这个列表太长，故不在此展示。

学大多数研究使用塞尔（1976）的言语行为五分法：阐述类、指令类、承诺类、表达类、宣告类。近十年来，语用学学刊涉及中介语言语行为的研究论文多达数十篇。其中，关于请求、道歉、拒绝、感谢和赞美等言语行为的研究是较为常见的。中介语语用学研究主要集中在直接或间接言语行为策略的语言实现上；一般来说，重点是间接言语行为。间接性又与礼貌性有关系，所以实际上很多关于第二语言言语行为的研究也会用到礼貌理论。

第二语言礼貌表达能力是中介语语用研究的一个热点问题。布朗和莱文森（1987）的语言礼貌理论是这方面最重要的理论基础，他们区分了积极礼貌和消极礼貌。布朗和莱文森（1987）认为，有些言语行为具有固有的威胁面子的性质，比如请求、拒绝、建议等"面子威胁行为"（FTA）。这些言语行为常被用来考察消极礼貌。基于此，中介语语用学研究考察二语学习者是否使用相应的语言策略去满足听话人的积极面子或消极面子。除了上述礼貌理论之外，还有其他理论模型。凯希克斯（2014）提出了社会认知的方法来研究跨文化礼貌现象，充分考虑了跨文化接触中的文化模式、规范和习俗。

会话含意理论也在中介语语用学中得到应用。以格赖斯（1975）为代表的会话含意理论研究言者的意思是如何被听者推断的。一般来说，初学者对第二语言会话含意的理解和运用能力较差，因为这需要学习者在词汇、语法、语义、语用等各个层次上均有足够的知识和技能。布顿（Lawrence Bouton）（1994）考察了英语作为第二语言的高级学习者解释英语中各种会话含意的能力。布顿发现，留学生英语学习者对会话含意的理解能力似乎是在他们停留的头 17 个月里取得的，此后该能力趋于稳定，进步缓慢。菲利克斯 - 布拉斯德芙（2017）认为，今后还需要更多的研究去考察学习者通过会话含意理解语用意义的过程，包括识别反讽、隐喻和讽刺的能力。

语用迁移是另外一个重要话题，在中介语语用研究中占有重要地位。语用迁移研究关注二语以外语言的语用知识对二语语用知识使用和发展的影响。语用迁移研究的主要动力来自于对不同语言的言语行为或话语现象的比较研究。语用迁移分正迁移和负迁移两类。有研究表明，学习者将母语规范转化为不恰当的第二语言规范，也就是发生了负迁移。不过，总的来说，近年来对语用迁移的研究兴趣有所减弱（Kasper，2010）。语用能力发展的研究则更为热门。巴尔德伟－哈里格（Kathleen Bardovi-Harlig）（2013）甚至提出了"二语语用学"（L2 pragmatics）一词来表示第二语言语用系统的发展。语用发展的研究一般分纵向研究和横向研究。纵向研究是对同一研究对象在一段较长时间内的直接观察，而横向研究则是比较不同语言水平的学习者来研究语用发展的状况。

关于中介语数据的获取，卡斯伯（2000）描述了三种方法：（1）口语交互法（如真实话语、诱导交互和角色扮演）；（2）书面答复法（如产出式问卷、多项选择、量表反应工具等）；以及（3）口头报告法（例如有声思维）。其中，产出式问卷、角色扮演以及口头报告这三种数据收集方法在文献中占主导地位。不过，在将来的研究中，自然数据的分析应该是优先考虑的方向（Félix-Brasdefer，2017）。

4.2.2 翻译语用学

Pragmatics of translation 有时候被翻译为"语用学与翻译"，但这样并不能反映该词项的语义结构，毕竟它的中心词是语用学；这里我们姑且把它叫作翻译语用学。翻译语用学试图利用语用学的理论来解释从原文到译文的翻译过程和结果。它的基本研究问题包括原文和译文的目的是什么，如何达到目的，作者如何与读者合作，如何礼貌和关联，如何对待文化间的差异（Hickey，1998：5）。语用学的基本概念在翻译语用学中被广泛应用；其中，礼貌、合作、推理、含意、指示和言语行为尤为突出（Hickey，1998；Tipton & Desilla，2019）。

古特（Ernst-August Gutt）（2000）以关联论为基础研究翻译，将认知语用学引入到了翻译理论中。古特（2000）的核心观点是，有了一个全面的推理交际理论，就不需要一个专门的翻译理论。这个观点既有人支持，也有人感到失望，但无论如何，该书在 2014 年又出了第二版，说明它对翻译研究和实践确有相当的影响。

在口译研究方面，关联理论也产生了积极作用。赛通（Robin Setton）（1999）借鉴关联理论，采用认知语用的方法，为理解会议同声传译中的意义生成过程奠定了坚实的基础。同时，也有整合式的研究。莫里尼（Massimiliano Morini）（2013）从现代语用学的角度对翻译进行了全面的考察；他以三种语用功能描述翻译文本如何在世界中运作，如何影响读者，如何根植于时空语境中；并以全新的视角，纵观三十年来的描写翻译研究。

如果考虑语篇分析理论对翻译研究的影响，那么对比语篇分析将有一席之地。对比语篇分析对翻译至关重要，因为它为译者和翻译评价者解释译文的变化提供了必要的经验基础（House，2016）。另一个对翻译研究有影响的是批评话语分析（Fairclough，1995a）。其中，权力关系和意识形态及其对文本内容和结构的影响是分析原文和译文话语最重要的部分。

翻译是一项古老的艺术，而年轻的语用学所提供的见解将为翻译带来新的理论和实践，但这需要一个过程。同时，正如语用学正在受到语料库技术的影响一样，翻译也同样因为新技术新方法而不断革新。

4.2.3　文体语用学

文体学是研究语言风格的学科（Verdonk，2002），其研究重点在于考察语言因为语境、目的、作者不同而产生的变异。虽然传统上文体学被看作是文学的语言学研究，但考虑到文体本身的多样性，有必要区分文学文体学和普通文体学（Semino & Culpeper，2011）。不过，在这两种文体学中都可以看到语用学理论的存在。

普通文体学与文学文体学有几个方面的不同。第一，它研究非文学文本，比如广告、新闻、宗教、日常对话等。第二，它不着眼于解释或欣赏文本，而是关注不同风格的识别。第三，更加关注语境对风格变化的影响。普通文体学是在 20 世纪六七十年代建立起来的，当时有一系列关于语言如何随着语境和目的而变化的研究（Crystal & Davy，1969）。这些研究的目的是识别语言特征，并提供对风格的语言描述，例如，报纸报道和法律文件的风格。希基（Leo Hickey）（1989）将语用学和文体学融合，创造了一个新的子学科，叫作"语用文体学"（pragmastylistics），主要研究语用因素对风格的影响（Hickey，1989：8）。这方面的研究一直是普通文体学关注的焦点。近些年来，语料库语言学的发展使得系统地大规模地研究不同文本类型之间的差异成为可能。这些研究也可以算作是普通文体学（Biber & Conrad，2009）。

　　文学文体学关注的是特定文学文本、作者、时期或体裁的风格，着重考察文学文本中的语言选择与读者的反应和解释之间的关系。自 20 世纪中叶以来，这一领域的许多研究都受到了罗曼·雅各布森的启发；他认为语言学研究和文学研究应该有所沟通。20 世纪 70 年代以来，语用学、会话分析和话语分析的发展使得研究者可以系统地分析散文、小说和戏剧中的虚构，以解释人物的会话行为如何影响读者或观众对他们的看法。进入 20 世纪 80 年代以后，一些文学文体学研究受到批评话语分析的影响，关注文学文本如何参与权力关系和意识形态的建构和维持（Toolan，2001）。随着认知语言学在文体学中产生影响，关联理论同样也被应用于分析文学文本的意义是如何构建的（Pilkington，2000）。除了关联理论以外，言语行为理论，会话含意理论，礼貌理论也在文学文体学中得到应用（Burke，2014；Chapman，2011）。

4.2.4　法律语用学

　　法律语用学（legal pragmatics）是法律语言学（forensic linguistics）的分支学科。法律语言学一般涉及两方面，一方面是法律程序中的语言，另一方面是作为司法证据的语言。虽然语用学理论在上述两个方面都有应用，但在法律程序中的语言这方面应用得更广一些。法律语用学几乎与语用学本身同时出现。奥斯汀（1962）通过使用合法和准合法的话语来阐述施为话语，其中一个例子是"我把我的手表遗赠给我的兄弟"。他说，这可能发生在遗嘱中。奥斯汀为这些行为设定了适切性条件。这些条件将以法律所要求的措辞是否恰当或是否具有法律效力为基础。

　　因此，言语行为从一开始就是法律语用学的一个研究对象。库尔宗（Dennis Kurzon）（1986）对书面法律文本中的言语行为进行了研究，特别研究了立法文本。他注意到，"hereby"一词不仅是在法律行事句中的专门用语，而且也是识别行事句的专门标签。另外，合同和遗嘱等其他类型的书面法律文件也有语用分析的研究。由于书面的法律文件都将变成历史文档，所以历史法律文档的研究在法律语用学中占有不小的份额（Kurzon & Kryk-Kastovsky，2018）。

法律语用学当然也研究口语形式的法律话语，特别是法庭话语。法庭话语可以分为两种：一种是对抗话语，另一种是询问话语。对抗话语是指控辩双方轮流问询证人向法庭表述相互冲突的意见。询问话语则不同，只有审案的法官询问证人，以查明案件的真相。这涉及不同的法律制度（普通法系以及大陆法系）；也涉及不同的话语体裁，而法庭审判话语，尤其是对抗性审判话语，其体裁本身就是复杂的（Coulthard et al.，2017：77）。

丹尼特（Brenda Danet）（1980）讨论了法律程序中的问答话语。这是法律话语研究的开创性文章，此后便出现了法庭话语的大量研究。丹尼特分析了律师对证人的询问。律师和证人之间存在一种不对称关系。询问可以看作是突出律师相对于证人的权力不对称关系：提问者可以控制话题、设置议程（Drew & Heritage，1992）。法律话语中存在的不对称权力关系的另一个表现是礼貌缺失问题。库尔宗（2001）发现，保持礼貌谈话的努力似乎还是存在的，虽然在司法行为上英国的法官似乎比美国法官更礼貌一点。

关于法庭话语的语用学研究还包括预设、话轮转换和沉默。预设可以用一句众所周知的话来说明："你不再打你妻子了吗？"预设了受话人过去打过他的妻子。至于法庭话语中的话轮转换，虽不至于不可能，但肯定不如在自然交谈中那么灵活。法官和律师通常选择下一个发言者——法官可以向律师或证人发言，律师可以向证人发言。证人如果要这样选择就会被认为是藐视法庭。这仍然是权力关系不对称的体现。在刑事调查中，预期会有言论，但却没有出现，这是一个有关沉默的核心问题。这不仅关系到对嫌疑人沉默的解释，也关系到保护嫌疑人的权利。对法律话语语用特征的分析与其他话语的语用分析并无不同，只是在法律话语中语用参与者会受到规范和传统的限制。

至于语言作为证据，语用学的参与并不是很高，但也存在一些应用实例。有些案件可能需要参考有关连贯言语互动的语用规则，比如格赖斯（1975）的会话准则。特耶斯玛（Peter Tiersma）（2002）讨论了产品警告的语言特征。关于产品警告，法律的要求是适当性。特耶斯玛使用了格赖斯的准则来评估一些警告的适当性。

法律语用学研究使用的语料分为书面语料（比如法律判决书）和口语语料。不过，口语语料并不容易获得，许多地区都不允许录制音视频，甚至不准做笔记。为克服这个困难，有些研究者转而研究知名案例，因其音视频材料公开可得；或者是依靠其他官方制作的材料（比如警方审讯记录）。

4.2.5　X-话语研究

就所研究的话语类别而言，语用学应用研究是指应用话语研究，利用话语分析理论以及其他语用学理论对某一领域或某一场域的话语进行分析。由于不同类型话语的分析可能使用类似的理论和方法，所以没必要对每一类都一一介绍。虽然话语分析的流派很多，但如果考虑是否关注政治和意识形态，也可以简单地对其进行分类。英美传统的话语分析更加关注话语结构，而不是意识形态。批评话语分析则关注政治和意识形态，虽然也会讨论语言结构本身。媒体话语和政治话语一般会涉及意识形态，可能会用到批评话语分析。专业话语一般不会涉及意识形态，可能会用到会话分析或者体裁分析等理论。对于涉及意识形态的话语，这里主要介绍媒体话语。因为政治话语几乎是批评话语分析的基本研究对象了。对于不涉及意识形态的专业话语，我们主要介绍商务话语分析。专业话语里面，法律话语和医患话语属于相对比较封闭的领域，而前者已经在前文有所涉及；学术话语虽然也有不少研究成果，但其研究对象也相对封闭；商务话语则因为商务活动的广泛性而具有相当的开放性，仍具有较大的研究空间。

1. 媒体话语分析

媒体话语指的是通过广播平台进行的互动，无论是口头的还是书面的，其话语指向的是不在场的读者、听众或观众；媒体话语是一种公开的、人为制造的、记录在案的互动形式（O'Keeffe，2012）。因其公开性，它将作为一种机构话语，被许多话语分析者研究。因其人为性，有必要考虑它是如何被"制造"出来的；可以采取批判的立场，对其进行批评性话语分析（critical discourse analysis，CDA）。因其记录在案，语料易得，故对其感兴趣的话语分析者日益增多。关于媒体话语的定义自然是很多，相对来说奥·基弗（Anne O'Keeffe）（2012）的定义更具描述性；范·戴克（van Dijk）（1988），费尔克劳（Norman Fairclough）（1995b）以及麦克勤（David Machin）和范·鲁文（Theo van Leeuwen）（2007）的定义则更具批判性。

　　长期以来，英国一直是当代主流媒体话语研究方法的领导者，首先是内容分析，然后是批评话语分析、多模态话语分析、社会符号学以及语料库语言学。美国学者倾向于探索媒体的语言和话语本身或研究其对社会的影响。从一开始，大多数媒体话语分析的主要目标通常是对语言中存在的偏见或意识形态进行分析，或对社会中的权力关系提出质疑（Cotter，2015）。

　　媒体话语研究具有多学科性，其研究方法也具有多样性。在众多方法之中，会话分析（CA）、批评话语分析（CDA）以及语料库分析使用较广。

　　媒体话语按照媒介可分为两类，一类是印刷媒体，一类是口语媒体。关于报纸的语言学研究曾广泛关注体裁分析（Swales，1990），其目的在于更好地理解个体的体裁特征。里阿（Danuta Reah）（2002）对报纸进行了全面的描述，并对报纸标题及其"制造"进行了详细的处理，包括哪些保留了，哪些舍弃了，以及单词是如何排序的。批评性话语分析（Fairclough，1995a）则为报纸分析提供了一个更有潜力的框架，在这一领域已经有了许多实质性的工作。批评性话语分析与语料库语言学相结合，为分析报纸文本供了一个非常强有力的工具。

　　至于口语媒体的话语分析，包括广播电视等口语媒体，主流的研究方法是会话分析（conversation analysis，CA）。CA 通过对录音和转录材料的详细检查，采用"自下而上"的方法来研究会话的社会组构。在媒体话语领域，CA 研究围绕新闻采访、脱口秀和来电广播进行，通过比较媒体互动和日常谈话中的顺序，发现有价值的信息。现在越来越多的研究使用小型语料库。奥·基弗（2006）使用了一个语料库并利用 CA 分析了大量数据。通过使用语料库，还可以检查某些模式的一致性和语用专门化。同时，语用学也为语料库语言学提供了有价值的补充。

在媒体话语研究中，另一个与语料库语言学结合的理论框架是批评话语分析。批评话语分析（CDA）主要研究社会权力滥用、支配和不平等是如何在社会和政治背景下通过文本和谈话被制定、复制和抵制的。电子报纸文本的广泛使用使语料库语言学的定量方法与批评性话语分析结合起来，成为一种非常有效的分析工具。

媒体话语研究正当其时，因为媒体话语各方面都在变化。话语分析学需要提出新的范式和适当的方法来满足描写和解释的新需求。

2. 商务话语分析

商务话语并不像法庭话语或者医患话语那么容易定义，因为后者的场所、参与者以及活动类型基本上是确定的，所以其话语也趋于确定。而所谓商务，场所何在？参与者何人？活动何类？均难以概而论之。若以商务交际名其活动类型，以商务人士名其参与者，以商务场所名其处所，只不过留给读者另一堆问题，何为商务交际？何为商务人士？何为商务场所？因此，巴洁拉－齐亚皮尼（Francesca Bargiela-Chiappini）（2009）也承认，用一个简短而周全的回答定义"商业话语"几乎是不可能的。

商务话语可视为商业语境中的社会行为，是关于人们如何在商业组织中以谈话或写作进行交流，以完成他们的工作（Bargiela-Chiappini et al., 2013）。之所以研究话语，是因为话语分析使研究者能够理解人类与其创造的组织之间的关系。作为一个研究领域，商务话语受到许多不同方法和学科的影响；商务话语的两个关键属性是情景行为和工作语言（Bargiela-Chiappini et al., 2013）。商务话语研究与北美的商务沟通研究的区别在于，商务话语研究通常不以职业为重点，而商务沟通还有传播学的根源（Bhatia, 2014）。

如果观察《语用学学刊》与商务有关的研究论文的标题，我们也可以从侧面看到定义的困难。近十年来该刊表标题中带有 business 字样的研究论文共 11 篇，其中 4 篇是关于商务会议（business meeting），2 篇关于商务交际（business interaction），关于商务话语和商务沟通的各自只有 1 篇。商务会议相对来说内涵更加明确，至少明确了活动类型。因此，从研究实践来看，一方面是尽可能定义商务话语，另一方面却是尽可能明确所研究的对象。如果说研究对象不是明显的自然类，那么可以选择其中比较明显的自然类作为研究对象。以商务会议为对象可以看作是这样一种策略。另外，工作场所话语（workplace discourse）虽然与商务话语在概念上不一样，但也是经常使用的一个术语，其内涵也比商务话语更明确一点。

冈纳森（Britt-Louise Gunnarsson）（2009）认为，商务话语产生和解释的社会背景可以在不同的层次上进行分析，涉及工作场所、组织、地方部门、国家部门等不同的层次。对商务这个整体作一个划分之后，所得到的对象自然会更明确。冈纳森（2009：20–27）构建了一个研究专业话语的理论框架，包括情景框架、环境框架以及社会框架体系，使得各种专业话语各就其位，并试图通过研究解答一个问题，即专业话语如何变化，为什么变化。这种统一性的研究，其视野将比单独研究某一类专业话语更宽阔，如果成功，则有利于对专业话语进行统一性的描写和解释。如此一来，不同层次的研究对象可以用适切的方法或框架去研究，而整个话语系统又能得到统一的解释。

目前，话语分析的一般方法也在商务话语分析中使用。会话分析、批评话语分析、组织话语分析、修辞分析、多模态分析、体裁分析、语料库语言学、民族学方法论、礼貌研究等研究方法在商务话语研究中都有其用处。这些方法各有侧重，或在不同维度上进行。冈纳森（2009）在构建其方法论时，选择了认知、语用等宏观主题作为分析方法，这些方法也是在不同层面产生作用的。

4.3　国内近十年语用学主要应用研究

国内近十年的语用学应用研究，最主要涉及言语行为理论的应用，几乎每个领域都有涉猎。还有一些经典理论的拓展研究也蓬勃发展，如礼貌原则的不礼貌现象研究。最新研究领域，如人际关系、语用身份构建、医学语用等都开展了很多应用研究。国内语用学应用研究所涉及的领域主要在翻译、商务、文化、对外汉语、外语课堂教学等方面，现分别介绍。

4.3.1 言语行为理论的应用研究

1. 言语行为理论的应用分析

首先是言语行为理论本身的运用，赵鸿燕、李金慧（2010）探索了言语行为、媒体外交与政治修辞三个成分之间的相互关系；赵萍（2014）以言语行为理论为基础，分析茶艺解说话语的语用特点；林纲（2019）认为言语行为在政务微博中所占的比例是不同的，建议适当增加宣告与承诺行为类型，进一步提升政务微博在社会民众心目中的政治地位。

其次，一些研究者对言语行为理论用来分析文学作品做了探讨。譬如，陈柯妮（2011）考察了《雷雨》著名片断"喝药"的一段会话，发现言语行为转喻为交际中频现的间接言语行为提供了新的解释方法；杨红、柯贤兵（2014）从间接言语行为理论的视角探究诗歌隐喻，揭示诗歌所表达的字面意义和言外之力及诗歌隐喻哲学思想。

2. 具体言语行为特征分析

主要是道歉、拒绝言语行为的特征，王海萍、项骈（2009）和易兰、文举（2013）从跨文化社会语用及语际语语用两个方面探究中英受试对道歉言语行为的策略模式；刘风光、邓耀臣、肇迎如（2016）以中美政治道歉言语行为真实语料为基础，以文化语用学理论为框架，探讨了中美政治道歉言语行为的异同；王蘑皎（2015）针对道歉语使用方面的差异进行了深层的文化剖析；段玲琍、翟菁菁（2017）分析了文献研究中拒绝策略的跨语言对比、中美拒绝策略的对比、英语学习者拒绝策略对比和基于 VOICE 语料库拒绝策略的对比研究。洪岗、陈乾峰（2011）对例行记者会上中美新闻发言人对记者提问所采用的拒绝言语行为及其具体策略进行了对比分析；冉永平、赖会娣（2014）以汉语中送礼性提供类言语行为中的虚假拒绝为对象，基于维索尔伦（1999）的语言顺应论对其进行定性研究，探讨虚假拒绝的界定及其双向性和区别性特征以及它在实现过程中的人际社交语用理据；芦丽婷（2015）运用关联理论中的"关联期待"概念解译拒绝话语。

其他言语行为（如批评、请求、建议等）也有相应研究，靳琰、张丽婷（2011）分析了网络论坛 3890 条语料，发现网络批评言语行为具有句法和构词的多样性特征；申智奇、刘文洁（2012）以心理咨询实录为语料，对咨询师的建议言语行为进行语用探讨；李成团（2013）对比分析了中、日、美三种语言中会话者在命令 / 请求言语行为回应中的面子管理与身份构建；李蒂娅、李柏令（2013）通过对马来西亚华裔华英双语者的请求言语行为的实证调查，验证了"中介文化风格假说"；周丹丹、黄丹凤（2013）发现口语水平不同的学习者对异议表达方式的选择表现出不同趋势，高水平者的表达方式更具多样性，也更能注意避免冲突发生；范馨予（2014）认为夸奖回复言语行为本身具备两大矛盾特性；王江汉（2017）发现在权势不对等的交际中，低权势方的拒绝言语行为具有更大的语用策略依赖性；彭雪、吴晶晶（2017）结合两场学术会议小组讨论中的专家点评，采用会话分析的方法从语用学视角进行了定性研究。

值得一提的是，黄立鹤（2019）分析了失智症老年人在非言语行为、情感交流等方面的特征，该范式可为老年语言学中的语用交际研究提供新的视点。

3. 言语行为习得与教学研究

李慧、李经伟、焦新平（2011）考察了中国学生英、汉恭维应答策略的特点并将之与陈融（1993）所研究的中、美学生汉、英应答策略进行了对比分析；刘丽敏（2015）基于"跨洋互动"这一交流平台，探究中国英语学习者与英语本族语者在实施建议言语行为时在语言结构方面的特点及存在的差异；章元羚、李柏令（2015）通过对比国内大学生与在英语国家短期和长期生活的中国留学生的汉语道歉语料，对留学英语国家的中国学生的汉语道歉言语行为进行了考察；石楠楠、李柏令（2015）调查了在校大学生汉英双语者道歉言语行为的实施情况，证实了英语向汉语的语用反向迁移的存在。

还有研究涉及课堂语境下的言语行为实施情况。例如，王巧平（2013）运用言语行为理论，对英语教师课堂反馈语的交际效果和交际策略进行分析和探讨；刘陈艳（2014）从学习者实施请求时收集的语料入手，发现其中出现的偏误类型主要分为语法错误和语用失误两大类；刘艳（2015）以拒绝言语行为为例，研究了中国英语学习者语用能力发展模式；杨荣丽、马刚、冯延（2016）探究了以动态语境为依据的语用能力培养思路和方法；朱涵、郭卿、刘飞、雷江华、朱楠（2018）以盲校数学优质课堂为例，探讨了盲校数学优质课堂教学师生言语行为互动的特征。

4.3.2　礼貌理论的应用研究

礼貌理论应用研究最初主要关注面子理论和礼貌原则在不同领域中的运用。例如，叶建文（2008）探讨了面子理论在广告用语中的运用；刘丽娟（2010）分析了网络聊天中的面子策略；蓝纯、赵韵（2010）阐释了《红楼梦》中的跨等级道歉现象；袁周敏、陈新仁（2010）考察了公示语中的面子策略；龙跃、黄运亭（2013）运用面子理论探讨了《还乡》中游苔莎的话语表现。范文嫣（2005）分析了《红楼梦》人物王熙凤语言中的礼貌用语；亢志勇（2012）探讨了英语课堂教学中礼貌原则的运用；陆健（2011）考察了礼貌原则在国际商务英语信函中的应用；王卫新（2012）从文学语用学的视角，对福尔斯《可怜的 KoKo》中的窃贼和作家所奉行的礼貌原则进行了分析。

近年来研究者更多聚焦一些不礼貌现象的具体语料分析，如对网络媒体中的不礼貌现象分析，张玮、谢朝群（2015）分析微博交际中不礼貌用语的语用功能和人际语用效应；周树江（2015）探寻机构性网络抱怨策略、不礼貌话语以及机构应答策略之间的关联；张晓（2017）运用语料库语言学的方法，探讨了特朗普竞选推文中的语言不礼貌性；李冰芸（2018）以网红互动直播和"吐槽大会"为例，分析弹幕中不礼貌言语行为的构成及其语用功能。

龙海英（2015）以家庭冲突场景为例，一方面论证卡尔佩珀不礼貌模型的普适性，另一方面观察语用修辞与不礼貌策略的契合度；洪牡丹（2018）结合军队这一机构性语境中的不礼貌语用实例分析该语境中的不礼貌语用策略，探讨不礼貌话语的策略使用所建构的语用身份。

　　还有一些研究对政治话语和文学文本的不礼貌现象进行了分析。黑黪（2018）以王毅外长怒批加拿大记者口译为例，分析在特定政治语境下，口译过程一贯遵循的礼貌原则应作相应调整，以确保国家形象及核心利益不受损害；刘风光、傅祖秋（2019）以关于美籍华人电视剧《初来乍到》为语料，分析其中不同的不礼貌现象，并基于语用预设理论，分析不礼貌现象的触发原因；刘风光、石文瑞（2019）通过对小说语篇实例的描述和分析，深入挖掘不同不礼貌策略在小说语篇可读性建构中的作用。

4.3.3　人际语用及语用身份的应用研究

1. 人际语用的日常话语分析

　　日常话语怎样体现人际关系是人际语用应用研究的重点。刘和林（2011）从人际关系、话语得体和语用距离三个方面论述跨文化人际交往中语用得体的重要性，揭示在一般工作或社区环境的语用策略；龚双萍（2011）对军人工作会话这一机构性话语中不同权势关系下的冲突性话语回应策略进行了阐述，并对冲突性话语回应策略与权势关系的动态发展进行了语用分析；庄美英（2012）在"面子威胁论"的基础上，探讨了针对冒犯性话语的一种策略性回应方式——"缓和性冲突回应"的特征；杨骁勇（2013）立足于现有语料，对人际互动中冲突性话语的话步结构和语用特征进行探讨；李成团、冉永平（2017）分析争辩性会话中会话者如何通过解构他人身份，实现自我身份的建构；钱立新、王江汉（2018）分析了化解代际话语冲突的移情和语用缓和等语用策略；陈新仁、李捷（2018）在关系管理模式框架下考察学术研讨课堂中的礼貌现象；何自然（2018）从我国社会语言生活的角度，谈论人们使用语言处理人际关系的种种情况；杨娜（2018）基于网络新闻互动平台"澎湃问吧"中的网络应答语料分析，结合人际语用理论，探究否定与网络和谐管理之间的动态关系；郑辉、陈芳（2019）从人际语用学视角观察亲子关系制约下冲突性话语的会话结构、互动模式的动态性以及其语用特征。

2. 语用身份的多种语料分析

不同语料的语用身份建构分析比较多样化，袁周敏（2011）分析身份标记语中的称呼语的语用力量与交际需要的平衡；李成团（2010a）探究语用身份理论与外语教学的紧密关系；杨青（2013）分析了家庭冲突话语中的自称语视点选择调节家庭冲突话语模式以及人际关系的语用理据；李成团、冉永平（2015）讨论人际语用学视角下的人际关系构建、人际情态表达与人际关系评价等相关研究；孙莉（2015）基于陈新仁（2013c，2014c）提出的语用身份理论，分析了中国硕士学位论文英文摘要部分的语用身份建构和话语资源选择，并通过与国际学者对比，考察中国硕士学位论文英文摘要写作中存在的问题。

4.3.4 跨文化语用的应用研究

1. 跨文化语用失误

相关应用研究主要分析跨文化交际失误的成因和对策，如王美玲（2010）和孙宇、王天昊（2011）、李谨香（2011）；刘莉（2009）则以图式理论的推导、差异和缺失三方面特性为基础解析语用失误产生的认知根源；杨文慧（2009）分析了美国人和中国人的主位语用差异和共同之处，为跨文化混合语用模式提供了较有力的证据，同时也对跨文化语用定势提供了反证。

2. 跨文化交际中的言语行为研究

相关研究主要针对具体言语行为（如请求、不同意等）进行分析并找出文化根源（佟晓梅，2009），如罗美娜（2010）以中国大学生对美国教授的真实电子邮件为语料，从语篇层面探究跨文化实施请求的礼貌策略和语篇特色；竹旭锋（2016）的文化语用学重点解释言语交际活动中文化行为、文化语境和交际主体之间的互动关系；褚艳（2016）对言语行为"不同意"进行了跨文化语用对比研究；杨文慧（2019）对中国和英美致谢者致谢话语礼貌认知"意"和语用态势开展了跨文化分析。

3. 文学、影视、艺术作品的跨文化语用研究

文学、影视、艺术作品中的跨文化语用分析很丰富。王建华、周毅（2011）通过对汉英山水画画论话语的跨文化语用比较，揭示了他们所投射的中西社会规约、审美意趣、心理意识等不同的文化内核；龚云（2012）结合实例探讨了欣赏英语原声电影对文化语用能力提升的促进作用以及突出优势；申其元（2012）选用中美两国动画片中各自经典的作品，对设计元素、文化差异的模式及其语用对比进行研究；付瑶（2013）认为从语用学的语义和语境角度进行转换是克服古典诗词翻译中文化障碍的有效途径；曹叶秋（2014）认为将英语影视资料及文化导入课堂，有助于大学生英语语用能力和跨文化交际能力的提高；何欢（2016）认为英语电影中的文化信息，尤其是字幕须提供及时准确的信息，否则影响电影的传播和观众的接受。

4. 跨文化翻译

跨文化翻译主要考虑翻译中介入文化元素（鲍德旺，2009）。袁建军、梁道华（2010b）在跨文化翻译中考虑语用预设因素；赵硕（2013）认为历史文化翻译应融入运用语用意识；王海、王海潮（2017）高度评价岭南文化负载词形成的"粤语音译 + 意译（+ 副文本）"的译介语用翻译模式；龙翔（2019）从跨文化语用学的角度对少数民族文化典籍的翻译标准、流程、策略进行研究与分析。

5. 跨文化教学

关于跨文化教学，主要是针对学生跨文化意识和能力以及语用失误的调查研究，如彭晓娥、胡艳芬（2010），黄亚南（2012）、武黎（2014）、

陈晓霞（2014）等；还有的研究针对一些现象或用法进行具体分析，拓欣、梁润生（2011）在语言教学中对颜色词的语用功能进行跨文化研究；万书霞、包威（2013）基于实例分析，从文化维度和教学视角探讨避免习语语用失误的方法；杨丽、吴永强（2012）从礼貌原则与指示语角度探讨使用虚拟语气的文化和语用需求。

6. 最新研究

可喜的是语用学领域在近两年出现了文化语用学及交互文化语用学（intercultural pragmatics）的新兴领域，有一些应用研究的成果，如毛延生、何刚（2017）和毛延生、刘宇晗（2020）以文化语用学框架为依托，从发生形态、基本类型和根本理据维度出发，系统地探讨了网络指示语变异问题；冉永平、刘平（2018）认为语用学从单一文化语境下的语言交际研究发展到了多元文化语境下的交互文化语用学的新兴领域；竹旭锋、何刚（2018）认为交互文化语用学关注不同文化／语言背景的交际者在进行跨文化交往和互动过程中的语用问题；何刚（2018）以发生在美国文化语境中的真实话语为研究对象，探索焦点话语和会话的文化语用推理模式。

4.3.5 汉语语用的应用研究

1. 汉语言语行为

相关研究主要针对冒犯性语言（申智奇，2010）、汉语真诚性与非真诚性邀请（于秀成、张绍杰，2010）、道歉言语行为（傅蓓，2010）、表达异议（陈洁，2015）、恭维言语行为（张烁、胡金莎，2015）等言语行为的特点进行了描述；还有一些深入研究，如吴兴明（2010）把"兴"看作是中国古代世界特有的一种言语行为，分析它的内部结构；吴剑峰（2011）分析了作为言语行为的结果演变而来的言说类公务文体的独特言语行为方式及社会功能；陈香兰（2012）探讨现代汉语间接拒绝言语行为在不同语境下转喻操作的情况。

另外，任伟（2018）着重探讨中国大陆和台湾地区汉语请求言语行为的语用策略；于国栋、吴亚欣（2018）以汉语自然真实会话为语料来源，对执行言语行为的语言及副语言手段、交际者识别言语行为的途径、对言语行为做出回应的方式以及语法结构与言语行为间的关系进行了系统研究。

2. 汉语语用词汇

主要针对汉语模糊小量（程邦雄等，2010）或小量策略（单宝顺、齐沪扬，2014）、"或者说"（尹蔚，2011）、"X 也是（的）"（刘志富、李丽娟，2013）、倒辞的语用修辞（虞锐，2012）等语用策略的描述；还有一些宏观研究，如荣月婷（2012）就 11 个汉语常用交际呼语的语用信息收录情况对四本对外汉语学习词典进行调查，从理论和实践两方面提出编纂建议；余光武（2014）汉语语用能力的构成涉及语篇、语体、言语行为、言外之意、礼貌、修辞等六个方面的理解与运用；李军（2015）通过分析构成类型指出汉语的指示时间的划分类别和解释定位选择策略；李青苗（2012）从语用策略角度分析《左传》的赋诗、引诗采用的交际礼貌原则的各种准则。

3. 对外汉语教学

对外汉语教学主要是调查留学生学习汉语言语行为的情况，如亓华、李萌（2011）提出的表扬语及跨文化语用问题；杨黎（2015）考察了语言水平、语言环境与汉语学习者感谢言语行为语用能力发展之间的关系；还有针对汉语写作的语用分析（张向荣、林莉，2012）、语用修辞教学（张少云，2011）、汉语会话含意的理解情况（范香娟，2017）等；另外，刘玉屏（2010）认为语境提示理论对于揭示汉语的理解机制和会话策略可帮助留学生提高汉语理解能力；吴丽君、钱茜（2014）建立对外汉语教师课堂话语标记语料库，观察和分析教师话语标记的语用意义、交际功能和使用规律；李连伟、邢欣（2016）认为汉语中融入了英语中的某些交际文化和语用规则，形成了汉语跨文化语用变体；李茨婷、张明明（2019）基于层级视角探究在上海高校工作的 8 名不同语言背景的外教在汉语语用自主性和社会文化适应等方面的情况。

4.3.6　语用翻译的应用研究

语用学在翻译领域的应用研究主要体现在从语用学角度探讨翻译策略。

1. 某种现象或词的结构翻译

语用翻译运用语用学的言语行为理论或语用学的宏观视角并结合翻译理论分析一些语言现象。首先，从言语行为理论、礼貌原则的视角，分析了英汉双关、校训、英汉否定类公示语的翻译（艾琳，2010；齐静、王建平，2017；董攀、卢卫中，2014）；其次，从语用学的宏观视角探讨英汉称呼语、习语、非正式单词、词组或句式的语用功能翻译策略（李先进、黄信，2011；吴耀武，2010；邓隽，2011）；还有分析兼顾原文、译文和译文对象（读者）三元关系的语用翻译手段，如何自然、李捷（2012）的名称翻译讨论和王才英、侯国金（2018）的突出语义性和语用性的无"虐暴"或仅有"软暴"的译法探讨。

2. 文体或文本翻译

在语篇（卞凤莲、裴文斌，2009）、新闻报刊、论述、公文、描述及叙述、科技和应用等主要语用功能文体（刘宓庆，2012）、对外宣传（王守宏，2012；荣襄，2019）、科技翻译（杨志亭，2019）方面的翻译语用功能探讨较多；还有文学文本语用翻译策略探讨，如杨靖（2016）以当代乌克兰著名幽默短篇小说集《维尼楚克的奇幻世界》翻译实践为例，认为语用翻译策略可以精准地理解文学作品中的幽默元；王俊超（2018）通过拓展语用顺应论，探索文学隐喻翻译的认知机制和理据性；王才英、侯国金（2019）对比了《红楼梦》中唯一一副中药方的杨宪益和霍克斯两种英译，根据语用翻译观建议采用杨—霍方式的折中法；李占喜（2013）尝试提出译文读者认知和谐的语用翻译策略选择原则；曹旺儒（2018）的《语用翻译理论与实践研究》一书从原文语境和语言使用者的因素考虑翻译实践。

4.3.7　商务语用的应用研究

1. 商务文体

首先，有研究针对商务谈判中的语用技巧进行分析（邵红万，2011；周娜，2013），特别是杨文慧（2013）和谢群（2017）以商务语用人际关系的分析模式来探讨商务谈判中的冲突话语和协商性话语的特点；其次，宋智（2014）分析了资信调查函中的模糊限制语；李朝渊、吴东英（2016）分析了实现信息披露、成就分享、与公众日常互动这三种企业—公众关系策略的具体关系言语行为；刘永厚、王园（2016）探讨了"新经济原则"在商务英语信函写作中的运用；刘会英、冉永平（2019）探究元语用表达在身份资源、语言资源和交互资源利用方面体现的商务交互能力。

2. 商务翻译

相关研究主要针对商务英语广告、信函、合同、品牌的语用翻译策略进行了探讨，袁建军、梁道华（2010a）、颜萍、朱文忠（2018）、赵琦（2011）、朱晓红（2012）、刘家凤、何自然（2015）的研究比较具有代表性；此外，黄艺平（2010）从语用角度探讨了礼貌性原则在商务翻译情境交际中的作用。

3. 商务语用

言语行为、商务语用、语用移情、跨文化交际、合作原则、人际语用等语用学领域均有商务方面研究涉及。例如，杨雨寒（2009）认为，在商务活动中，采取直接还是间接言语行为不是绝对的，是由言语行事所带来的取效行为决定的；姚嘉五（2010）分析了商务英语语用学的五种特点；马晓梅、何岑成（2011）从语用移情的语用—语言层面的人称指示系统、模糊限制语和语气系统的三个典型角度，建构了商务英语沟通中的语用移情策略；李维（2013）讨论了企业跨文化交流中语用问题的成因及提高企业跨文化交流语用能力的策略；李群（2014）从语用学的角度分析了特殊用途英语的特殊性和语用惯例；段玲琍、徐亚玲（2016）分析了商务英语的语用学研究基础，提出了商务英语的语用学研究走向；段平、王勃（2018）以语用学的合作原则为基础，提出效率原则，并通过专业交际学（TC）的语用策略对其加以解释；何然（2020）从语境顺应视角研究国际商务沟通语用策略。柴改英、韩骅（2017）从人际关系视角出发，对比分析了中美地方政府商务外宣语境中所建构的关系身份及其语言形式。

4. 商务教学

相关研究主要关注商务英语人才的语用能力培养情况。譬如，蒋柏明（2010）探讨了语境与语用能力的关系以及语境在商务英语教学中的作用；李镔（2012）介绍了复合型商务英语人才语用能力的发展状况、重要意义以及培养策略；李清华、李迪（2018）认为商务英语语用教学的主要内容是语用知识以及知识的内化，在商务英语语用能力测试中，意义共建能力、身份共建能力与礼貌共建能力是三个主要构念成分；段玲琍、师敏、秦莞玥（2018）发现商务环境中商务语用能力的构建与日常语用能力有本质上区别；刘平、冉永平（2019）从单语言、单文化到多语言、多文化发展变化的角度，梳理商务语境下的语用能力，讨论交互文化语用能力的概念。

4.3.8 法律语用、临床语用的应用研究

1. 法律语用

首先，一些学者探讨了言语行为的法律范畴，如张清（2009）认为

法官说出"本院认为"的同时，既完成了说话行为，又完成了施事行为；陈敏、杨署东（2014）运用言语行为理论，系统分析了法律英语语言中出现频率较高的 shall 句型的语用特征和语用意义；周娜（2014）根据言语行为理论分析了法庭讯问类型。

其次，一些研究涉及各种法律现象与语用学的关系，如齐建英（2015）讨论了法律语用预设；张斌峰、肖宇（2012）解释了证据链的语用推理行为；崔凤娟（2017）分析了模糊语言在庭审过程中的作用；高莉（2019）探讨了立法语篇衔接与连贯特征商务篇章语用学；崔凤娟、苗兴伟（2009）分析了模糊限制语作为语用策略在律师庭审辩护词中的使用情况；陈定秋、朱德林、夏重庆（2012）发现法律用语中"扣留"与"扣押"有区别；此外还有张蓉、钟彩顺（2015）对法律语用能力的探讨；蒋晓云（2016）对闪避回答的语用策略进行了分析；高志明（2017）有关非物质财产内涵的语用分析。

2. 法律翻译

语用学理论在法律翻译方面的应用也有较多研究。例如，郭淑婉（2013）从法律翻译文本、郭淑婉（2015）对原文情态意义的语用充实进行了探讨；王同军（2013）聚焦法规类公示语，从文化语用的角度讨论了如何实现该类公示语的翻译转换；曾小云（2015）在剖析法律文本中 subject to 的语义和语用特征的基础上讨论了其语用翻译方法；李晋（2017）论证了法律翻译本质上是一个语用过程。

3. 临床语用

临床语用的研究相对较少。罗光强（2015）探讨了医德描述语词的语用原则；冉永平、李欣芳（2017）归纳出临床语用研究的主要问题及议题。这些研究都旨在推动我国的临床语用学研究和交际障碍的语用学研究。

4.3.9　语用教学研究

1. 语用能力的可教性问题

　　近十年来，许多学者再次重温语用能力的可教性问题。多数研究发现显性教学更有效，段玲琍（2009）对英语拒绝策略的可教性进行了预实验和正式实验，证明了语用能力具有可教性；杨满珍（2009）认为英语学习者的语用能力可以通过课堂教学得到提高；姜占好、陶源、周保国（2011）认为语用知识隐性特征和语用教学实践成果使得课堂语用教学成为必然；陈新仁等（2013）以《语用学与外语教学》为题编撰了国内首部关于语用习得和语用教学的文集，其中的教学篇围绕会话含意教学、言语行为教学、语用预设教学、话语标记教学、语言礼貌教学、会话组织教学和语言模因教学进行了教学理念探讨；张绍杰（2013）建议应该采取不同的方式和方法教授学生，发展学生的语用能力应把语言知识教学同语用能力培养紧密结合；卢加伟（2013）聚焦语用教学研究的三大基本问题，即语用教学的必要性与可行性、语用教学的主要内容以及语用教学的方式；侯国金（2014）提出了提高学生语用能力的策略；段玲琍（2017）探讨了社会文化理论融入语用习得教学的教学和学习效果。

2. 语用能力教学的多维度考察

　　语用能力的多维度研究，特别是与其他因素的关系得到了进一步验证。孙晓曦、王同顺（2009）描述并讨论了中国小学生英语学习者第二语言语用能力如何随其第二语言语法能力的提高而发展；李民、陈新仁、肖雁（2009）的研究表明意识程度与语言能力水平发展，还有性格类型都显著相关；卢加伟（2010）考察了中国英语学习者两个不同语言水平组的拒绝言语行为，发现语用迁移表现出程度上的不同，并受拒绝诱发因素的影响；邵丽君、赵玉荣（2011）考察了学习动机和文化认同对学习者目的语语用能力的成长产生的影响；刘建达、黄玮莹（2012）研究了中国学生英语水平与语用能力发展之间的关系；李燕、姜占好（2014）

在分析语用能力构成维度的基础上，对新时期英语专业学生的语用能力进行了调查；何自然（2014）提出了以三大内容培养发展语用能力的具体策略：理解语言的语用能力策略、运用语言的语用能力策略和跨文化交际的语用能力策略；徐敏、陈新仁（2015）研究大学英语教师课堂话语建构的语用身份类型、语用策略及语境顺应性；倪慧（2018）从语义、语用和文化预设三个方面对预设进行意义分析，提出教学中需要加强对预设信息及其所含命题的分析与推定；郝钦海、蔡凌波（2019）研究大学女性英语教师课堂话语建构的语用身份类型、语用策略及语境顺应性。

3. 语用能力测试

语用能力的测试方法一直面临许多问题，近十年的研究进展不大。姜占好、周保国（2012）认为大部分语用评估缺乏对问卷构念效度的理论阐释及统计学意义上的说明；方秀才（2012）分析了在我国开展语用能力测试面临的诸多困难。段玲琍（2012）对比分析了书面话语填充、选择性书面话语填充和书面话语自我评价三种语用能力测试工具测量中国学生语用能力的效度和信度情况；刘建达（2013）从形成性评估这个角度针对语用能力测试和评估的实施方法作了详细阐述；段玲琍（2013）使用多层面 Rasch 模式在评分严厉度、考生、题目难度和评分量表四方面考察了语用能力测试的中外评分员的评分差别；李清华、邹润（2015）发现中介语语用能力测试研究主要在理论基础、语用能力构念的代表性和测试任务的真实性等方面存在问题；韩宝成、黄永亮（2018）根据《中国英语能力等级量表》中语用能力的描述框架，进一步分解了语用能力的核心要素。

语用学因其开放包容的特色，获得了来自不同学科、理论和方法的推动。语用学应用研究也同样蓬勃发展。语用学理论和其他学科形成交叉学科或为其他学科注入理论动力，造就了语用学的应用学科或应用研究领域。

参考文献

艾琳 . 2010. 言语行为理论与英汉双关翻译 . 上海翻译，(1)：33-36.

鲍德旺 . 2009. 文化差异对语用翻译的影响 . 江苏社会科学（教育文化社会科学版），(S1)：236-239.

卞凤莲，裴文斌 . 2009. 言语行为理论与语篇翻译的连贯性 . 山东外语教学，(3)：92-95.

曹笃鑫，向明友 . 2017. 意义研究的流变：语义—语用界面视角 . 外语与外语教学，(4)：78-89.

曹旺儒 . 2018. 语用翻译理论与实践研究 . 北京：中国纺织出版社 .

曹叶秋 . 2014. 影视文化导入有助于大学生语用能力和跨文化交际能力的提高 . 教育探索，(12)：46-47.

柴改英，韩骅 . 2017. 政府商务外宣话语中关系身份的人际语用研究 . 外语教学，(1)：49-54.

陈定秋，朱德林，夏重庆 . 2012. 对停车场收取扣留车辆保管费的法律研究——从语用学中"扣留"与"扣押"的区别说开去 . 政法学刊，(5)：82-87.

陈洁 . 2015. 汉语中表达异议的七种语用策略 . 文艺争鸣，(3)：200-205.

陈娟 . 2019. 批评语用学视角下的环保话语研究 . 南京：南京大学博士学位论文 .

陈柯妮 . 2011. 言语行为转喻源始域选择与会话者权势关系——《雷雨》的认知文体分析 . 北京第二外国语学院学报，(12)：17-23.

陈琳霞，何自然 . 2006. 语言模因现象探析 . 外语教学与研究，(2)：108-114.

陈梅松，陈新仁 . 2016. "中国梦"话语的模因论阐释 . 天津外国语大学学报，(4)：30-33.

陈敏，杨署东 . 2014. 法律英语语言中 shall 句型的语用分析 . 外国语文，(2)：95-100.

陈倩 . 2019. 网络冒犯的语言实现方式及人际语用理据探析 . 外语教学，40(2)：32-37.

陈师谣 . 2010. "博士"的历史语用学探析 . 重庆交通大学学报（社会科学版），(2)：122-126.

陈香兰 . 2012. 语境与高层转喻：基于现代汉语间接拒绝的探讨 . 外国语文，28(5)：61-66.

陈向明 . 2000. 社会科学研究中写作的功能 . 学术界，(5)：81-86.

陈晓霞 . 2014. 跨文化交际口语 . 北京：北京大学出版社 .

陈新仁 . 2004a. 会话信息过量现象的语用研究 . 西安：陕西师范大学出版社 .

陈新仁 . 2004b. 论语用平衡 . 外语学刊，(6)：42-47.

陈新仁 . 2007. 词汇阻遏现象的顺应性阐释 . 外语学刊，(1)：80-86.

陈新仁 . 2009. 批评语用学：目标、对象与方法 . 外语与外语教学，(12)：10-12.

陈新仁 . 2010. 语言顺应论：批评与建议 . 何自然主编 . 语用学研究第 3 辑 . 北京：
高等教育出版社，13-22.

陈新仁 . 2011. 新认知语用学—认知语言学视野中的认知语用研究 . 外语学刊，(2)：
40-44.

陈新仁 . 2013a 广告用语的个人化趋向：一项历时研究 . 外语教学理论与实践，(3)：
26-32，81.

陈新仁 . 2013b. 批评语用学视角下的社会用语研究 . 上海：上海外语教育出版社 .

陈新仁 . 2013c. 语用身份：动态选择与话语建构 . 外语研究，(4)：27-32，112.

陈新仁 . 2014a. 基于社会建构论的语用能力观 . 外语研究，(6)：1-7，112.

陈新仁 . 2014b. 顺应与重建：关于结构与语境关系的再思考 . 外语教育研究，(1)：
7-13.

陈新仁 . 2014c. 语用学视角下的身份研究：关键问题与主要路径 . 现代外语，(5)：
702-710，731.

陈新仁 . 2015. 语义学与语用学的分界：一种新方案 . 外语教学与研究，(6)：838-849，
859-860.

陈新仁 . 2017a. 词汇—语法创新的语言模因论解读——以英语非作格动词"致使化"
为例 . 外语教学，(3)：12-17.

陈新仁 . 2017b. 基于谚语理解的语用充实新探 . 外语教学与研究，(6)：890-899.

陈新仁 . 2018a. 房产广告中"身份套路"的批评语用分析 . 山东外语教学，(5)：
24-33.

陈新仁 . 2018b. 试论中国语用学学科话语体系的建构 . 外语教学，39(5)：12-16.

陈新仁 . 2018c. 中国语用学本土理论建设刍议 . 外国语（上海外国语大学学报），
41(4)：9-11.

陈新仁 . 2019. 身份理论视角下的词汇语用问题研究 . 英语研究，(9)：23-33.

陈新仁 . 2020. 基于元语用的元话语分类新拟 . 外语与外语教学，(4)：1-10.

陈新仁 . 2021. 身份元话语：语用身份意识的元话语表征 . 语言学研究，(1)：6-17.

陈新仁，陈娟 . 2012. 模糊性商业广告用语的批评语用分析 . 外国语言文学，(4)：
235-242，279.

陈新仁，李捷 . 2018. 基于关系管理模式的同伴反馈话语研究——以课堂学术研讨为例 .
天津外国语大学学报，(1)：2-11.

陈新仁，李捷 . 2019. 当代中国礼貌观城乡差异调查与分析 . 外语研究，(1)：29-36，112.

陈新仁，李民 . 2013. 社会行为论：会话分析的新视角 . 外语与外语教学，(6)：1-5.

陈新仁，卢加伟，钱永红，吴珏，何荷，景晓平，钟茜韵，季小民，孙莉，段玲琍，江晓红，高瑞阔，李民，刘建达．2013．语用学与外语教学．北京：外语教学与研究出版社．

陈新仁，钱永红．2011．多模态分析法在语用学研究中的应用．中国外语，8(5)：89-93．

陈新仁，王毅圆．2015．间接言语的实质与动机——评 Terkourafi 和 Pinker 之辩．语言科学，(5)：517-525．

陈新仁，王玉丹．2012．关于全球化背景下通用语英语交际的思考．外国语文研究，(2)：188-197．

程邦雄，危艳丽，刘海咏．2010．现代汉语模糊小量的语用文化特征．语言研究，(3)：90-92．

程杰．2017．试论多元语用能力培养的元语用意识维度．浙江外国语学院学报，(4)：23-28．

褚艳．2016．英语本族语者和中国英语学习者"不同意"礼貌策略的跨文化语用对比研究．中国应用语言学，(2)：231-245．

崔凤娟．2017．庭审中的模糊语言与权力关系研究．浙江外国语学院学报，(5)：19-25．

崔凤娟，苗兴伟．2009．律师庭审辩护词中模糊限制语的顺应理论研究．西安外国语大学学报，(2)：38-41．

丹尼斯·韦尔南．2014．符号学研究．曲辰译．成都：四川大学出版社．

邓隽．2011．语用意义对等翻译——试论"了2"的英译策略．外语学刊，(2)：124-126．

邓兆红，邱佳．2019．当代中国礼貌观的地域差异研究——以致歉行为为例．外语研究，36(1)：44-51．

董成如．2007．词汇语用学的认知视角——话语中词义缩小和扩大的图式范畴化阐释．现代外语，(3)：231-238．

董攀，卢卫中．2014．否定类公示语英译：基于礼貌原则和泰特勒翻译原则的研究．外国语文，(2)：134-137．

段玲琍．2009．中国外语教学语境下语用能力可教性的实证研究．天津外国语学院学报，(4)：67-74．

段玲琍．2012．语用能力测试工具的效度和信度研究．外国语文研究，4(1)：84-96．

段玲琍．2013．语用能力测试评分的多层面拉西模式分析．复旦外国语言文学论丛，(1)：59-66．

段玲琍．2017．社会文化理论与语用习得研究．广州：暨南大学出版社．

段玲琍，师敏，秦菀玥．2018．跨语言的商务语用能力对比研究．山东外语教学，(5)：34-42．

段玲琍, 徐亚玲. 2016. 商务英语的语用学研究走向. 外国语文, (4): 60-66.

段玲琍, 翟菁菁. 2017. 拒绝策略的跨语言对比研究. 外国语文研究, 8(1): 80-91.

段平, 王勃. 2018. 语用学的效率原则与专业交际学的语用策略. 中国 ESP 研究, (2): 118-141.

范文嫣. 2005. 浅议王熙凤语言中的礼貌原则. 社会科学家, (5): 32-34.

范香娟. 2017. 汉语学习者对会话含意的理解能力研究. 汉语学习, (3): 85-94.

范馨予. 2014. 中国 ESL 学习者夸奖回复语用策略分析. 浙江外国语学院学报, (2): 32-38.

方秀才. 2012. 外语语用测试: 问题与对策. 外语测试与教学, (2): 43-50.

傅蓓. 2010. 汉语道歉语的话语研究. 语言教学与研究, (6): 70-77.

傅琼. 2020. 王熙凤的自我意识解读: 基于元语用证据. 外语与外语教学, (4): 44-50.

付瑶. 2013. 语用等效视域下的意象再造——中国古典诗词跨文化传播的有效途径. 东岳论丛, (8): 185-188.

高莉. 2019. 篇章语用学在法律语篇分析中的运用. 语言与文化研究, (1): 1-5.

高志明. 2017. 非物质财产相关法律概念的语用分析. 大连理工大学学报 (社会科学版), (3): 86-91.

戈玲玲. 2002. 顺应论对翻译研究的启示——兼论语用翻译标准. 外语学刊, (3): 7-11.

龚双萍. 2011. 冲突性话语回应策略与权势的语用分析. 外语学刊, (5): 76-81.

龚云. 2012. 英语原声电影欣赏对文化语用能力提升的促进作用. 电影文学, (20): 161-162.

顾曰国. 2002. 导读. Austin, J. L. 如何以言行事. 北京: 外语教学与研究出版社.

顾曰国. 2013. 论言思情貌整一原则与鲜活话语研究——多模态语料库语言学方法. 当代修辞学, (6): 1-19.

桂诗春, 冯志伟, 杨惠中, 何安平, 卫乃兴, 李文中, 梁茂成. 2010. 语料库语言学与中国外语教学. 现代外语, (4): 419-426.

郭淑婉. 2013. 关联理论视角下的语用充实制约因素探析——以法律翻译为例. 西安外国语大学学报, (1): 39-42.

郭淑婉. 2015. 关联理论视角下法律翻译情态意义的语用充实. 天津外国语大学学报, (2): 37-42.

郭亚东, 陈新仁. 2019. 冲突话语中身份的操作、认知与磋商. 语言文字应用, (3): 144.

郭亚东, 陈新仁. 2020. 语言顺应 (性): 概念与操作——Jef Verschueren 教授访谈与评解. 外语教学理论与实践, (2): 37-41.

韩宝成, 黄永亮. 2018. 中国英语能力等级量表的研制——语用能力的界定与描述. 现代外语, (1): 91-100.

韩东红.2010."关联—顺应模式"新诠释.集美大学学报(哲学社会科学版),(2):77-82.

韩戈玲.2020.汉语儿童请求协商事件及语用能力发展研究.外语教学,(4):75-80.

郝钦海,蔡凌波.2019.课堂话语中女性英语教师的身份建构——以首都经济贸易大学为例.商务外语研究,(16):48-53.

何刚.2004a.话语、行为、文化–话语信息的文化语用学解释.修辞学习,(5):16-22.

何刚.2004b.文化设定与言语行为——语用方式的文化解释.外语研究,(5):7-11.

何刚.2018.美国话语的文化语用推理试探.外国语(上海外国语大学学报),(4):54-65.

何荷,李梦欣.2021.网店店主自我身份建构的元语用意识探究——以淘宝商品描述语为例.语言学研究,(1):55-66.

何欢.2016.英语电影字幕翻译的文化差异与语用分析.山东社会科学,(S1):601-602.

何鸣,张绍杰.2018.后格赖斯语用学:语义最简论述评.现代外语,(1):122-129.

何然.2020.全球化背景下的国际商务沟通语用策略——基于语境顺应视角.中国商论,(3):228-229.

何兆熊.1999.语用学概要.上海:上海外语教育出版社.

何兆熊.2000.新编语用学概要.上海:上海外语教育出版社.

何自然.1988a.语言形式的语用分析.外国语(上海外国语学院学报),(1):39-46.

何自然.1988b.语用学概论.长沙:湖南教育出版社.

何自然.1995.Grice语用学说与关联理论.外语教学与研究,(4):23-27.

何自然.1997.语用学与英语学习.上海:上海外语教育出版社.

何自然.1999.语用学方法论刍议.解放军外国语学院学报,(4):1-3.

何自然.2008.语言模因及其修辞效应.外语学刊,(1):68-73.

何自然.2013.语用学与邻近学科的研究.中国外语,(5):19-27.

何自然.2014.在语用学指导下发展语用能力.浙江外国语学院学报,(2):1-8.

何自然.2018.人际语用学:使用语言处理人际关系的学问.外语教学,(6):1-6.

何自然,陈新仁.2004.当代语用学.北京:外语教学与研究出版社.

何自然,陈新仁 等.2014.语言模因理论与应用.广州:暨南大学出版社.

何自然,何雪林.2003.模因论与社会语用.现代外语,(2):200-209.

何自然,李捷.2012.翻译还是重命名——语用翻译中的主体性.中国翻译,(1):103-106.

何自然,冉永平.1998.关联理论—认知语用学基础.现代外语,(3):92-107.

何自然,冉永平.2009.新编语用学概论.北京:北京大学出版社.

何自然,谢朝群,陈新仁.2007.语用三论:关联论、顺应论、模因论.上海:上海教育出版社.

何自然，于国栋 . 1999.《语用学的理解》——Verschueren 的新作评介 . 现代外语，(4)：429-435.
何自然，张淑玲 . 2004. 非真实性话语作为语用策略的顺应性研究 . 外国语（上海外国语大学学报），(6)：25-31.
黑黟 . 2018. 外交语言风格转型：从礼貌优先到礼貌效率并重 . 河南师范大学学报（哲学社会科学版），(4)：145-150.
洪岗，陈乾峰 . 2011. 中美新闻发言人拒绝策略对比研究 . 外语教学与研究，43(2)：209-219.
洪牡丹 . 2018. 军队语境中不礼貌话语的身份建构机制 . 天津外国语大学学报，(1)：35-44.
侯国金 . 2014. 语用能力及其发展方案 . 浙江外国语学院学报，(2)：24-31.
胡丹 . 2011. 低调陈述修辞格的批评语用研究 . 江西社会科学，31(5)：210-214.
胡旭辉，陈新仁 . 2014. 批评语篇分析的关联视角 . 外语学刊，(1)：35-41.
胡壮麟 . 1980. 语用学 . 国外语言学，(3)：1-10.
黄立鹤 . 2014. 言语行为研究的另一个界面：现场即席话语视角 . 浙江外国语学院学报，(3)：45-53.
黄立鹤 . 2017. 言语行为理论与多模态研究——兼论多模态（语料库）语用学的逻辑 . 北京第二外国语学院学报，(3)：12-30.
黄立鹤 . 2018. 基于多模态语料库的语力研究：多模态语用学新探索 . 上海：上海外语教育出版社。
黄立鹤 . 2019. 多模态语用学视域下的言语行为与情感因素：兼论在老年语言学中的应用 . 当代修辞学，(6)：42-52.
黄亚南 . 2012. 从中西方文化差异的角度分析社交语用失误及其对策 . 中国成人教育，(1)：147-149.
黄艺平 . 2010. 从语用角度看商务翻译的礼貌性原则 . 中国科技翻译，(4)：34-37.
霍永寿 . 2016.“行事学术”与禅宗语言哲学的意义观 . 外语学刊，(2)：1-5.
霍永寿，钱冠连 . 2019. 夹缝中的学问也是真学问——钱冠连教授访谈录 . 英语研究，(9)：1-9.
季小民，何荷 . 2014. 国内外语用学实证研究比较：语料类型与收集方法 . 外语教学理论与实践，(2)：27-33.
姜晖 . 2011. 元语用视角下的功能性言语探究 . 当代外语研究，(4)：15-19.
姜晖 . 2013. 语言学中的 meta 术语及其相关性研究 . 外国语文，(6)：100-104.
姜晖 . 2018.《语用能力与关联性》评介 . 外语教学与研究，(3)：468-472.
姜晖 . 2019a. 礼貌话语的元语用选择与交互主体性构建 . 浙江外国语学院学报，(3)：32-38.

姜晖 . 2019b. 元语用研究：概念、应用与展望 . 天津外国语大学学报，(4)：138-150.

姜晖 . 2020. TED 演讲中受众元话语的元语用分析 . 外语与外语教学，(4)：25-35.

姜晖，刘风光 . 2013，《语言使用中的意识形态：实证研究的语用准则》述介 . 外语
　　教学与研究，(3)：474-478.

姜占好，陶源，周保国 . 2011. 国外课堂语用教学研究三十年 . 西安外国语大学学报，
　　(2)：93-96.

姜占好，周保国 . 2012. 学习者语用能力评估研究 . 外语教学，(5)：45-48.

蒋柏明 . 2010. 高职商务英语教学中语境与语用能力的培养 . 中国成人教育，(4)：
　　155-156.

蒋晓云 . 2016. 民事庭审闪避回答语用策略分析及应对 . 广西师范大学学报（哲学社
　　会科学版），(1)：130-134.

金颖哲 . 2021. 发话人元话语的形象管理功能——学术场景中专家自我表述的元语用
　　分析 . 语言学研究，(1)：43-54.

靳琰，张丽婷 . 2011. 网络批评言语行为释究——基于网络论坛对"44 个汉字整形"
　　评论的语料分析 . 外语电化教学，(1)：56-59.

鞠红，戴曼纯 . 2006. 低调陈述作为语用策略的顺应性研究 . 外语教学与研究，(1)：
　　11-16.

亢志勇 . 2012. 英语课堂教学中礼貌原则的应用 . 教学与管理，(27)：108-109.

赖小玉，冉永平 . 2018. 礼貌与不礼貌研究的最新成果——《Palgrave 语言（不）礼
　　貌手册》评价 . 外语教学，(2)：111-113.

蓝纯，赵韵 . 2010.《红楼梦》中跨等级道歉的语用研究 . 当代修辞学，(02)：77-84.

李镔 . 2012. 语用认知探析复合型商务英语人才培养 . 成人教育，(6)：118-119.

李冰芸 . 2018. 弹幕言语不礼貌研究 . 外国语言文学，(2)：145-161.

李朝渊，吴东英 . 2016. 跨国公司社交媒体话语中的关系言语行为分析 . 中国 ESP 研究，
　　(2)：30-40.

李成团 . 2010a. 语用身份理论与生态外语教学 . 广东外语外贸大学学报，(6)：101-104.

李成团 . 2010b. 指示语选择的视点定位与身份构建 . 外语教学，(5)：15-19.

李成团 . 2013. 中日美命令 / 请求言语行为回应中关系管理与身份构建的对比研究 .
　　外语与外语教学，(2)：51-55.

李成团，冉永平 . 2015. 身份构建的人际语用学研究：现状、原则与议题 . 中国外语，
　　(2)：47-54.

李成团，冉永平 . 2017. 人际语用学视域下争辩会话中的身份构建研究 . 外国语（上海
　　外国语大学学报），(6)：2-11.

李茨婷，任伟 . 2018. 第三空间理论下二语语用能力和语用选择研究 . 外语与外语教学，
　　(2)：68-78.

李茨婷，张明明. 2019. 层级视域下来华外籍教师汉语语用自主性与社会文化适应研究. 外语与外语教学，(2)：34-42.

李蒂娅，李柏令. 2013. 马来西亚华英双语者请求行为的中介文化风格实证研究. 现代语文，(1)：91-94.

李慧，李经伟，焦新平. 2011. 中国学生英汉恭维应答言语行为的实证研究. 外语与外语教学，(5)：39-42.

李谨香. 2011. 中西方文化背景下语用原则比较. 江西社会科学，(6)：195-198.

李晋. 2017. 语用视角下的法律文本翻译对等呈现效度研究. 当代外语研究，(6)：86-89, 95.

李军. 2015. 汉语指示时间的语用策略. 浙江外国语学院学报，(3)：8-13.

李连伟，邢欣. 2016. 西方英语文化对中国人言语行为的影响——以汉语跨文化语用变体为例兼谈汉语国际推广. 社会科学家，(8)：150-155.

李梦欣，郭亚东，陈静. 2019. 当代中国大学生礼貌观性别差异调查与分析. 外语研究，(1)：37-43.

李民，陈新仁. 2018. 国内外语用能力研究特点与趋势对比分析. 外语教学理论与实践，(2)：1-8.

李民，陈新仁. 2019. 语料库语用学研究的国际热点解析. 现代外语，(1)：122-133.

李民，陈新仁，肖雁. 2009. 英语专业学生性格类型与语法、语用能力及其意识程度研究. 外语教学与研究，(2)：119-124.

李民，肖雁. 2017. 国内外语类核心刊物中语用学研究分析：1980—2015. 外国语文研究，8(1)：102-115.

李清华，宾科. 2014. 中国 EFL 学习者英语程式话语能力发展研究. 外语界，(6)：11-20.

李清华，李迪. 2018. 商务英语通用语语用能力探索. 外语学刊，(6)：74-81.

李清华，邹润. 2015. 二语语用测试研究 30 年. 解放军外国语学院学报，(4)：43-50.

李青苗. 2012.《左传》中引诗赋诗的语用策略分析. 兰州学刊，(7)：101-105.

李群. 2014. 交流与交流圈：特殊用途英语的语用学研究. 中国海洋大学学报（社会科学版），(1)：108-112.

李维. 2013. 企业跨文化交流中英语语用问题研究. 企业研究，(16)：161.

李先进，黄信. 2011. 称呼语转换及语用翻译策略探究. 外国语文，(6)：129-133.

李欣芳，冉永平. 2017.《语用混乱》评介. 天津外国语大学学报，24(3)：77-79.

李燕，姜占好. 2014. 新时期英语专业学生语用能力调查报告及启示. 外语教学，(5)：68-71.

李元胜. 2007. 顺应论在中国的研究综述. 成都大学学报（教育科学版），(3)：123-126.

李占喜. 2009. 顺应论：文学翻译的一个新视角. 华南农业大学学报（社会科学版），(3)：90-97.

李占喜.2013.译文读者认知和谐的语用翻译策略选择原则.外文研究,1(3):85-91.

廖巧云.2005.合作·关联·顺应模式与交际成败.四川外语学院学报,(2):58-63.

廖巧云.2006.合作·关联·顺应模式再探.外语教学,(3):20-23.

林纲.2019.政务微博语篇言语行为分析.传媒观察,(12):77-83.

刘陈艳.2014.基于标记—偏误假说的学习者请求言语行为偏误分析.西安外国语大学学报,(4):56-60.

刘承宇,胡曼妮.2015.历史语用学视角下的语法化——以 providing (that) 和 provided (that) 为例.当代外语研究,(5):5-10.

刘锋,张京鱼.2017.《人际语用学专刊》述评.外国语文研究,(3):107-111.

刘风光,邓耀臣,肇迎如.2016.中美政治道歉言语行为对比研究.外语与外语教学,(6):42-55.

刘风光,傅祖秋.2019.电视剧《初来乍到》中语用预设触发的不礼貌现象研究.语言教育,(3):52-55.

刘风光,石文瑞.2019.小说语篇可读性建构与不礼貌策略研究.外语与外语教学,(6):39-47.

刘和林.2011.人际交往·话语得体·语用距离.外语学刊,(1):59-62.

刘会英,冉永平.2019.商务英语通用语交际中元语用表达的交互能力——基于 VOICE 商务会议语料库的研究.外语电化教学,(4):106-113.

刘家凤,何自然.2015.品牌名称翻译中的重命名——再论语用翻译的主体性.中国翻译,(2):103-106.

刘建达.2006.中国学生英语语用能力的测试.外语教学与研究,(4):259-265.

刘建达.2013.大学英语语用能力的教学与评估.山东外语教学,(6):49-55.

刘建达,黄玮莹.2012.中国学生英语水平与语用能力发展研究.中国外语,(1):64-70.

刘莉.2009.跨文化交际语用失误调查的认知图示分析.学术交流,(8):148-150.

刘丽娟.2010.面子理论视野中的网络聊天礼貌策略研究.河南社会科学,18(3):120-122.

刘丽敏.2015."跨洋互动"中中国英语学习者与英语本族语者实施建议言语行为的对比研究.语言教育,(4):43-48.

刘宓庆.2012.文体与翻译(第二版).北京:中国对外翻译出版公司.

刘平.2010.会话冲突中元语用话语的语言表征及语用功能分析.外语教学,(6):24-28.

刘平.2012a.机构性会话冲突中元语用话语的积极语用调节功能.外语教学,(1):34-37.

刘平.2012b.元语用话语意义表征与意图表达的语用学分析.广东外语外贸大学学报,(1):33-37.

刘平. 2014a. 机构语篇中的元语用表达及其语用管理. 现代外语, (5): 638-646.

刘平. 2014b. 元语用评论语的语用调节性及其积极语用效应——争辩性电视节目中主持人话语分析. 外语教学, (1): 26-30.

刘平. 2016. 机构权力制约下媒体话语中元语用评论语的功能. 西安外国语大学学报, (4): 25-29.

刘平. 2017. 语用学研究的关系转向——人际语用学: 范围、对象与方法. 外语学刊, (5): 20-25.

刘平, 冉永平. 2019. 商务英语通用语交际中的交互文化语用能力. 外语教学理论与实践, (4): 8-16.

刘平, 冉永平. 2020. 投诉回应: 元语用话语与协商意识. 外语与外语教学, (4): 11-24.

刘思. 2008. 实验语用学研究综述. 当代语言学, (3): 246-256.

刘艳. 2015. 中国英语学习者语用能力发展模式实证研究. 外语学刊, (1): 114-119.

刘永厚, 王园. 2016. "新经济原则"与商务英语信函的言语优化配置. 上海对外经贸大学学报, (5): 74-84.

刘玉屏. 2010. 语境提示理论与对外汉语语用研究. 民族教育研究, (4): 66-70.

刘正光, 吴志高. 2000. 选择—顺应——评 Verschueren《理解语用学》的理论基础. 外语学刊, (4): 84-90.

刘志富, 李丽娟. 2013. 表示责怨的"X 也是（的）". 语言教学与研究, (6): 81-88.

龙海英. 2015. 语用修辞视野下不礼貌策略的选择识解——以家庭冲突场景为例. 浙江外国语学院学报, (3): 28-33.

龙翔. 2019. 少数民族文化典籍翻译之研究——以跨文化语用学为视角. 社会科学家, (7): 136-141.

龙跃, 黄运亭. 2013. 面子理论视阈下《还乡》中游苔莎的悲剧探析. 湖南科技大学学报（社会科学版）, 16(6): 145-148.

卢加伟. 2010. 语用迁移与二语水平的关系研究. 外语教学理论与实践, (1): 14-25.

卢加伟. 2013. 认知框架下的课堂语用教学对学习者二语语用能力发展的作用. 解放军外国语学院学报, (1): 67-71.

芦丽婷. 2015. 从关联期待看拒绝言语行为的解译. 湖北社会科学, (3): 131-136.

陆健. 2011. 礼貌原则在国际商务英语信函中的应用. 中国商贸, (36): 227-228.

罗光强. 2015. 叙事即评价: 医德描述语词的语用文化分析. 伦理学研究, (4): 135-138.

罗美娜. 2010. 跨文化请求的语用分析——以中国大学生与美国教授的电子邮件沟通为例. 浙江师范大学学报（社会科学版）, (1): 115-120.

罗琼鹏. 2017. 历史语用学视角下的语义演变机制——以拟声词"呵呵"的语义嬗变为例. 浙江外国语学院学报, (3): 26-33.

马博森 . 2009. 语料库与基于语料库的话语研究 . 外国语（上海外国语大学学报），
(3)：28-35.

马霞 . 2006. 口译：选择、协商与顺应——顺应论的语境关系在口译中的应用 . 中国
翻译，(3)：53-57.

马晓梅，何岑成 . 2011. 试论商务英语沟通中的语用移情策略 . 徐州师范大学学报（
哲学社会科学版），(6)：146-149.

毛延生 . 2011a. 被误解的"顺应"——语言顺应论之深度"误读"反思 . 南京邮电
大学学报（社会科学版），(1)：66-73.

毛延生 . 2011b. 语用视角下意义的复杂性回归——语言顺应论之"意义观"阐释 .
东北大学学报（社会科学版），(6)：550-555.

毛延生 . 2012. 超越还原论——语言顺应论中的方法论思想诠释 . 天津外国语大学学报，
(1)：1-8.

毛延生 . 2013. 语言顺应论中的复杂性思想研究 . 中南大学学报（社会科学版），(1)：
174-178.

毛延生 . 2014. 何为视角——语言顺应论之视角观解读 . 理论月刊，(8)：52-58.

毛延生，何刚 . 2017. 网络时代女性镜像的意识形态批评：基于文化语用学视角 .
深圳大学学报（人文社会科学版），(5)：134-138.

毛延生，黄倩倩 . 2016. 网络语境下建议行为的语用机制研究 . 语言教学与研究，(3)：
102-112.

毛延生，刘宇晗 . 2020. 网络指示语变异的文化语用机制研究 . 中国矿业大学学报
（社会科学版），(1)：129-142.

倪慧 . 2018. 命题预设与语义教学 . 复旦外国语言文学论丛，(2)：9-15.

聂清 . 2019. 禅宗研究的语用学维度 . 世界宗教文化，(4)：103-108.

彭国跃 . 2019. 汉代训诂学中的"礼貌"功能释义——历史社会语用学探源 . 国际汉
语学报，10(1)：25-47.

彭晓娥，胡艳芬 . 2010. 英语口语习得与跨文化交际语用能力调查与分析 . 中南大学
学报（社会科学版），(2)：99-102.

彭雪，吴晶晶 . 2017. 学术会议中专家点评的语用策略研究 . 外国语文研究，(4)：
31-38.

彭圆，何安平 . 2017. 教学语伴手势与话语因素的协同模式研究 . 外语与外语教学，
(2)：70-80.

亓华，李萌 . 2011. 汉语"表扬"语的话语模式与跨文化语用策略研究 . 西北大学学报
（哲学社会科学版），(4)：174-176.

齐建英 . 2015. 论法律语用预设推理的建构性及"预设陷阱" . 政法论丛，(2)：143-151.

齐静，王建平 . 2017. 言语行为理论观照下的校训英译 . 外语与翻译，(4)：27-31.

钱冠连 . 1997. 汉语文化语用学 . 北京：清华大学出版社 .

钱冠连 . 2000. 语用学：统一连贯的理论框架——J. Verschueren《如何理解语用学》述评 . 外语教学与研究，(3)：230-232.

钱冠连 . 2002. 汉语文化语用学（第二版）. 北京：清华大学出版社 .

钱立新，王江汉 . 2018. 代际话语冲突介入性和谐管理的语用策略研究——以江西卫视《金牌调解》栏目为例 . 江淮论坛，(5)：170-174.

钱永红 . 2014. 非法电视直销广告中的模糊话语研究——批评语用学视角 . 南京：南京大学博士学位论文 .

钱永红 . 2019. 网络电信诈骗话语虚假身份建构的顺应性阐释 . 浙江外国语学院学报，(5)：68-76，93.

钱永红，陈新仁 . 2014. 语料库方法在语用学研究中的运用 . 外语教学理论与实践，(2)：15-20，26.

秦小锋 . 2010. 语用含糊在外交语言中元语用意识功能的体现 . 新闻爱好者，(3)：78-79.

仇云龙 . 2016. 语言顺应论：误解·归因·补释 . 东北师大学报（哲学社会科学版），(2)：39-43.

冉永平 . 2000.《临床语用学：揭示交际失误的复杂性》评介 . 外国语（上海外国语大学学报），(1)：73-75.

冉永平 . 2004. 言语交际的顺应—关联性分析 . 外语学刊，(2)：28-33.

冉永平 . 2005. 词汇语用学及语用充实 . 外语教学与研究，(5)：343-350.

冉永平 . 2007a. 语用学传统议题的深入研究 新兴议题的不断拓展——第十届国际语用学研讨会述评 . 外语教学，(6)：6-10.

冉永平 . 2007b. 指示语选择的语用视点、语用移情与离情 . 外语教学与研究，(5)：331-337，400.

冉永平 . 2010a. 冲突性话语的语用学研究概述 . 外语教学，(1)：1-6.

冉永平 . 2010b. 冲突性话语趋异取向的语用分析 . 现代外语，(2)：150-157，219.

冉永平 . 2011. 当代语用学研究的跨学科多维视野 . 外语教学与研究，(5)：763-771，801.

冉永平 . 2012a. 词汇语用探新 . 北京：外语教学与研究出版社，(5)：343-350.

冉永平 . 2012b. 人际交往中的和谐管理模式及其违反 . 外语教学，(4)：1-5，17.

冉永平 . 2013. 多元语境下英语研究的语用关注 . 外语教学与研究，(5)：669-680，798-799.

冉永平，方晓国 . 2008. 语言顺应论视角下反问句的人际语用功能研究 . 现代外语，(4)：351-359.

冉永平，宫丽丽 . 2016. 科技发展背景下语用学研究方法与议题的新变化 . 中国外语，(6)：37-44.

冉永平，赖会娣．2014．虚假拒绝言语行为的人际语用理据分析．外语学刊，(2)：65-70.

冉永平，李欣芳．2017．临床语用学视角下语用障碍的交叉研究．外国语（上海外国语大学学报），40(2)：28-38.

冉永平，刘平．2015．人际语用学视角下的关系研究．外语教学，(4)：1-7.

冉永平，刘平．2018．多元文化背景下的交互文化语用学．中国外语，(4)：27-33.

任伟．2018．汉语请求言语行为的变异语用学研究．外国语（上海外国语大学学报），(4)：66-75.

任育新．2013a．汉语学术互动中的建议话语序列特征研究．暨南学报（哲学社会科学版），(3)：154-160.

任育新．2013b．学术建议中专家个人身份建构的顺应性研究．外语与外语教学，(6)：6-10.

任育新．2017．语用变异．陈新仁主编，汉语语用学教程．广州：暨南大学出版社，220-235.

任育新．2019．语用学研究：变异语用学研究．浙江外国语学院学报，(6)：1.

任育新．2020．话语中权势研究的特征、趋势和建议．现代外语，(2)：272-281.

任育新，陈新仁．2012．《变异语用学》介绍．当代语言学，(2)：190-193.

荣寰．2019．跨文化语用学视角下外宣翻译策略研究．科技传播，11(12)：176-177.

荣月婷．2012．对外汉语学习词典中交际呼语语用信息收录调查及启示．山东外语教学，(3)：46-51.

单宝顺，齐沪扬．2014．从"小量"意义看汉语中"礼貌原则"的隐性表达．汉语学习，(5)：11-17.

邵洪亮．2013．副词"还是"的元语用法．语言教学与研究，(4)：75-82.

邵红万．2011．从积极话语分析看商务谈判话步层面的语用策略．扬州大学学报（人文社会科学版），(5)：121-128.

邵丽君，赵玉荣．2011．英语学习动机和文化认同与学习者语用能力发展的相关性．英语研究，(2)：77-81.

申其元．2012．中美动画片文化差异与语用对比研究．电影文学，(21)：35-36.

申智奇．2010．汉语冒犯性言语行为分析．华文教学与研究，(2)：78-86.

申智奇，刘文洁．2012．心理咨询师建议言语行为的语用探讨．外国语言文学，(1)：6-12.

沈家煊．1990．语用学和语义学的分界．外语教学与研究，(2)：26-35.

石楠楠，李柏令．2015．汉英双语者道歉言语行为中的"语用反向迁移"实证研究．现代语文（语言研究版），(4)：99-102.

宋智．2014．模糊限制语在商务英语信函中的语用功能．长沙铁道学院学报（社会科学版），(4)：42-43.

宋志平 . 2004. 翻译：选择与顺应——语用顺应论视角下的翻译研究 . 中国翻译，(2)：21-25.

孙莉 . 2015. 中国硕士学位论文英文摘要的语用身份建构研究 . 外语与外语教学，(5)：15-21.

孙莉，严静霞 . 2021. 投诉类广播节目主持人自我角色凸显的元语用研究 . 语言学研究，(1)：31-42.

孙三军，周晓岩 . 2011. 语言研究：方法与工具 . 合肥：安徽大学出版社 .

孙淑娟 . 2012. 英语新闻标题的元语用意识 . 西南农业大学学报（社会科学版），(1)：100-102.

孙晓曦，王同顺 . 2009. 中国小学生第二语言语用能力的发展及第二语言语法能力的影响（英文）. 中国英语教学，(3)：3-15.

孙迎晖 . 2018. 会话分析研究方法的新特征及其影响 . 外语学刊，(6)：41-46.

孙宇，王天昊 . 2011. 成人跨文化交际语用失误的文化语用学探讨 . 成人教育，(7)：98-99.

田海龙 . 2016. 话语研究的语言学范式：从批评话语分析到批评话语研究 . 山东外语教学，37(6)：3-9.

佟晓梅 . 2009. 对城市公示语翻译中语用失误的文化透析 . 学术交流，(6)：188-190.

涂纪亮 . 2001. 导读 . John, J. R. 言语行为：语言哲学论 . 北京：外语教学与研究出版社 .

拓欣，梁润生 . 2011. 跨文化意识的培养：以语言教学中颜色词的语用功能为例 . 中国大学教学，(9)：68-70.

万书霞，包威 . 2013. 跨文化交际中习语语用失误成因及教学对策研究 . 江西师范大学学报（哲学社会科学版），(5)：140-144.

王才英，侯国金 . 2018. 两大名著中"半 A 半 B"构式的语用翻译分析 . 广东外语外贸大学学报，(5)：74-79.

王才英，侯国金 . 2019. 红楼药方杨—霍译：语用翻译观 . 中国科技翻译，(2)：44-47.

王海，王海潮 . 2017. 岭南文化负载词对外译介的语用模式——以 19 世纪上半叶在华英文报刊文本为例 . 中国翻译，(2)：43-51.

王海萍，项骋 . 2009. 中英道歉言语行为评价之比较研究 . 外国语言文学，(1)：1-7.

王建国 . 2005. 从语用顺应论的角度看翻译策略与方法 . 外语研究，(4)：55-59.

王建华，周毅 . 2011. 山水画画论话语的汉英跨文化语用研究刍议 . 浙江社会科学，(10)：114-117.

王江汉 . 2017. 低权势下拒绝言语的语用策略 . 江西社会科学，(10)：244-249.

王晶 . 2014. 认知语境作用下的词义理解——以汉语研究为例 . 外语学刊，(5)：58-60.

王俊超 . 2018. 语用顺应论拓展视阈下文学隐喻翻译模式新探——以鲁迅小说为例 . 西安外国语大学学报，(1)：93-97.

王麟皎 . 2015. 从言语行为"道歉"看中西方文化差异（英文）. 语文学刊（外语教育教学），(3)：26-30.

王美玲 . 2010. 跨文化交际中负语用迁移的文化成因 . 社会科学家，(2)：159-161.

王巧平 . 2013. 运用言语行为理论分析英语教师课堂反馈语 . 教学与管理，(18)：102-104.

王守宏 . 2012. 跨文化语用学视角下的外宣翻译策略研究 . 上海：上海外国语大学博士论文 .

王同军 . 2013. 法规型公示语相关英文术语的跨文化语用翻译 . 西安外国语大学学报，(3)：120-124.

王卫新 . 2012. 暴力的"礼貌原则"——福尔斯《可怜的 Kokp》的文学语用学解读 . 外语研究，(6)：85-88.

王晓婧 . 2020. 电视调解节目主持人语境元话语的顺应性分析 . 外语与外语教学，(4)：36-43.

王雪玉，陈新仁 . 2013. 国外历史语用学研究书评 . 现代外语，36(3)：308-314.

王艳伟 . 2013. 基于平行语料库和可比语料库的英汉预期标记对比研究 . 现代外语，(2)：182-189.

王寅 . 2013. 新认知语用学——语言的认知—社会研究取向 . 外语与外语教学，(1)：1-4.

维索尔伦·耶夫 . 2018. 人文科学与公共领域：语用学视角（Humanities and the Public Sphere: A Pragmatic Perspective）. 仇云龙译 . 东北师大学报（哲学社会科学版），(3)：1-10.

吴剑峰 . 2011. 从言语行为到文体类型——汉语言说动词转指现象的认知分析 . 外语学刊，(4)：15-18.

吴丽君，钱茜 . 2014. 对外汉语课堂教师话语标记的语用分析——以"啊""好""那（那个）"为例 . 汉语应用语言学研究，(1)：185-193.

吴兴明 . 2010. "兴"作为一种言语行为——对"兴"的意向结构及效力演变的语用学分析 . 四川大学学报（哲学社会科学版），(2)：68-76.

吴亚欣 . 2006. 含糊的语用学研究 . 外国语言文学，(1)：16-19.

吴亚欣，刘蜀 . 2018. 汉语自然会话中请求行为的序列结构 . 山西大学学报（哲学社会科学版），(3)：69-76.

吴耀武 . 2010. 英汉习语对比及其翻译的语用等效研究 . 教育理论与实践，30(18)：59-61.

吴增生 . 2004. 语言顺应论与二语习得研究 . 四川外语学院学报，(1)：91-93.

武建国，林金容 . 2016. 篇际互文性与中国梦传播的话语策略 . 中国外语，(5)：43-50.

武黎 . 2014. 跨文化交际中的英语语用失误及防范策略 . 教育理论与实践，(24)：46-47.

习近平 . 2016. 在哲学社会科学工作座谈会上的讲话 . 北京：人民出版社 .

向明友 . 2015. 语用学研究的知识图谱分析 . 外国语（上海外国语大学学报），(6)：36-47.

向明友 . 2018. 言语行为理论评注 . 现代外语，(4)：541-549.

肖雁 . 2017. 语用学研究国际热点与趋势分析 (2006-2015). 外语教学与研究，(5)：699-709.

谢朝群，何自然 . 2007. 语言模因说略 . 现代外语，(1)：30-39.

谢朝群，何自然，Blackmore. 2007. 被误解的模因——与刘宇红先生商榷 . 外语教学，(3)：11-15.

谢群 . 2017. 协商性话语的人际语用功能分析——商务话语研究系列之三 . 外语学刊，(5)：26-30.

谢少万 . 2003. 顺应理论与外语教学 . 外语与外语教学，(4)：25-27，64.

解月，任伟 . 2021. 不同英语水平学生的段落连贯元语用能力研究 . 语言学研究，(1)：18-30.

徐建华 . 2005. 近年我国烟草广告语用策略的批评 . 修辞学习，(1)：25-27.

徐敏，陈新仁 . 2015. 课堂语境下大学英语教师的身份建构及顺应性 . 外语教学，(3)：50-54.

徐盛桓 . 1993. 新格赖斯会话含意理论和语用推理 . 外国语（上海外国语大学学报），(1)：9-16.

颜萍，朱文忠 . 2018. 认知原型视角下广告的文化预设与翻译研究 . 广东外语外贸大学学报，(6)：39-45.

杨红，柯贤兵 . 2014. Searle 间接言语行为理论与诗歌隐喻哲学 . 海南大学学报（人文社会科学版），(6)：118-125.

杨靖 . 2016. 语用学视角下的乌克兰幽默文学翻译——以《维尼楚克的奇幻世界》为例 . 翻译论坛，(4)：49-53.

杨黎 . 2015. 目的语环境中美国留学生汉语感谢言语行为的习得 . 世界汉语教学，(4)：562-575.

杨丽，吴永强 . 2012. 使用英语虚拟语气的文化和语用需求 . 西南民族大学学报（人文社会科学版），33(S1)：137-140.

杨鲁新，王素娥，常海潮 . 2013. 应用语言学中的质性研究与分析 . 北京：外语教学与研究出版社 .

杨满珍 . 2009. 对大学英语语用能力教学的思考 . 广东外语外贸大学学报，(2)：102-105.

杨娜 . 2018. 网络新闻互动中否定缓和的人际语用研究 . 外语与外语教学，(2)：58-67.

杨平.2001.关联—顺应模式.外国语（上海外国语大学学报）,(6):21-28.

杨青.2013.家庭冲突话语中自称语的视点选择与身份构建.广东海洋大学学报,(5):82-87.

杨荣丽,马刚,冯延琴.2016.动态语境下培养英语口语语用能力的理据研究.外语电化教学,(5):54-59.

杨文慧.2009.从主位结构的运用看跨文化语用差异和语用定势.外国语文,(3):93-99.

杨文慧.2013.从话语权看冲突性话语中的人际化线索.现代外语,(4):371-378.

杨文慧.2019.致谢语的跨文化语用态势与礼貌认知中的谢"意"探析.外语教学,(5):29-33.

杨骁勇.2013.人际冲突性话语的语用分析与缓和策略.外语教学,34(2):39-43.

杨雨寒.2009.商务英语教学中直接言语行为与间接言语行为的对比分析.教育探索,(1):42-43.

杨志亭.2019.非人称构式在科技英语中的语用功能及其翻译.外国语文,(4):110-116.

姚嘉五.2010.商务英语汉译之文体语用经纬.中国科技翻译,(4):26-29.

姚远,马文,Markus Reuber,卢强,黄颜,周祥琴,窦万臣,吴立文,姚雪丽,刘璐,袁一苇,金丽日.2017.会话分析在鉴别诊断痫性发作与心因性非痫性发作中的作用.中华神经科杂志,(4):266-270.

叶建文.2008.面子理论在广告语言中的应用.西南民族大学学报(人文社科版),29（S3）:11-13,1.

易兰,文举.2013.不同语言及不同策略:道歉语中的语用策略.黑龙江高教研究,(8):195-198.

尹蔚.2011."或者说"类有标选择复句的语义类型及语用机制考察.中南大学学报（社会科学版）,(3):195-199.

余光武.2014.论汉语语用能力的构成与评估.语言科学,(1):49-54.

于国栋.2001.显性施为句的顺应性解释——理解Verschueren的顺应性研究.外语学刊,(1):87-90.

于国栋,吴亚欣.2016.基于汉语语料中言语行为的会话分析研究论纲.山西大学学报（哲学社会科学版）,(4):45-48.

于国栋,张艳红.2019.汉语恭维回应语缺失的会话分析.外语教学,(3):44-49.

虞锐.2012.汉语倒辞的语用修辞界定.新疆社会科学,(4):133-138.

于秀成,张绍杰.2010.汉语非真诚性邀请行为的语用特征—非真诚性言语行为研究之一.外语与外语教学,(4):46-50.

袁建军,梁道华.2010a.论广告语言中的语用预设及其翻译.语言与翻译,(3):43-47.

袁建军,梁道华.2010b.文化语用预设理论视阈下的跨文化翻译.当代外语研究,(8)：
35-39.

袁周敏.2011.称呼语的身份标记功能的元语用考察.东北大学学报(社会科学版),
(3)：263-267.

袁周敏.2016.关系管理理论及其运作.中国外语,(1)：41-47.

袁周敏,陈新仁.2010.环保类告示语的语用研究.外语学刊,(1)：76-80.

袁周敏,陈新仁.2013.语言顺应论视角下的语用身份建构研究——以医疗咨询会话
为例.外语教学与研究,(4)：518-530.

袁周敏,徐燕燕.2018.基于CSSCI刊源的语用学知识图谱研究：分析与启示.外国
语电化教学,(4)：72-77.

曾小云.2015.法律英语短语subject to的语用翻译之探讨.浙江外国语学院学报,
(2)：23-31.

张斌峰,肖宇.2012.法律论证如何"融贯"?——基于"斯科特杀妻案"的语用分
析与建构.政法论丛,(6)：56-63.

张洪芹,张丽敏.2015.英汉言说词语"say/说"的语法化与主观化.外语与外语教学,
(3)：61-67.

张欢雨.2017."积极面子"与"消极面子"——历史语用学视角下的莎士比亚戏剧
钟的主仆关系.浙江外国语学院学报,(3)：11-16.

张军,伍彦.2020.语境对二语学习者等级词项在线加工的影响.现代外语,(2)：
213-225.

张克定.2002.Verschueren的语用理论对语用句法研究的启示.外语教学,(5)：1-5.

张立英,徐勇.2010.从语料库看英汉隐喻模式的异同——以爱情隐喻和理智隐喻为例.
解放军外国语学院学报,(3)：54-56.

张清.2009.判决书的言语行为分析——看"本院认为"的言语行为,政法论坛,(3)：
144-149.

张蓉,钟彩顺.2015.认知语境模型视阈下的法律语用能力研究.湖北社会科学,(2)：
139-143.

张绍杰.1995.会话隐涵理论的新发展——新Grice会话隐涵说述评.外语教学与研究,
(1)：28-37.

张绍杰.2008.一般会话含义的"两面性"与含义推导模式问题.外语教学与研究,(3)：
196-203.

张绍杰.2013.关于"语用能力"及其"不可教性"的重新思考——对卡斯珀观点的
反驳.外国语文研究,(2)：83-92.

张绍杰.2017.话语识解的认知机制：语法—语用互动视角.外语教学与研究,(5)：
663-674.

张绍杰 . 2018. "语法—语用界面研究"专栏主持人语 . 外语与外语教学，(6)：1.

张少云 . 2011. 对外汉语特殊句式的语用修辞分析 . 河南社会科学，(2)：205-207.

张烁，胡金莎 . 2015. 典型社会关系下的现代汉语恭维言语行为研究 . 现代语文，(8)：117-120.

张玮，谢朝群 . 2015. 网络语境下不礼貌语用与身份建构分析——以微博研究为例 . 当代外语研究，(5)：23-28.

张向荣，林莉 . 2012. 外国留学生汉语写作语用策略分析——基于语言游戏理论的视角 . 广东外语外贸大学学报，(6)：48-52.

张晓 . 2017. 特朗普竞选推文的不礼貌性研究 . 浙江外国语学院学报 (4)：9-16.

张小芳，周青宇 . 2013. 英语情态动词语用充实的历史语用学探析— 以 must 为例 . 西南农业大学学报 (社会科学版)，(10)：90-95.

张秀松 . 2017. 历史语用学研究现状与展望 . 云南师范大学学报 (对外汉语教学与研究版)，15(6)：61-72.

张旭红 . 2008. 语言模因观初探 . 外语与外语教学，(3)：31-34.

张延飞 . 2012. 国外级差含义研究述评 . 现代外语，(1)：95-101.

张延飞 . 2016. 基于语义学—语用学并合模式的默认意义研究 . 现代外语，39(9)：337-345.

张延飞，张绍杰 . 2009. 后格赖斯语用学：含义默认解释模式综观 . 外语与外语教学，(8)：1-5.

章元羚，李柏令 . 2015. 道歉言语行为的演变研究——以留学英语国家的中国学生为例 . 语言应用研究，(11)：79-81.

赵鸿燕，李金慧 . 2010. 政治修辞：媒体外交的传播智慧——基于言语行为理论的框架分析 . 国际新闻界，(3)：56-60.

赵萍 . 2014. 言语行为理论视角下的茶艺解说话语分析 . 学术探索，(8)：135-137.

赵琦 . 2011. 论商务英语信函翻译的标准——语用学的视角 . 广西师范大学学报（哲学社会科学版），(4)：45-49.

赵硕 . 2013. 历史文化翻译的语用意识研究 . 小说评论，(S1)：249-252.

赵燚，向明友 . 2018. 关联理论研究前沿探析 . 现代外语，(1)：130-140.

赵颖 . 2012. 基于学术语篇语料库的过渡标记语语用失误调查 . 中国外语，(6)：57-63.

郑辉，陈芳 . 2019. 人际语用学视角下的亲子冲突性话语：语用特征和语用机制 . 外国语言文学，(3)：262-274.

支永碧 . 2011. 政治话语虚假语用预设的批评性分析 . 社会科学家，(9)：154-158.

支永碧 . 2013. 政治话语名词化语用预设的批评性分析 . 社会科学家，(9)：141-147.

钟茜韵，陈新仁 . 2014. 历史语用学研究方法：问题与出路 . 外语教学理论与实践，(2)：21-26.

周丹丹，黄丹凤. 2013. 基于协同原则的异议表达方式研究. 外语教学理论与实践，(4)：15-21.

周凌. 2019. 语境知识对非母语汉语学习者礼貌性请求话语选择的影响：实验语用学研究. 外语与外语教学，(6)：29-38.

周娜. 2013. 从《优势合作》剖析商务谈判礼貌语用策略. 电影评价，(Z1)：97-98.

周娜. 2014. 法庭讯问的语用策略分析. 电影评价，(14)：111-112.

周榕，冉永平. 2007. 语用学研究的新取向——实验语用学研究. 外国语（上海外国语大学学报），(5)：2-15.

周树江. 2015. 机构性网络抱怨语中的不礼貌现象分析. 西安外国语大学学报，(3)：56-60.

朱涵，郭卿，刘飞，雷江华，朱楠. (2018). 盲校数学优质课堂师生言语行为互动的案例研究——基于改进型弗兰德斯互动分析系统 (iFIAS). 中国特殊教育，(7)：41-47.

朱磊，郑新民. 2010. 语用学应以宽广的认知、社会和文化视角来考察语言和语言使用——著名语用学家 Jef Verschueren 教授访谈录. 外语电化教学，(3): 76-79.

朱晓红. 2012. 商务英语合同的语用翻译. 中国矿业大学学报（社会科学版），(2)：138-142.

竹旭锋. 2016. 从言语行为到文化行为——文化语用学的解释视角. 浙江外国语学院学报，(4)：2-9.

竹旭锋，何刚. 2018. 文化语用研究的三种范式及其相互关系. 东北大学学报（社会科学版），(5)：539-544.

庄美英. 2012. 缓和性冲突回应——针对冒犯性话语的语用策略分析. 当代外语研究，(7)：33-37.

Achiba, M. 2003. *Learning to Request in a Second Language: A Study of Child Interlanguage Pragmatics*. Clevedon: Multilingual Matters.

Aijmer, K. 1996. *Conversational Routines in English: Convention and Creativity*. London & New York: Routledge.

Aijmer, K. 2013. *Understanding Pragmatic Markers: A Variational Pragmatic Approach*. Edinburgh: Edinburgh University Press.

Allan, K. & Jaszczolt, K. 2012. *The Cambridge Handbook of Pragmatics*. Cambridge: Cambridge University Press.

Antos, G., Ventola, E. & Weber. T. 2008. Introduction: Interpersonal communication—linguistic points of view. In Antos, G., Ventola, E. & T. Weber. (eds.) *Handbook of Interpersonal Communication*. Berlin: Mouton de Gruyter, 1-11.

Arnovick, L. L. 1999. *Diachronic Pragmatics: Seven Case Studies in English Illocutionary Development*. Amsterdam & Philadelphia: John Benjamins.

Archer, D. & Culpeper, J. 2009. Identifying key sociophilological usage in plays and trial proceedings (1640–1760): An empirical approach via corpus annotation. *Journal of Historical Pragmatics*, 10 (2): 286–309.

Arundale, R. B. 2006. Face as relational and interactional: A communication framework for research on face, facework, and politeness. *Journal of Politeness Research*, 2(2): 193–216.

Arundale, R. B. 2010a. Constituting face in conversation: Face, facework, and interactional achievement. *Journal of Pragmatics*, 42 (8): 2078–2105.

Arundale, R. B. 2010b. Relating. In Locher, M. A. & S. L. Graham. (eds.) *Interpersonal Pragmatics*. Berlin: Mouton de Gruyter, 137–165.

Arundale, R. B. 2013. Conceptualizing "interaction" in interpersonal pragmatics: Implications for understanding and research. *Journal of Pragmatics*, 58: 12–26.

Arundale, R. B. 2013. Face as a research focus in interpersonal pragmatics: Relational and emic perspectives. *Journal of Pragmatics*, 58: 108–120.

Atkinson, M. & Heritage, J. 1984. *Structures of Social Action: Studies in Conversation Analysis*. Cambridge: Cambridge University Press.

Austin, J. L. 1962. *How to Do Things with Words*. Oxford: Oxford University Press.

Austin, J. L. 1975. *How to Do Things with Words* (2nd ed.). Oxford: Oxford University Press.

Bach, K. 2007a. Conversational impliciture. *Mind and Language*, (9–2): 124–162.

Bach, K. 2007b. Regressions in pragmatics (and semantics). In Burton-Roberts, N. (ed.) *Pragmatics* (Palgrave Advances). London: Palgrave Macmillan, 24–44.

Baghramian, M. (ed.) 1999. *Modern Philosophy of Language*. Washington, D. C.: Counterpoint.

Bardovi-Harlig, K. 2013. Developing L2 pragmatics. *Language Learning*, (s1): 68–86.

Bardovi-Harlig, K. 2019. Invitations as requests-for-service in academic discourse. *Journal of Pragmatics*, 139(4): 64–78.

Bargiela-Chiappini, F. 2009. Introduction: Business discourse. In Bargiela-Chiappini, F. (ed.) *The Handbook of Business Discourse*. Edinburgh: Edinburgh University Press, 1–15.

Bargiela-Chiappini, F., Nickerson, C. & Planken, B. 2013. *Business Discourse,* (2nd ed.) New York: Palgrave Macmillan.

Barron, A. 2005a. Offering in Ireland and England. In Barron, A. & K. P. Schneider. (eds.) *The Pragmatics of Irish English.* Berlin: Mouton de Gruyter, 141–177.

Barron, A. 2005b. Variational pragmatics in the foreign language classroom. *System,* 33(3): 519 –536.

Barron, A. 2008a. The structure of requests in Irish English and English English. In Schneider, K. P. & A. Barron. (eds.) *Variational Pragmatics: A Focus on Regional Varieties in Pluricentric Languages.* Amsterdam: John Benjamins, 35–67.

Barron, A. 2008b. Contrasting requests in Inner Circle Englishes: A study in variational pragmatics. In Pütz, M. & J. Neff-van Aertselaer. (eds.) *Developing Contrastive Pragmatics: Interlanguage and Cross-cultural Perspectives.* Berlin: Mouton de Gruyter, 355–402.

Barron, A. 2015. Explorations in regional variation: A variational pragmatic perspective. *Multilingua,* 34(4): 449–459.

Barron, A. 2017. Variational pragmatics. In Barron, A. Gu, Y. & G. Steen. (eds.) *The Routledge Handbook of Pragmatics.* London: Routledge, 91–104.

Barron, A., Pandarova, I. & Muderack, K. 2015. Tag questions across Irish English and British English: A corpus analysis of form and function. *Multilingua,* 34(4): 495–524.

Barron, A. & Schneider, K. P. 2009. Variational pragmatics: Studying the impact of social factors on language use in interaction. *Intercultural Pragmatics,* 6(4): 425–442.

Bax, M. 2001. An evolutionary take on (im)politeness: Three broad developments in the marking out of socio-proxemic space. *Journal of Historical Pragmatics,* 12(1–2): 255–282.

Baxter, L. & Montgomery, B. 1996. *Relating: Dialogues and Dialectics.* New York: Guilford Press.

Bednarek, M. 2011. Approaching the data of pragmatics. In Bublitz, W. & N. R. Norrick. (eds.) *Foundations of Pragmatics.* Berlin: Mouton de Gruyter, 537–559.

Beeching, K. 2007. A politeness-theoretical approach to pragmatico-semantic change. *Journal of Historical Pragmatics,* (1): 69–108.

Bernicot, J. & Lava V. 2004. Speech acts in children: The examples of promises. In Noveck, I. A. & D. Sperber. (eds.) *Experimental Pragmatics*. New York: Palgrave Macmillan, 207–227.

Bertuccelli, M. 2000. Is a diachronic speech act theory possible? *Journal of Historical Pragmatics*, 1 (1), 57–66.

Bhatia, V. 2014. Analysing discourse variation in professional contexts. In Bhatia, V. & S. Bremner. (eds.) *The Routledge Handbook of Language and Professional Communication*. New York: Routledge, 3–12.

Biber, D., Stig, J., Geoffrey, L., Susan, C. & Edward, F. 1999. *Longman Grammar of Spoken and Written English*. London: Longman.

Biber, D. & Conrad, S. 2009. *Register, Genre, and Style*. Cambridge: Cambridge University Press.

Bishop, D. & Rosenbloom, L. 1987. Classification of childhood language disorders. In Yule, W. & M. Rutter. (eds.) *Language Development and Disorders*. London: MacKeith Press, 16–41.

Blackmore, S. 1999. *The Meme Machine*. Oxford: Oxford University Press.

Blakemore, D. 1992. *Understanding Utterances: An Introduction to Pragmatics*. Oxford: Blackwell.

Blum-Kulka, S. & Olshtain, E. 1984. Requests and apologies: A cross-cultural study of speech act realization patterns (CCSARP). *Applied Linguistics*, 5(3): 196–213.

Bou-Franch, P., Lorenzo-Dus, N. & Garcés-Conejos Blitvich, P. 2012. Social interaction in YouTubetext-based polylogues: A study of coherence. *Journal of Computer-Mediated Communication*, 17(4): 501–521.

Bou-Franch, P. & Garcés-Conejos Blitvich, P. 2014. Conflict management in massive polylogues: A case study from YouTube. *Journal of Pragmatics*, 73: 19–36.

Bourdieu, P. 1989. Social space and symbolic power. *Sociological Theory*, 7(1): 14–25.

Bousfield, D. 2008. *Impoliteness in Interaction*. Amsterdam: John Benjamins.

Bousfield, D. & Culpeper, J. 2008. Impoliteness: Eclecticism and diaspora. An introduction to the special edition. *Journal of Politeness Research*, 4 (2): 161–168.

Bouton, L. 1994. Conversational implicature in the second language: Learned slowly when not deliberately taught. *Journal of Pragmatics*, 22(2): 157–167.

Bridges, J. 2017. Gendering metapragmatics in online discourse: "Mansplaining man gonna mansplain...". *Discourse, Context & Media*, 20: 94–102.

Brinton, L. J. 2001. Historical discourse analysis. In Schiffrin, D. Tannen, D. & H. E. Hamilton. (eds.) *The Handbook of Discourse Analysis*. Oxford: Blackwell, 138–160.

Brinton, L. J. 2006. Pathways in the development of pragmatic markers in English. In van Kemenade, A. & B. Los. (eds.) *The Handbook of the History of English*. Oxford: Blackwell, 307–334.

Brogger, C. F. 1992. *Culture, Language, Text*. Oslo: Scandinavian University Press.

Brown, L. & Prieto P. 2017. (Im)politeness: Prosody and gesture. In Culpeper, J., Haugh, M. & D. Kádár. (eds.) *The Palgrave Handbook of Linguistic (Im)politeness*. London: Palgrave Macmillan, 357–380.

Brown, L. & Winter, B. 2018. Multimodal indexicality in Korean: "doing deference" and "performing intimacy" through nonverbal behavior. *Journal of Politeness Research*, 15(1): 25–54.

Brown, P. 2001. Politeness and language. In Smelser, N. J. & P. B. Baltes. (eds.) *International Encyclopedia of the Social and Behavioral Sciences*. Oxford: Elsevier Sciences, 11620–11624.

Brown, P. & Levinson, S. 1978. Universals in language usage: politeness phenomena. In Goody, E. (ed.) *Questions and Politeness*. Cambridge: Cambridge University Press.

Brown, P. & Levinson, S. C. 1987. *Politeness: Some Universals in Language Usage*. Cambridge: Cambridge University Press.

Bunt, H. 2017. Computational pragmatics. In Huang, Y. (ed.) *The Oxford Handbook of Pragmatics*. Oxford: Oxford University Press, 326–345.

Burke, M. (ed.) 2014. *The Routledge Handbook of Stylistics*. New York: Routledge.

Cap, P. 2014. Applying cognitive pragmatics to Critical Discourse Studies: A proximization analysis of three public space discourses. *Journal of Pragmatics*, 70: 16–30.

Cappelle, B., Dugas, E. & Tobin, V. 2015. An afterthought on let alone. *Journal of Pragmatics*, 80: 70–85.

Carnap, R. 1948. *Introduction to Semantics*. Cambridge: Harvard University Press.

Carston, R. 2002. *Thoughts and Utterances: The Pragmatics of Explicit Communication*. Oxford: Blackwell.

Carston, R. 2004. Explicature and semantics. In Davis, S. & S. G. Brendan (eds.) *Semantics: A Reader*. Oxford: Oxford University Press, 1–37.

Carston, R. 2009. The explicit/implicit distinction in pragmatics and the limits of explicit communication. *International Review of Pragmatics*, 1: 35–62.

Carston, R., & Hall, A. 2012. Implicature and explicature. In Schmid, H-J. (ed.) *Cognitive Pragmatics*. Berlin: Mouton de Gruyter, 47–84.

Chaemsaithong, K. 2009. Re-visiting Salem: Self-face and self-politeness in the Salem witchcraft trials. *Journal of Historical Pragmatics*, 10 (1): 56–83.

Chapman, S. 2011. *Pragmatics*. Basingstoke: Palgrave Macmillan.

Chen, R. 1993. Responding to compliments: A contrastive study of politeness strategies between American English and Chinese speakers. *Journal of Pragmatics*, 20(1): 49–75.

Chen, R. 2001. Self-politeness: A Proposal. *Journal of Pragmatics*, 33: 87–106.

Chen, Y. 2017. Children's early awareness of the effect of interpersonal status on politeness. *Journal of Politeness Research*, 13(1): 121–142.

Chen, X. R. 2019. "Family-culture" and Chinese politeness: An emancipatory pragmatic account. *Acta Linguistica Academica*, 66(2): 251–270.

Chen, X. R. 2020. *Critical Pragmatic Studies of Chinese Public Discourse*. London: Routledge.

Chiang, S. Y. 2011. Pursuing a response in office hour interactions between US college students and international teaching assistants. *Journal of Pragmatics*, 43: 3316–3330.

Chilton, P. 2005. Manipulation, memes and metaphors: The case of Mein Kampf. In Saussure, L. & P. Schulz. (eds.) *Manipulation and Ideologies in the Twentieth Century: Discourse, Language, Mind*. Amsterdam: John Benjamins, 5–45.

Chovanec, J. 2014. "... but there were no broken legs": The emerging genre of football match reports in *The Times* in the 1860s. *Journal of Historical Pragmatics*, 2: 228–254.

Christie, C. 2007. Relevance theory and politeness. *Journal of Politeness Research*, 3(2): 269–294.

Christine, C. 2005. Editorial. *Journal of Politeness Research*, 1(1): 1–7.

Christine, C. 2013. The relevance of taboo language: An analysis of the indexical values of swearwords. *Journal of Pragmatics*, 58: 152–169.

Claridge, C. 2005. Questions in early modern English pamphlets. *Journal of Historical Pragmatics*, 1: 133–168.

Clark, H. & Lucy, P. 1975. Understanding what is meant from what is said: A study in conversationally conveyed requests. *Journal of Verbal Learning and Verbal Behavior*, 14: 56–72.

Cohen, A. D. & Olshtain, E. 1993. The production of speech acts by EFL learners. *TESOL Quarterly*, 27(1): 33–56.

Cohen, A. & Shively, R. 2007. Acquisition of requests and apologies in Spanish and French: Impact of study abroad and strategy-building intervention. *The Modern Language Journal*, 91(2): 189–212.

Cotter, C. 2015. Discourse and media. In Tannen, D., Hamilton, H. & D. Schiffrin. (eds.) *The Handbook of Discourse Analysis (2nd Edition)*. Oxford: Blackwell, 795–821.

Coulthard, M., Johnson, A. & Wright, D. 2016. *An Introduction to Forensic Linguistics: Language in Evidence* (2nd ed.). New York: Routledge.

Craig, R. T., Karen T. & Spisak F. 1986. The discourse of requests: Assessments of a politeness approach. *Human Communication Research*, 12(4): 437–468.

Cruz, M. P. 2012. Epistemic vigilance, cautious optimism and sophisticated understanding. *Research in Language*, 4: 365–386.

Cruz, M. P. 2015. Fostering EF/SL learners' meta-pragmatic awareness of complaints and their interactive effects. *Language Awareness*, (24)2: 123–137.

Crystal, D. 1981. *Clinical Linguistics*. New York: Springer.

Crystal, D. & Davy, D. 1969. *Investigating English Style*. New York: Routledge.

Culpeper, J. 1996. Towards an anatomy of impoliteness. *Journal of Pragmatics*, 25(3): 349–367.

Culpeper, J. 2005. Impoliteness and entertainment in the television quiz show: The Weakest Link. *Journal of Politeness Research*, 1 (1): 35–72.

Culpeper, J. 2010. Conventionalized impoliteness formulae. *Journal of Pragmatics*, 42 (12): 3232–3245.

Culpeper, J. 2011. *Impoliteness: Using Language to Cause Offence*. Cambridge: Cambridge University Press.

Culpeper, J., Bousfield, D. & Wichmann, A. 2003. Impoliteness revisited: With special reference to dynamic and prosodic aspects. *Journal of Pragmatics*, 35(10–11): 1545–1579.

Culpeper, J. & Demmen, J. 2011. Nineteenth-century English politeness: negative politeness, conventional indirect requests and the rise of the individual self. *Journal of Historical Pragmatics*, 12 (1–2): 49–81.

Culpeper, J. & Gillings, M. 2019. Pragmatics: Data trends. *Journal of Pragmatics*, 145: 4–14.

Culpeper, J. & Haugh, M. 2014. *Pragmatics and the English Language*. New York: Palgrave Macmillan.

Culpeper, J. & Kyto, M. 2010. *Early Modern English Dialogues: Spoken Interaction as Writing*. Cambridge: Cambridge University Press.

Culpeper, J. & Semino, E. 2000. Constructing witches and spells: Speech acts and activity types in Early Modern England. *Journal of Historical Pragmatics*, 1: 97–116.

Cummings, L. (ed.) 2009. *Clinical Pragmatics*. Cambridge: Cambridge University Press.

Cummings, L. 2010. Clinical pragmatics. In Cummings, L. (ed.) *The Routledge Pragmatics Encyclopedia*. London & New York: Routledge, 40–43.

Cummings, L. (ed.) 2017. *Research in Clinical Pragmatics*. Berlin: Springer.

Czerwionka, L. 2014. Participant perspectives on mitigated interactions: The impact of imposition and uncertainty. *Journal of Pragmatics*, 67: 112–130.

Danet, B. 1980. Language in the legal process. *Law and Society Review*, 14(3): 445–564.

Danziger, R. 2018. Compliments and compliment responses in Israeli Hebrew: Hebrew university in Jerusalem students in interaction. *Journal of Pragmatics*, 124: 73–87.

Davidse, K., de Wolf, S. & van liden, A. 2015. The development of the modal and discourse marker uses of (there/it is/I have) "no doubt". *Journal of Historical Pragmatics*, 16(1): 25–58.

Davis, B. 2010. Interpersonal issues in health discourse. In Locher, M. A. & S. L. Graham. (eds). *Interpersonal Pragmatics*. Berlin: Mouton de Gruyter, 381–404.

Dawkins, R. 1976. *The Selfish Gene*. New York: Oxford University Press.

Dawkins, R. 2006. *The Selfish Gene: 30th Anniversary Edition*. Oxford: Oxford University Press.

De Beer, B. 2004. "Don't say it's disgusting!" Comments on socio-moral behavior in Swedish families. *Journal of Pragmatics*, (9): 1705–1725.

De Fina, A. 2010. The negotiations of identities. In Locher, M. A. & S. L. Graham. (eds.) *Interpersonal Pragmatics*. Berlin: Mouton de Gruyter, 205–224.

De Moraes, A. & Rilliard, A. 2014. Illocution, attitudes and prosody. In Raso, T. & H. Mello. (eds.). *Spoken Corpora and Linguistic Studies*. Philadelphia: John Benjamins, 233–270.

De Ponte, M. 2020. Book review on *New Work* on speech acts. *Journal of Pragmatics*, 155: 343–345.

Distin, K. 2004. *The Selfish Meme: A Critical Reassessment*. Cambridge: Cambridge University Press.

Dobs, A. B. & Garcés-Conejos Blitvich, P. 2013. Impoliteness in polylogal interaction: Accounting for face-threat witnesses' responses. *Journal of Pragmatics*, 53: 112–130.

Doty, K. L. 2007. Telling tales: The role of scribes in constructing the discourse of Salem witchcraft trails. *Journal of Historical Pragmatics*, 1: 25–41.

Drew, P. 2013. Conversation analysis and social action. 外国语（上海外国语大学学报），36(3)：2–19.

Drew, P. 2018. The interface between pragmatics and conversation analysis. 外国语（上海外国语大学学报），1: 2–22.

Drew, P. 2011. Conversation, context and action: Requesting. Paper Presented at the 12th China Pragmatics Conference & the 6th Annual Conference of China Pragmatics Association, Taiyuan.

Drew, P. & Heritage, J. 1993. Analyzing talk at work: An introduction. In Drew, P. & J. Heritage. (eds.) *Talk at Work: Interaction in Institutional Settings*. Cambridge: Cambridge University Press, 3–65.

DuFon, M. A., Kasper, G., Takahashi, S. & Yoshinaga, N. 1994. Bibliography on linguistic politeness. *Journal of Pragmatics*, 21(5): 527–578.

Dynel, M. 2012. Setting our house in order: The workings of impoliteness in multi-party film discourse. *Journal of Politeness Research*, 8(2): 161–194.

Dynel, M. 2015. The landscape of impoliteness research. *Journal of Politeness Research*, 11(2): 329–354.

Economidou-Kogetsidis, M. 2011. "Please answer me as soon as possible": Pragmatic failure in non-native speakers' e-mail Requests to faculty. *Journal of Pragmatics*, 43: 3193–3215.

Eckert, P. S. & McConnell-Ginet, S. 1992. Communities of practice: Where language, gender, and power all live. In Fisher, B. A. & K. L. Adams. (eds.) 1994. *Interpersonal Communication: Pragmatics of Human Relationships*. New York: McGraw-Hill, 89–99.

Eelen, G. 2001. *A Critique of Politeness Theories*. Manchester: St. Jerome Publishing.

Ellis, R. 1992. Learning to communicate in classroom. *Studies in Second Language Acquisition*, 14(1): 1–23.

Enfield, N. J. 2009. Relationship thinking and human pragmatics. *Journal of Pragmatics*, 41(1): 60–78.

Evans, V. 2012. Cognitive linguistics. *Wiley Interdisciplinary Reviews: Cognitive Science*, 3(2): 129–141.

Fabiszak, M. 2012. Conceptual principles and relations. In Schmid, J. (ed.) *Cognitive Pragmatics*. Berlin: Mouton de Gruyter, 123–150.

Fairclough, N. 1995a. *Critical Discourse Analysis: The Critical Study of Language*. New York: Longman.

Fairclough, N. 1995b. *Media Discourse*. London: Edward Arnold.

Félix-Brasdefer, J. C. 2007. Natural speech vs. elicited data: A comparison of natural and role play requests in Mexican Spanish. *Spanish in Context*, 4(2):159–185.

Félix-Brasdefer, J. C. 2008. Sociopragmatic variation: Dispreferred responses in Mexican and Dominican Spanish. *Journal of Politeness Research*, 4(1): 81–110.

Félix-Brasdefer, J. C. 2009. Pragmatic variation across Spanish(es): Requesting in Mexican, Costa Rican and Dominican Spanish. *Intercultural Pragmatics*, 6(4): 473–515.

Félix-Brasdefer, J. C. 2010. Intra-lingual pragmatic variation in Mexico City and San José, Costa Rica: A focus on regional differences in female requests. *Journal of Pragmatics*, 42(11): 2992–3011.

Félix-Brasdefer, J. C. 2017. Interlanguage pragmatics. In Huang, Y. (ed.) *The Oxford Handbook of Pragmatics*. Oxford: Oxford University Press, 416–434.

Ferrara, A. 1980. An extended theory of speech acts: Appropriateness conditions for subordinate acts in sequence. *Journal of Pragmatics*, 4(3): 233–252.

Fisher, B. A. & K. L. Adams. (eds.) 1994. *Interpersonal Communication: Pragmatics of Human Relationships*. New York: McGraw-Hill.

Fitzmaurice, S. M. & Taavitsainen, I. 2007. *Methods in Historical Pragmatics.* Berlin & New York: Mouton de Gruyter.

Fitzmaurice, S. M. 2009. The sociopragmatics of a lovers' spat: The case of the eighteenth-century courtship letters of Mary Pierrepont and Edward Wortley. *Journal of Historical Pragmatics,* 10(2): 215–237.

Flöck, I. 2016. *Requests in American and British English: A contrastive multi-method analysis.* Amsterdam: John Benjamins.

Flöck, I. & Geluykens, R. 2018. Preference organization and cross-cultural variation in request responses: A corpus-based comparison of British and American English. *Corpus Pragmatics,* 2: 57–82.

Floyd, K. 2006. *Communicating Affection-Interpersonal Behaviour and Social Context.* Cambridge: Cambridge University Press.

Foder, J. 1983. *The Modularity of Mind.* Boston: The MIT Press.

Fogal, D., Harris, D. W. & Moss, M. (eds.) 2018. *New Work on Speech Acts.* Oxford: Oxford University Press.

Fraser, B. 1990. Perspectives on politeness. *Journal of Pragmatics,* 14(2): 219–236.

Fraser, B. 1999. What are discourse markers? *Journal of Pragmatics,* 31(7): 931–952.

Frege, G. 1892. On sense and reference. In Geach, P. & M. Black. (eds.) *Translations from the Philosophical Writings of Gottlob Frege.* Oxford: Blackwell, 56–78.

Fritz, G. 2010. Controversies. In Jucker, A. H. & I. Taavitsainen. (eds.) *Handbook of Historical Pragmatics.* Berlin: Mouton de Grutey, 451–482

Fuentes. R., Placencia, C. M. E. & Palma-Fahey, M. 2016. Regional pragmatic variation in the use of the discourse marker pues in informal talk among university students in Quito (Ecuador), Santiago (Chile) and Seville (Spain). *Journal of Pragmatics,* 97: 74–92.

Fukushima, S. 2000. *Requests and Culture: Politeness in British English and Japanese.* Bern: Peter Lang.

Fukushima, S. 2019. A metapragmatic aspect of politeness: With a special emphasis on attentiveness in Japanese. In Ogiermann, E. & P. G. Blitvich. (eds.) *From Speech Acts to Lay Understandings of Politeness: Multilingual and Multicultural Perspectives.* Cambridge: Cambridge University Press, 226–247.

Gallagher, T. M. & Darnton, B. A. 1978. Conversational aspects of the speech of language-disordered children: Revision behaviors. *Journal of Speech and Hearing Research,* 21: 118–35.

Garcés-Conejos Blitvich, P. 2009. Impoliteness and identity in the American news media: The culture wars. *Journal of Politeness Research*, 5(2), 273–303.

Garcés-Conejos Blitvich, P. 2013. Introduction: Face, identity and im/politeness: Looking backward, moving forward: From Goffman to practice theory. *Journal of Politeness Research*, 9(1) : 1–33.

Garcia, C. 2010. "Cuente conmigo": The expression of sympathy by Peruvian Spanish speakers. *Journal of Pragmatics*, 42(2): 408–425.

Garrett, M. & Harnish, R. 2007. Experimental pragmatics: Testing for implicature. *Pragmatics and Cognition*, 15(1): 65–90.

Garrett, M. & Harnish, R. 2009. Q-phenomena, I-phenomena and impliciture: Some experimental pragmatics. *International Review of Pragmatics*, 1: 84–117.

Gebauer, G. 2017. *Wittgenstein's Anthropological Philosophy*. Cham: Palgrave Macmillan.

Geyer, N. 2008. *Discourse and Politeness: Ambivalent Face in Japanese*. London: Continuum.

Geyer, N. 2010. Teasing and ambivalent face in Japanese multi-party discourse. *Journal of Pragmatics*, 42: 2120–2130.

Gibbs, R. 1981. Your wish is my command: Convention and context in interpreting indirect requests. *Journal of Verbal Leaning and Verbal Behavior*, 20(4): 431–444.

Gibbs, R. 1986. What makes some indirect speech acts conventional? *Journal of Memory and Language*, 25(2):181–196.

Goffman, E. 1955. On face-Work: An analysis of ritual elements in social interaction. *Psychiatry*, 18 (3): 213–231.

Goffman, E. 1967. *Interaction Ritual: Essays on Face-to-Face Behaviour*. New York: Anchor Books.

Goffman, E. 1981. *Forms of Talk*. Philadephia: University of Pennsylvania Press.

Golato, A. 2017. Naturally occurring data. In Barron, A., Gu, Y. & G. Steen. (eds.) *The Routledge Handbook of Pragmatics*. London: Routledge, 21–26.

Golato, A. & Golato, P. 2013. Pragmatics research methods. In Chapelle, C. A. (ed.) *The Encyclopedia of Applied Linguistics*. Oxford: Blackwell.

Goody, E. 1978. *Questions and Politeness: Strategies in Social Interaction*. Cambridge: Cambridge University Press.

Grice, H. P. 1957. Meaning. *The Philosophical Review*, (66): 377–388.

Grice, H. P. 1975. Logic and conversation. In Cole, P. & J. L. Morgan. (eds.) *Syntax and Semantics: Speech Acts,* Vol. 3. New York: Academic Press, 41–58.

Grice, H. P. 1989. *Studies in the Way of Words.* Cambridge: Harvard University Press.

Grundy, P. 2008. *Doing Pragmatics.* London: Routledge.

Gu, Y. G. 1990. Politeness phenomena in modern Chinese. *Journal of Pragmatics,* 14(2): 237–257.

Gu, Y. G. 1993. The Impasse of perlocution. *Journal of Pragmatics,* 20(5): 405–432.

Gu, Y. G. 2013. A conceptual model of Chinese illocution, emotion and prosody. In Tseng, C. (ed.) *Human Language Resources and Linguistic Typology.* Taipei: Academia Sinica, 309–362.

Gunnarsson, B. 2009. *Professional Discourse.* New York: Continuum.

Gutt, E. 2000. *Translation and Relevance: Cognition and Context.* New York: Routledge.

Hall, A. 2018. Relevance theory. In Liedtke, F. & A. Tuchen. (eds.) *Handbuch Pragmatik.* Stuttgart: J. B. Metzler, 87–95.

Hanks, W. F., Ide, S. & Katagiri, Y. 2009. Towards an emancipatory pragmatics. *Journal of Pragmatics,* 41(1): 1–9.

Hart, C. & Fuoli, M. 2020. Objectification strategies outperform subjectification strategies in military interventionist discourses. *Journal of Pragmatics,* 162: 17–28.

Haugh, M. 2007. The discursive challenge to politeness research: An interactional alternative. *Journal of Politeness Research,* 3(2), 295–317.

Haugh, M. 2010. Respect and deference. In Locher, M. A. & S. L. Graham. (eds.) *Interpersonal Pragmatics.* Berlin: Mouton de Gruyter, 271–288.

Haugh, M. 2012a. Conversational interaction. In Allan, K. & K. M. Jaszczolt. (eds.) *The Cambridge Handbook of Pragmatics.* Cambridge: Cambridge University Press, 261–273.

Haugh, M. 2012b. Epilogue: The first-second order distinction in face and politeness research. *Journal of Politeness Research,* 8(1): 111–134.

Haugh, M. 2013. Im/politeness, social practice and the participation order. *Journal of Pragmatics,* 58: 52–72.

Haugh, M. 2018a. Afterword: Theorizing (im)politeness. *Journal of Politeness Research,* 14(1): 153–165.

Haugh, M. 2018b. Corpus-based metapragmatics. In Jucker, A., Scheider, K. & W. Bublitz. (eds.) *Methods in Pragmatics.* Berlin: Mouton de Gruyter, 619–644.

Haugh, M. & Bousfield, D. 2012. Mock impoliteness, jocular mockery and jocular abuse in Australian and British English. *Journal of Pragmatics*, 44: 1099–1114.

Haugh, M. & Carbaugh, D. 2015. Self-disclosure in initial interactions amongst speakers of American and Australian English. *Multilingua*, 34(4): 461–494.

Haugh, M., Kádár, D. & Mills, S. 2013. Interpersonal pragmatics: Issues and debates. *Journal of Pragmatics*, 58 : 1–11.

Haugh, M. 2019. The metapragmatics of consideration in (Australian and New Zealand) English. In Ogiermann, E. & P. Carcés-Conejos Blitvich (eds.) *From Speech Acts to Lay Understandings of Politeness: Multilingual and Multicultural Perspectives*. Cambridge: Cambridge University Press, 201–225.

Heritage, J. 2012. The epistemic engine: Sequence organization and territories of knowledge. *Research on Language & Social Interaction*, 45(1): 30–52.

Hickey, L. (ed.) 1989. *The Pragmatics of Style*. New York: Routledge.

Hickey, L. (ed.) 1998. *The Pragmatics of Translation*. Clevedon: Multilingual Matters.

Hinze, C. G. 2012. Chinese politeness is not about "Face": Evidence from the business world. *Journal of Politeness Research*, 8(2):11–28.

Hirsch, G. 2020. Humorous and ironic readers' comments to a politician's post on Facebook: The case of Miri Regev. *Journal of Pragmatics*, 164(1): 40–53.

Hirsch, G. & Blum-Kulka, S. 2014. Identifying irony in news interviews. *Journal of Pragmatics*, 70: 31–51.

Holmes, J. & Schnurr, S. 2005. Politeness, humor and gender in the workplace: Negotiating norms and identifying contestation. *Journal of Politeness Research*, 1(1): 121–149.

Holtgraves, T. M. 2005. The production and perception of implicit performatives. *Journal of Pragmatics*, 37(12): 2024–2043.

Holtgraves, T. M. & Ashley, A. 2001. Comprehending illocutionary force. *Memory & Cognition*, 29(1): 83–90.

Honegger, T. 2000. "But-bat bou louye me, Sertes y dye fore loue of be": Towards a typology of opening moves in courtly amorous interaction. *Journal of Historical Pragmatics*, 1: 117–150.

Hooper, P. & Traugott, E. 2003. *Grammaticalization (2nd Edition)*. Cambridge: Cambridge University Press.

Hopkinson, C. 2013. Trolling in online discussions: From provocation to community-building. *Brno Studies in English*, (1): 5–25.

Horn, L. 1984. Toward a new taxonomy for pragmatic inference: Q-based and R-based implicature. In Schiffrin, D. (ed.) *Meaning, Form, and Use in Context: Linguistic Applications*. Washington, D. C.: Georgetown University Press, 11–42.

Horn, L. & Ward, G. (eds.) 2004. *The Handbook of Pragmatics*. London: Blackwell.

Horn, L. 2018. The lexical clone: Pragmatics, prototypes, productivity. In Finkbeiner R. & U. Freywald. (eds.) *Exact Repetition in Grammar and Discourse*. Berlin & Boston: Mouton de Gruyter, 233–264.

House, J. 2016. *Translation as Communication across Languages and Cultures*. New York: Routledge.

House, J. 2018. Authentic vs elicited data and qualitative vs quantitative research methods in pragmatics: Overcoming two nonfruitful dichotomies. *System*, 75: 4–12.

Hu, H. C. 2009. The Chinese concept of face. *American Anthropologist*, 46(1): 45–64.

Huang, Y. 2001. Reflections on theoretical pragmatics. 外国语（上海外国语大学学报）, 1: 2–14.

Huang, Y. 2007. *Pragmatics*. Oxford: Oxford University Press.

Huang, Y. 2010. Anglo-American and European continental traditions. In Cummings, L. (ed.) *The Pragmatics Encyclopedia*. New York: Routledge.

Huang, Y. 2012. *The Oxford Dictionary of Pragmatics*. Oxford: Oxford University Press.

Huang, Y. 2014. *Pragmatics*. Oxford: Oxford University Press.

Huang, Y. 2017. Implicature. In Huang, Y. (ed.) *The Oxford Handbook of Pragmatics*. Oxford: Oxford University Press, 155–179.

Hübler, A. 2011. Metapragmatics. In Bublitz, W. & N. Neal. (eds.) *Foundations of Pragmatics*. Berlin: Mouton de Gruyter, 107–136.

Hynninen, N. 2016. *Language Regulation in English as a Lingua Franca: Focus on Academic Spoken Discourse*. Berlin: Walter de Gruyter.

Ide, S. 1989. Formal forms of discernment: Two neglected aspects of linguistic politeness. *Multilingua*, 8(2–3): 223–248.

Ide, S. 2011. Let the wind blow from the East: Using "ba (field)" theory to explain how two strangers co-create a story. *President's Lecture of 12th International Pragmatics Conference.*

Illie, C. 2001. Book review: *Understanding Pragmatics. Journal of Pragmatics,* 33 (2): 323–331.

Iran-Nejad, A., Ortony, A. & Rittenhouse, R. K. 1981. The comprehension of metaphorical uses of English by deaf children. *Journal of Speech and Hearing Research,* 24: 551–556.

Jacobs, A. & Jucker, A. H. 1995. The historical perspective in pragmatics. In Jucker, A. H. (ed.) *Historical Pragmatics: Pragmatic Development in the History of English.* Amsterdam & Philadelphia: John Benjamins, 3–26.

Jaffe, A. 2001. Book review: *Understanding Pragmatics. Language in Society,* 30(1): 104–107.

Janney, R. W, Arndt H. 1993. Universality and relativity in cross-cultural politeness research: A historical perspective. *Multilingua,* 12(1): 13–50.

Jaszczolt, K. 1999. *Discourse, Beliefs and Intentions.* Oxford: Elsevier.

Jaszczolt, K. 2005. *Default Semantics: Foundations of a Compositional Theory of Acts of Communication.* Oxford: Oxford University Press.

Jaszczolt, K. 2010. Default semantics. In Heine, B. & H. Narrog. (eds.) *The Oxford Handbook of Linguistic Analysis.* Oxford: Oxford University Press, 193–221.

Jaszczolt, K. 2019. Rethinking being Gricean: New challenges for metapragmatics. *Journal of Pragmatics,* 145: 15–24.

Jautz, S. 2008. Gratitude in British and New Zealand radio programmes: Nothing but gushing. In Schneider, K. P. & A. Barron. (eds.) *Variational Pragmatics: A Focus on Regional Varieties in Pluricentric Languages.* Amsterdam: John Benjamins, 141–178.

Jenkins, J., Baker, W. & Dewey, M. (eds.) 2017. *The Routledge Handbook of English as a Lingua Franca.* London: Routledge.

Jiang, X. & Zhou, X. 2015. Impoliteness electrified: ERPs reveal the real time processing of disrespectful feference in Mandarin utterance comprehension. In Terkourafi, M. (ed.) *Interdisciplinary Perspectives on Im/politeness.* Amsterdam: John Benjamins, 239–266.

Johns, A. & Félix-Brasdefer, J. C. 2015. Linguistic politeness and pragmatic variation in request production in Dakar French. *Journal of Politeness Research,* 11(1): 131–164.

Jucker, A. H. (ed.) 1995. *Historical Pragmatics*. Amsterdam: John Benjamins.

Jucker, A. H. & Taavitsainen, I. 2000. Diachronic speech act analysis insults from flyting to flaming. *Journal of Historical Pragmatics*, 1 (1): 67–95.

Jucker, A. H. 2007. Historical pragmatics. In Ostman, J. & J. Verschueren. (eds.) *The Handbook of Pragmatics*. Amsterdam & Philadelphia: John Benjamins, 1–14.

Jucker, A. H. 2009. Speech act research between armchair, field and laboratory: The case of compliments. *Journal of Pragmatics*, 41: 1611–1635.

Jucker, A. H. 2016. Politeness in eighteenth-century drama: A discursive spproach. *Journal of Politeness Research*, 12(1): 95–115.

Jucker, A. H. 2018. Data in pragmatic research. In Jucker, A. H., Schneider, K. P. & W. Bublitz. (eds.) *Methods in Pragmatics*. Berlin & Boston: Mouton de Gruyter, 3–36.

Jucker, A. H., Schneider, K. P. & Bublitz, W. 2018. *Methods in Pragmatics*. Berlin & Boston: Mouton de Gruyter.

Kachru, B. (ed.) 1992. *The Other Tongue: English Across Cultures*. Urbana: University of Illinois Press.

Kádár, D. Z. 2011. Postscript. In Linguistic Politeness Research Group. (eds.) *Discursive Approaches to Politeness*. Berlin & Boston: Walter de Gruyter, 245–262.

Kádár, D. Z. 2017. *Politeness, Impoliteness, and Ritual: Managing the Moral Order in Interpersonal Interaction*. Cambridge: Cambridge University Press.

Kádár, D. Z. & Haugh, M. 2013. *Understanding Politeness*. Cambridge: Cambridge University Press.

Kádár, D. Z. & Paternoster, A. 2015. Historicity in metapragmatics—A study on "discernment" in Italian metadiscourse. *Pragmatics*, (3): 369–391.

Kádár, D. Z. & 张森. 2019.（汉语） 语言礼貌研究方法论纲 （英文）. 外语与外语教学，(6): 18–28.

Kadar, D. & Mills, S. 2011. *Politeness in East Asia*. Cambridge: Cambridge University Press.

Kampf, Z. & Danziger, R. 2019. "You dribble faster than Messi and jump higher than Jordan": The art of complimenting and praising in political discourse. *Journal of Politeness Research*, 15(1): 1–23.

Kasher, A., Batori, G., Soroker, N., Graves, D. & Zaidel, E. 1999. Effects of fight- and left-hemisphere damage on understanding conversational implicatures. *Brain and Language*, 68: 566–590.

Kasper, G. 1994. Politeness. In Asher, R. E. & J. Simpson. (eds.) *The Encyclopedia of Language and Linguistics*. Michigan: Pergamon Press, 3206–3211.

Kasper, G. 2008. Data collection in pragmatics research. In Spencer-Oatey H. (ed.) *Culturally Speaking: Culture, Communication and Politeness Theory (2nd Edition)*. London: Continuum, 279–303.

Kasper, G. 2000. Data collection in pragmatics research. In Spencer-Oatey, H. (ed.) *Culturally Speaking: Managing Rapport Through Talk Across Cultures*. London: Continuum, 316–339.

Kasper, G. 2010. Interlanguage pragmatics. In Cummings, L. (ed.) *The Pragmatics Encyclopedia*. New York: Routledge, 231–234.

Kasper, G. & Dahl, M. 1991. Research methods in interlanguage pragmatics. *Studies in Second Language Acquisition*, 13(2): 215–247.

Katriel T. 2016. The metapragmatics of direct utterances. In Capone, A. & J. Mey (eds) *Interdisciplinary Studies in Pragmatics, Culture and Society*. Berlin: Springer, 745–766.

Katz, J. 1980. *Propositional Structure and Illocutionary Force: A Study of the Contribution of Sentence Meaning to Speech Acts*. Cambridge: Harvard University Press.

Kawalya, D. G. M. & Bostoen, K. 2018. From conditionality to modality in Luganda (Bantu, JE15): A synchronic and diachronic corpus analysis of the verbal prefix -andi-. *Journal of Pragmatics*, 127: 84–106.

Kendon, A. 1995. Gestures as illocutionary and discourse structure markers in Southern Italian conversation. *Journal of Pragmatics*, 23(3): 247–279.

Kecskes, I. 2014. *Intercultural Pragmatics*. New York: Oxford University Press.

Kleinke, S. & Bös, B. 2015. Intergroup rudeness and the metapragmatics of its negotiation in online discussion fora. Relational work in Facebook and discussion fora. *Pragmatics*, 25(1): 47–71.

Knapp, M., Miller, G. & Fudge K.1994. Background and current trends in the study of interpersonal communication. In Knapp, M., Miller, G. & R. Gerald. (eds.) *Handbook of Interpersonal Communication*. Sage: Thousand Oaks, 3–24.

Knight, D. & Adolphs, S. 2008. Multi-model corpus pragmatics: The case of active listenership. In Romero-Trillo, J. (ed.) *Pragmatics and Corpus Linguistics*. Berlin: Walter de Gruyter, 175–190.

Koch, W. & Oesterreicher. 1985. Sprache der nhe sprache der distanz: Mündlichkeit und schriftlichkeit im spannungsfeld von sprachtheorie und sprachgeschichte. *Romanistisches Jahrbuch*, 36: 15–43.

Krippendorff, K. 2009. *On Communicating: Otherness, Meaning, and Information*. New York: Routledge.

Kryk-Kastovsky, B. 2000. Representations of orality in Early Modern English trial records. *Journal of Historical Pragmatics*, 1 (2): 201–230.

Kryk-Kastovsky, B. 2006. Impoliteness in Early Modern English courtroom discourse. *Journal of Historical Pragmatics*, 7 (2): 213–243.

Kurzon, D. 1986. *It is Hereby Performed ...: Explorations in Legal Speech Acts*. Amsterdam: John Benjamins.

Kurzon, D. 2001. The politeness of judges: American and English judicial behaviour. *Journal of Pragmatics*, 33 (1): 61–85.

Kurzon, D. & Kryk-Kastovsky, B. (eds.) 2018. *Legal Pragmatics*. Amsterdam: John Benjamins.

Kytölä, S. & Westinen, E. 2015. "I be da reel gansta"—A Finnish footballer's Twitter writing and metapragmatic evaluations of authenticity. *Discourse, Context & Media*, 8: 6–19.

Labov, W. 1972. *Sociolinguistic Patterns*. Philadelphia: University of Pennsylvania Press.

Labov, W. 1994. *Principles of Linguistic Change: Internal Factors*. Oxford: Blackwell.

Lakoff, G. & Johnson, J. 1980. *Metaphors We Live By*. Chicago: The University of Chicago Press.

Lakoff, G. 1987. *Women, Fire and Dangerous Things*. Chicago: Chicago University Press.

Lakoff, R. 1973. The logic of politeness; or minding your p's and q's. *Chicago Linguistics Society*, 9: 292–305.

Landert, D. 2017. Stance in fiction. In Locher, M. A. & A. H. Jucker. (eds.) *Pragmatics of Fiction*. Berlin: Mouton de Gruyter, 489–514.

Langacker, R. 2001. Discourse in cognitive grammar. *Cognitive Linguistics*, 12(2): 143–188.

Langacker, R. 2008. *Cognitive Grammar: A Basic Introduction*. Oxford: Oxford University Press.

Langlotz, A. & Locher, M. 2017. (Im)politeness and emotion. In Culpeper, J., Haugh, M. & D. Kádár. (eds.) *The Palgrave Handbook of Linguistic (Im) politeness*. London: Palgrave Macmillan, 287–322.

Larrivee, P. & Duffley, P. 2014. The emergence of implicit meaning scalar implicature with "some". *International Journal of Corpus Linguistics*, 19(4): 530–547.

Leinonen, E., Letts, C. & Rae, S. B. 2000. *Children's Pragmatic Communication Difficulties*. London: Whurr Publishers.

Leech, G. N. 1983. *Principles of Pragmatics*. London: Longman.

Leech, G. N. 2007. Politeness: Is there an East-West divide? *Journal of Politeness Research*, 3(2): 167–206.

Leech, G. N. 2014. *The Pragmatics of Politeness*. Oxford: Oxford University Press.

Lee-Wong, S. M. 1994. Imperatives in requests: Direct or impolite-observations from Chinese. *Pragmatics*, 4(4): 491–515.

Lepore, E. & Stone, M. 2018. Explicit indirection. In Fogal, D., Harris, D. W. & W. M. Moss. (eds.) *New Work on Speech Acts*. Oxford: Oxford University Press, 165–184.

Levinson, S. C. 1983. *Pragmatics*. Cambridge: Cambridge University Press.

Levinson, S. C. 2000. *Presumptive Meanings: The Theory of Generalized Conversational Implicature*. Cambridge: MIT Press.

Levinson, S. C. 2003. *Space in Language and Cognition: Explorations in Cognitive Diversity*. Cambridge: Cambridge University Press.

Levinson, S. C. 2006. Evolution of culture in a microcosm. In Levinson, S. & P. Jaison. (eds.) *Evolution and Culture*. Cambridge: MIT Press, 1–4.

Li, C. T. & Gao, X. S. 2017. Bridging "what I said" and "why I said it": the role of metapragmatic awareness in L2 request performance. *Language Awareness*, 26(4): 1–21.

Licea-Haquet, G. L., Velasquez-Upegui, E. P., Holtgraves, T. & Giordano, M. 2019. Speech act recognition in Spanish speakers. *Journal of Pragmatics*, 141: 44–56.

Lin, C. Y., Woodfield, H., & Ren, W. 2012. Compliments in Taiwan and mainland Chinese: the influence of region and compliment topic. *Journal of Pragmatics*, 44(11): 1486–1502.

Linguistic Politeness Research Group. (eds.) 2011. *Discursive Approaches to Politeness*. Berlin & Boston: Walter de Gruyter.

Liu, P. & Liu, H. Y. 2017a. Creating common ground: The role of metapragmatic expressions in BELF meeting interactions. *Journal of Pragmatics*, 107: 1–15.

Liu, P. & Liu, H. Y. 2017b. Responding to direct complaints: The role of MPEs in common ground construction in institutional telephone interactions. *Prugmatics and Cognition*, 1: 4–32.

Liu, P. & Ran, Y. P. 2016a. The role of metapragamtic expressions as pragmatic manipulation in a TV panel discussion program. *Pragmatics and Society*, 3: 463–481.

Liu, P. & Ran, Y. P. 2016b. Creating meso-contexts: The functions of metapragmatic expressions in argumentative TV talk shows. *Intercultural Pragmatics*, 2: 283–307.

Liu, P. & You, X. Y. 2019. Metapragmatic comments in web-based intercultural peer evaluation. *Intercultural Pragmatics*, 1: 57–83.

Liu, S. 2011. An experimental study of the classification and recognition of Chinese speech acts. *Journal of Pragmatics*, 43(6): 1801–1817.

Ljosland, R. 2011. English as an academic lingua franca: Language policies and multilingual practices in a Norwegian university. *Journal of Pragmatics*, 43: 991–1004.

Locher, M. A. 2006. Polite behavior within relational work: The discursive approach to politeness. *Multilingua*, 25(3): 249–267.

Locher, M. A. 2013. Relational work and interpersonal pragmatics. *Journal of Pragmatics*, 58: 145–149.

Locher, M. A. 2015. Interpersonal pragmatics and its link to(im) politeness research. *Journal of Pragmatics*, 86: 5–10.

Locher, M. A. & Graham, S. L. (eds.) 2010a. *Interpersonal Pragmatics*. Berlin & New York: Walter de Gruyter.

Locher, M. A. & Graham, S. L. 2010b. Introduction to interpersonal pragmatics. In Locher M. A. & S. L. Graham. (eds.) *Interpersonal Pragmatics*. Berlin: Mouton de Gruyter, 1–13.

Locher, M. A. & Watts R. J. 2008. Politeness theory and relational work. *Journal of Politeness Research*, 1: 9–33.

Lolas, F. 2016. Interdisciplinary studies in pragmatics, culture and society. *Acta Bioethica*, 22(1): 145–146.

Lorenzo-Dus, N., Garcés-Conejos Blitvich, P. & Garcés-Conejos Blitvich, P. 2011. On-line polylogues and impoliteness: The case of postings sent in response to the Obama reggaeton YouTube video. *Journal of Pragmatics*, 43: 2578–2593.

Machin, D. & Van Leeuwen, T. 2007. *Global Media Discourse*. London: Routledge.

Marcu, D. 2000. Perlocutions: The Achilles' Heel of speech act theory. *Journal of Pragmatics*, 32(12): 1719–1741.

Marmaridou, S. 2000. *Pragmatic Meaning and Cognition*. Amsterdam & Philadelphia: John Benjamins.

Marquez-Reiter, R. & Kadar, D. 2016. (Im)politeness and (im)morality: Insights from intervention. *Journal of Politeness Research*, 11 (2): 239–260.

Mascaro, O. & D. Sperber. 2009. The moral, epistemic, and mind-reading components of children's vigilance towards deception. *Cognition*, 112: 367–380.

Matsumoto, Y. 1988. Reexamination of the universality of face: Politeness phenomena in Japanese. *Journal of Pragmatics*, 12(4): 403–426.

Mazzon, G. 2003. Pronouns and nominal address in Shakespearean English: A socio-affective marking system in transition. In Taavitsainen, I. & A. H. Jucker. (eds.) *Diachronic Perspectives on Address Term Systems*. Amsterdam & Philadelphia: John Benjamins, 223–249.

McGowan, M. K. 2018. On covert exercitives: Speech and the social world. In Fogal, D., Harris D. W. & M. Moss. (eds.) *New Work on Speech Acts*. Oxford: Oxford University Press, 185–202.

Merrison, A. J., Wilson, J. J., Davies, B. L. & Haugh, M. 2012. Getting stuff done: Comparing e-mail requests from students in higher education in Britain and Australia. *Journal of Pragmatics*, 44(9): 1077–1098.

Mey, J. 1979. Zur kritischen Sprachtheorie. In Mey, J. (ed.) *Pragmalinguistics: Theory and Practice*. The Hague: Mouton, 411–434.

Mey, J. 1985. *Whose Language? A Study in Linguistic Pragmatics*. Amsterdam & Philadelphia: Benjamins.

Mey, J. 1993. *Pragmatics: An Introduction*. London: Blackwell.

Mey, J. 2001. *Pragmatics: An Introduction*. Oxford: Blackwell.

Millikan, R. G. 2004. *Varieties of Meaning*. Cambridge: MIT Press.

Millikan, R. G. 2005. *Language: A Biological Model*. Oxford: Oxford University Press.

Mills, S. 2003. *Gender and Politeness: Studies in Interactional Sociolinguistics*. Cambridge: Cambridge University Press.

Mills, S. 2011. Discursive approaches to politeness and impoliteness. In Linguistic Politeness Research Group. (eds.) *Discursive Approaches to Politeness*. Berlin & Boston: Walter de Gruyter, 19–56.

Moati, R. 2014. *Derrida/Searle: Deconstruction and Ordinary Language*. New York: Columbia University Press.

Morini, M. 2013. *The Pragmatic Translator: An Integral Theory of Translation*. London: Bloomsbury.

Morris, C. M. 1938. Foundations of the theory of signs. In Neurath, O., Carnap, R. & C. Morris. (eds.) *International Encyclopedia of Unified Science*. Chicago: University of Chicago Press, 77–138.

Müller, N. (ed.) 2000. *Pragmatics in Speech and Language Pathology*. Amsterdam & Philadelphia: Benjamins.

Mubenga, K. S. 2009. Towards a multimodal pragmatic analysis of film discourse in audiovisual translation. *Meta*, (3): 466–484.

Murphy, M. & De Felice, R. 2018. Routine politeness in American and British English requests: Use and non-use of "please". *Journal of Politeness Research*, 15(1): 77–100.

Muhr, R. 2008. The pragmatics of a pluricentric language: A comparison between Austrian German and German German. In Schneider, K. P. & A. Barron (eds.) *Variational Pragmatics: A Focus on Regional Varieties in Pluricentric Languages*. Amsterdam: John Benjamins, 211–244.

Nelson, G., Sean, W. & Bas, A. 2002. *Exploring Natural Language: Working with the British Component of the International Corpus of English*. Amsterdam: John Benjamins.

Neurath, O., Carnap, R. & Morris, C. 1938. *Internatonal Encyclopedia of United Science*. Chicago: The University of Chicago Press.

Nevela, M. 2009. Altering distance and defining authority: Person reference in late Modern English. *Journal of Historical Pragmatics*, (2), 238–259.

Nicolas, R. 2019. Indirect requests, relevance, and politeness. *Journal of Pragmatics*, 142: 78–89.

Nicolle, S. & Clark B. 1999. Experimental pragmatics and what is said: A response to Gibbs and Moise. *Cognition*, 69(3): 337–354.

Noveck, I. & Sperber, D. (eds.) 2004. *Experimental Pragmatics*. Basingstoke: Palgrave Macmillan.

Noveck, I. 2018. *Experimental Pragmatics: The Making of a Cognitive Science*. Cambridge: Cambridge University Press.

Noveck, I. & Sperber, D. 2007. The why and how of experimental pragmatics: The case of "scalar inferences". In Burton-Roberts, N. (ed.) *Pragmatics*. Basingstoke: Palgrave Macmillan, 184–212.

Nunberg, G. 2018. The social life of slurs. In Fogal, D., Harris, D. W. & M. Moss. (eds.) *New Work on Speech Acts*. Oxford: Oxford University Press, 237–295.

O'Driscoll, J. 2013. The role of language in interpersonal pragmatics. *Journal of Pragmatics*, 58: 170–181.

Oh, C. K. & Dineen, D. A. (eds.) 1979. *Presupposition*. New York: Academic Press.

O'Keeffe, A. 2012. Media and discourse analysis. In Paul Gee, J. & M. Handford. (eds.) *The Routledge Handbook of Discourse Analysis*. New York: Routledge, 441–454.

Origgi, G. & Sperber, D. 2000. Evolution, communication and the proper function of Language. In Carruthers, P. & A. Chamberlain. (eds.) *Evolution and the Human Mind: Language, Modularity and Social Cognition*. Cambridge: Cambridge University Press, 140–169.

Östman, J. 2011. Introduction: pragmatics and praxis. In Östman, J. & J. Verschueren. (eds.) *Pragmatics in Practice*. Amsterdam: John Benjamins, 1–22.

Overstreet, M. 2015. Metapragmatics. In Carol, A. (ed.) *The Encyclopedia of Applied Linguistics*. Hoboken: John Wiley & Sons, 1–6.

Palander-Collin, M. 2010. Correspondence. In Jucker, A. H. & I. Taavitsainen. (eds.) *Diachronic Developments in English News Discourse*. Amsterdam: Macmillan, 651–678.

Paradis, M. (ed.) 1998. *Pragmatics in Neurogenic Communication Disorders*. London: Pergamon Press.

Paul, R. & Cohen, D. J. 1985. Comprehension of indirect requests in adults with autistic disorders and mental retardation. *Journal of Speech and Hearing Research*, 28: 475–479.

Papi, M. 2000. Is a diachronic speech act theory possible?. *Journal of Historical Pragmatics*, 1(1): 57–66.

Peccei, J. S. 1999. *Pragmatics*. London & New York: Routledge.

Perelmutter, R. 2013. Klassika zhanra: The flamewar as a genre in the Russian blogosphere. *Journal of Pragmatics*, 45(1): 74–89.

Perkins, M. 2007. *Pragmatic Impairment*. Cambridge: Cambridge University Press.

Pilkington, A. 2000. *Poetic Effects: A Relevance Theory Perspective*. Amsterdam: John Benjamins.

Placencia, M. 2008. Pragmatic variation in corner shop transactions in Ecuadorian Andean and coastal Spanish. In Schneider, K. P. & A. Barron. (eds.) *Variational Pragmatics: A Focus on Regional Varieties in Pluricentric Languages*. Amsterdam: John Benjamins, 307–332.

Placencia, M. E., Fuentes R. C. & Palma-Fahey, M. 2015. Nominal address and rapport management in informal interactions among university students in Quito (Ecuador), Santiago (Chile) and Seville (Spain). *Multilingua*, 34(4): 547–575.

Pomerantz, A, & Heritage, J. 2013. Preference. In Sidnell, J. & T. Stivers. (eds.) *The Handbook of Conversation Analysis*. West Sussex: Wiley-Blackwell, 210–228.

Quirk, R., Greenbaum, S., Leech, G., Svartvik, J. 1985. *A Comprehensive Grammar of the English Language*. London: Longman.

Quirk, R. 1995. *Grammatical and Lexical Variance in English*. London & New York: Routledge.

Ran, Y. P. 2006. Contextual enrichment of lexical units in utterance interpretation. *Intercultural Pragmatics*, 3(2): 131–151.

Rancew-Sikora, D. & Remisiewicz, L. 2020. A candle to blow out: An analysis of first birthday family celebrations. *Journal of Pragmatics*, 158: 53–65.

Reber, E. 2012. *Affectivity in Interaction: Sound Objects in English*. Amsterdam: John Benjamins.

Reah, D. 2002. *The Language of Newspapers* (2nd ed.). London: Routledge.

Recanati, F. 2003. *Literal Meaning*. Cambridge: Cambridge University Press.

Ren, W. 2015. Sociopragmatic variation in mainland and Taiwan Chinese refulsals. In Beeching, K. & H. Woodfield. (eds.) *Researching Sociopragmatic Variability. Perspectives from Variational, Interlanguage and Contrastive Pragmatics*. Houndmills, Basingstoke: Palgrave Macmillan, 72–93.

Ren, W., Lin, C. Y. & Woodfield, H. 2013. Variational pragmatics in Chinese: Some insights from an empirical study. In Kecskes, I. & J. Romero-Trillo. (eds.) *Research Trends in Intercultural Pragmatics*. Berlin: Mouton de Gruyter, 283–314.

Rissanen, M. 1986. Variation and the study of English historical syntax. In Sankoff, D. (ed.) *Diversity and Diachrony*. Amsterdam: Benjamins, 97–109.

Rissanen, M. 2018. Three problems connected with the use of diachronic corpora. *ICAME Journal*, 42(1): 9–12.

Romero-Trillo, J. 2008. *Pragmatics and Corpus Linguistics*. Berlin: Walter de Gruyter.

Rose, K. & Gabriele Kasper, G. 2001. *Pragmatics in Language Teaching*. Cambridge: Cambridge University Press.

Ruhi, Ś. & Kádár, D. Z. 2011. Face across historical cultures: A comparative study of Turkish and Chinese. *Journal of Historical Pragmatics*, 12: 25–48.

Rühlemann, C. 2010. What can a corpus tell us about pragmatics? In O' Keeffe, A. & M. McCarthy. (eds) *The Routledge Handbook of Corpus Linguistics*. London: Routledge, 288–301.

Sacks, H., Schegloff, E. A. & Jefferson, G. A. 1974. A simplest systematics for the organization of turn-taking for conversation. *Language*, 50(4): 696–735.

Schegloff, E. A. 2007. *Sequence Organization in Interaction: A Primer in Conversation Analysis, Vol. 1*. Cambridge: Cambridge University Press.

Schiffrin, D. 1987. *Discourse Markers*. Cambridge: Cambridge University Press.

Schneider, K. P. 2010. Variational pragmatics. In Fried, M., Östman, J. & J. Verschueren. (eds.) *Variation and Change: Pragmatic Perspectives*. Amsterdam: John Benjamins, 239–267.

Schneider, K. P. 2018. Methods and ethics of data collection. In Jucker, A. H., Schneider, K. P. & W. Bublitz. (eds.) *Methods in Pragmatics*. Berlin & Boston: Mouton de Gruyter, 37–94.

Schneider, K. P. & Barron A. 2008a. Where pragmatics and dialectology meet: Introducing variational pragmatics. In Schneider, K. P. & A. Barron. (eds.) *Variational Pragmatics: A Focus on Regional Varieties in Pluricentric Languages*. Amsterdam: John Benjamins, 1–32.

Schneider, K. P. & Barron, A. 2008b. *Variational Pragmatics: A Focus on Regional Varieties in Pluricentric Languages*. Amsterdam: John Benjamins.

Schneider, K. P. & Placencia, M. E. 2017. (Im) politeness and regional variation. In Culpeper, J., Haugh, M. & D. Kádár. (eds.) *The Palgrave Handbook of Linguistic (Im)politeness*. London: Palgrave Macmillan, 539–570.

Schwenter, S. & Traugott, E. 2000. Invoking scalarity: The development of *in fact*. *Journal of Historical Pragmatics*, 1(1): 7–25.

Searle, J. R. 1965. What is a speech act? In Davis, S. (ed.) 1991. *Pragmatics: A Reader*. Oxford: Oxford University Press.

Searle, J. R. 1969. *Speech Acts: An Essay in the Philosophy of Language*. Cambridge: Cambridge University Press.

Searle, J. R. 1979. *Expression and Meaning: Studies in the Theory of Speech Acts*. Cambridge: Cambridge University Press. (2001. 北京：外语教学与研究出版社).

Searle, J. R. & Vanderveken, D. 1985. *Foundations of Illocutionary Logic*. Cambridge: Cambridge University Press.

Selinker, L. 1972. Interlanguage. *International Review of Applied Linguistics*, (10), 209–231.

Sell, R. D. 1991. (ed.) *Literary Pragmatics*. London: Routledge.

Selting, M. 2017. The display and management of affectivity in climaxes of amusing stories. *Journal of Pragmatics*, 111: 1–32.

Semino, E. & Culpeper, J. 2011. Stylistics. In Östman, J. & J. Verschueren. (eds.) *Pragmatics in Practice*. Amsterdam: John Benjamins, 295–305.

Senft, G. 2014. *Understanding Pragmatics*. New York: Routledge.

Setton, R. 1999. *Simultaneous Interpretation: A Cognitive-Pragmatic Analysis*. Amsterdam: John Benjamins.

Shen, X. C. & Chen, X. R. 2019. Doing power threatening acts (PTAs) in ancient China: An empirical study of Chinese *jian* discourse. *Journal of Historical Pragmatics*, 20(1): 132–156.

Shively, R. 2011. L2 Pragmatic development in study abroad: A longitudinal study of Spanish service encounters. *Journal of Pragmatics*, 43: 1818–1835.

Silverstein, M. 1993. Metapragmatic discourse and metapragmatic function. In Lucy, J. A. (ed.) *Reflexive Language Reported Speech and Metapragmatics*. New York: Cambridge University Press, 33–58.

Sinclair, J. 1991. *Corpus, Concordance, Collocation*. Oxford: Oxford University Press.

Skarakis, E. & Greenfield, P. M. 1982. The role of new and old information in the verbal expression of language-disordered children. *Journal of Speech and Hearing Research*, 25: 462–467.

Smit, U. 2010. *English as a Lingua Franca in Higher Education: A Longitudinal Study of Classroom Discourse*. Berlin: Walter de Gruyter.

Smith, A. 1894. *Chinese Characteristics*. New York: Fleming H. Revell Company.

Smith, B. R. & Leinonen, E. 1992. *Clinical Pragmatics: Unravelling the Complexities of Communicative Failure*. Cheltenham: Nelson Thornes.

Sohn, Sung-Ock S. 2016. Development of the discourse marker kulentey ("but, by the way") in Korean. *Journal of Historical Pragmatics*, 17(2): 231–254.

Spencer-Oatey, H. 2000. Rapport management: A framework for analysis. In Spencer-Oatey H. (ed.) *Culturally Speaking: Managing Rapport through Talk across Cultures*. London: Continuum, 11–46.

Spencer-Oatey, H. 2002. Managing rapport in talk: Using rapport sensitive incidents to explore the motivational concerns underlying the management of relations. *Journal of Pragmatics*, 34(5): 529–545.

Spencer-Oatey, H. 2005. (Im)politeness, face and perceptions of rapport: Unpackaging their bases and interrelationships. *Journal of Politeness Research*, 1(1): 95–119.

Spencer-Oatey, H. 2007. Theories of identity and the analysis of face. *Journal of Pragmatics*, 39(4): 639–656.

Spencer-Oatey, H. (ed.) 2008. *Culturally Speaking: Culture, Communication and Politeness Theory*. London: Continuum.

Spencer-Oatey, H. 2011. Conceptualising "the relational" in pragmatics: Insights from metapragmatic emotion and (im)politeness comments. *Journal of pragmatics*, 43(14): 3565–3578.

Spencer-Oatey, H. 2013. Relating at work: Facets, dialectics and face. *Journal of Pragmatics*, 58: 121–137.

Sperber, D. 2013. Speakers are honest because hearers are vigilant. Reply to Kourken Michaelian. *Episteme*, 10 (1): 61–71.

Sperber, D. & Wilson, D. 1986/1995. *Relevance: Communication and Cognition*. Oxford: Blackwell.

Sperber, D. 2006. Evolution of the selfish gene. *Nature*, 441: 151–152.

Sperber, D., Clément, F., Heintz, C., Mascaro, O., Mercier, H., Origgi, G. & Wilson, D. 2010. Epistemic vigilance. *Mind & Language*, 25(4): 359–393.

Staley, L. 2014. Thanks responses in three socio-economic settings: A variational pragmatics approach. *Journal of Pragmatics*, 71: 17–30.

Stets, J. E. & Turner, J. H. (eds.) 2006. *Handbook of the Sociology of Emotions*. New York: Springer.

Stevenson, C. L. 1944. *Ethics and Language*. New Haven & London: Yale University Press.

Su, H. 2019. The metapragmatics of Taiwanese (im)politeness: Conceptualization and evaluation of limao. *Journal of Pragmatics*, 148: 26–43.

Swales, M. 1990. *Genre Analysis*. Cambridge: Cambridge University Press.

Taavitsainen, I. 1995. Interjection in early modern English: From imitation of spoken to conventions of written language. In Jucker, A. H. (ed.) *Historical Pragmatics: Pragmatic Development in the History of English*. Amsterdam & Philadelphia: John Benjamins, 439–465.

Taavitsainen, I. 2001. Middle English recipes: Genre characteristics, text type features and underlying traditions of writing. *Journal of Historical Pragmatics*, 2(1): 85–113.

Taavitsainen, I., Jucker, A. H. 2010. Expressive speech acts and politeness in eighteenth-century English. In Hickey R. (ed.) *Eighteenth-Century English: Ideology and Change*. Cambridge: Cambridge University Press, 159–181.

Taavitsainen, I., Jucker, A. H. & Tuominen, J. 2014. *Diachronic Corpus Pragmatics*. Amsterdam & Philadelphia: John Benjamins.

Taavitsainen, I. & Jucker, A. H. 2015. Twenty years of historical pragmatics: Origins, developments and changing thought styles. *Journal of Historical Pragmatics*, 16(1): 1–24.

Taguchi, N. 2011, Teaching pragmatics: Trends and issues. *Annual Review of Applied Linguistics*, 31: 289–310.

Taylor, J. 2002. *Cognitive Grammar*. Oxford: Oxford University Press.

Terejko, P. 2016. Cognitive grammar as a manifestation of the pragmatic turn in linguistics. *Acta Humana*, 7: 33–45.

Terkourafi, M. 2005. An argument for a frame-based approach to politeness: Evidence from the use of the imperative in Cypriot Greek. In Lakoff, R. & S. Ide. (eds.) *Broadening the Horizon of Linguistic Politeness*. Amsterdam: John Benjamins, 99–117.

Terkourafi, M. 2008. Towards a unified theory of politeness, impoliteness, and rudeness. In Bousfield, D. & M. Locher. (eds.) *Impoliteness in Language: Studies on Its Interplay with Power in Theory and Practice*. Berlin & New York: Mouton de Gruyter, 45–74.

Terkourafi, M. 2019. 21 世纪（不）礼貌研究（英文）. 外语与外语教学，(6): 2–17.

Terkourafi, M. & Kádár, D. Z. 2017. Convention and ritual. In Culpeper, J., Haugh, M. & D. Kádár. (eds.) *The Palgrave Handbook of Linguistic (Im) politeness*. Basingstoke: Palgrave Macmillan, 171–195.

Tiersma, P. 2002. The language and law of product warnings. In Cotterill, J. (ed.) *Language in the Legal Process*. London: Palgrave Macmillan, 54–71.

Tipton, R. & Desilla, L. (eds.) 2019. *The Routledge Handbooks of Translation and Interpreting Studies*. New York: Routledge.

Toolan, M. 2001. *Narrative: A Critical Linguistic Introduction* (2nd ed.). New York: Routledge.

Traugott, E. C. 2010. (Inter)subjectivity and (inter)subjectification: A reassessment. In Davidse, K., Vandelanotte, L. & H. Cuyckens (eds.) *Subjectification, intersubjectification and grammaticalization*. Berlin: Mouton de Gruyter, 29–71.

Traugott, C. E. 2004. A critique of Levinson's view of *q*- and *m*-inferences in historical pragmatics. *Journal of Historical Pragmatics*, 5(1), 1–25.

Traugott, E. & Dasher, E. 2005. *Regularity in Semantic Change*. Cambridge: Cambridge University Press.

Trosborg, A. 1995. *Interlanguage Pragmatics: Requests, Complaints and Apologies*. Berlin: Mouton de Gruyter

Tseng, M. 2016. Towards a pragmatic analysis of product discourse creative force and metapragmatic performance. *Pragmatics and Society*, 7(1): 105–140.

Tuccio, W. A. & Garcia, A. C. 2020. I'd a set that back at the chocks: The personal hypothetical I would in aviation flight instruction. *Journal of Pragmatics*, 157: 53–67.

Unuabonah, O. 2016. Contextual beliefs in a Nigerian quasi-judicial public hearing. *Journal of Asian and African Studies*, 5: 619–633.

van der Bom, I. & Mills, S. 2015. A discursive approach to the analysis of politeness data. *Journal of Politeness Research*, 11(2): 179–206.

van Dijk, T. A. 1988. *News as Discourse*. Hillsdale: Erlbaum.

Velasco-Sacristan, M. & Fuertes-Olivera, P. A. 2006. Towards a critical cognitive–pragmatic approach to gender metaphors in Advertising English. *Journal of Pragmatics*, 38: 1982–2002.

Verdonk, P. 2002. *Stylistics*. Oxford: Oxford University Press.

Verschueren, J. 1987. *Pragmatics as a Theory of Linguistic Adaptation (IPrA Working Document 1)*. Antwerp: International Pragmatics Association.

Verschueren, J. 1995. Metapragmatics. In Verschueren, J., Ostman, J. & J. Blommaert. (eds.) *Handbook of Pragmatics Manual*. Amsterdam: John Benjamins, 467–371. Republished 2010 in Handbook of Pragmatics Online.

Verschueren, J. 1999. *Understanding Pragmatics*. London & New York: Arnold.

Verschueren, J. 2008. Context and structure in a theory of pragmatics. *Studies in Pragmatics*, 10: 14–24.

Verschueren, J. 2007. Pragmatic steps to an ecology of the public sphere. 日本语用论学会第十届年会暨十周年纪念 "国际研讨会"，关西外国语大学.

Verschueren, J. 2013. Markers of implicit meaning: A pragmatic paradox? 外语教育研究，(1): 1–9.

Verschueren, J. 2016. Humanities and the public sphere. *Pragmatics and Society*, 7(1): 141–161.

Verschueren, J. 2017. Continental European perspective view. In Huang, Y. (ed.) *The Oxford Handbook of Pragmatics*. Oxford: Oxford University Press, 1-22,120–131.

Verschueren, J. 2018. Adaptability and meaning potential. In Mesthrie, R. & D. Bradley. (eds.) *The Dynamics of language: Plenary and focus papers from the 20th International Congress of Linguistics*. Cape Town: University of Cape Town Press, 93–109.

Verschueren, J. & Östman, J. 2006. *The Handbook of Pragmatics* (2006 Installment). Amsterdam: John Benjamins.

Wardhaugh, R. & Fuller, J. 2015. *An Introduction to Sociolinguistics (7th Edition)*. Chichester: John Wiley & Sons.

Warga, M. 2008. Requesting in German as a pluricentric language. In Schneider, K. P. & A. Barron (eds.) *Variational Pragmatics: A Focus on Regional Varieties in Pluricentric Languages*. Amsterdam: John Benjamins, 245–266.

Watts, R. J., Ide, S. & Ehlich, K. 1992. *Politeness in Language* (2nd ed.). Berlin & Boston: Mouton de Gruyter.

Watts, R. 2003. *Politeness*. Cambridge: Cambridge University Press.

Watzlawick, P., Beavin, J. H. & Jackson, D. D. 1967. *Pragmatics of Human Communication*. New York: Norton.

Wennerstrom, A. 2001. *The Music of Everyday Speech: Prosody and Discourse Analysis*. Oxford: Oxford University Press.

Wetherby, A. M. & Prutting, C. A. 1984. Profiles of communicative and cognitive-social abilities in autistic children. *Journal of Speech and Hearing Research*, 27: 364–377.

Wilkinson, R. 2014. Intervening with conversation analysis in speech and language therapy: Improving aphasic conversation. *Research on Language and Social Interaction*, 47: 219–238.

Wilson, D. 2017. Relevance theory. In Huang Y. (ed.) *The Oxford Handbook of Pragmatics*. Oxford: Oxford University Press, 79–100.

Wilson, D. & Kolaiti, P. 2017. Lexical pragmatics and implicit communication. In Cap, P. & M. Dynel. (eds.) *Implicitness: From Lexis to Discourse*. Amsterdam & Philadelphia: John Benjamins, 147–175.

Wittgenstein, L. 2009. *Philosophical Investigations*. Anscombe, G. E. M., Hacker, P. M. & J. Schulte (trans.), Hacker P. M. S. & J. Schulte. (eds.) Oxford: Blackwell.

Wood, J. L. 2009. Structures and expectations: A systematic analysis of Margaret Paston's formulaic and expressive language. *Journal of Historical Pragmatics*, 10 (2), 187–214.

Xia, D. & Lan, C. 2019. (Im)politeness at a Chinese Dinner Table: A discursive approach to (im)politeness in multi-party communication. *Journal of Politeness Research*, 15(2): 223–256.

Xiao, R., McEnery, T. & Qian, Y. 2006. Passive constructions in English and Chinese: A corpus-based contrastive study. *Languages in Contrast*, 6: 109–149.

Xie, C. 2018. (Im)politeness, morality and the Internet. *Internet Pragmatics*, 1(2): 205–214.

Yu, G. D. & Wu Y. X. 2017. Inviting in Mandarin: Anticipating the likelihood of the success of an invitation. *Journal of Pragmatics*, 125: 130–148.

Yuan, Y. 2001. An inquiry into empirical data gathering methods: Written DCTs, oral DCTs, field notes, and natural conversations. *Journal of Pragmatics*, 33: 271–292.

Yule, G. 1996. *Pragmatics*. Oxford: Oxford University Press.

Zakowski, S. 2018. The evolution of the Ancient Greek deverbal pragamtic maker áge, íthi and phére. *Journal of Historical Pragmatics*, 19 (1): 55–91.

Zhang, Y. F. & Zhang, S. J. 2017. Explicature versus default meaning: A response to Alessandro Capone's Default Semantics and the architecfure of the mind. *Journal of Pragmatics*, 117: 264–272.

Zhang, Y. F. & Zhang, S. J. 2020. A cognitive-pragmatic study of non-scalar implicatures. *Pragmatics and Society*, 11(1): 149–163.

Zhou, W. & Deng, J. 2017. The effects of explicit metapragmatic instruction on Chinese English language learners' acquisition of compliment responses. *Chinese Journal of Applied Linguistics*, 2: 167–180.

Zipf, G. K. 1949. *Human Behavior and the Principle of the Least Effort*. Cambridge: Addison-Wesley.

附录 1
国内外语用学学术组织

国际语用学协会

国际语用学协会（英文名称为 International Pragmatics Association，缩写为 IPrA）是一个专门研究语言使用的国际科学组织。学会成立于 1986 年，其所在地位于比利时的安特卫普。目前在全球 70 多个国家拥有 1 500 名成员。学会刊物包括三种：*Pragmatics*（《语用学》），*The Handbook of Pragmatics*《IPrA 语用学手册》以及 *Handbook of Pragmatics Online*（《IPrA 语用学手册在线》），另编纂 *The Bibliography of Pragmatics Online*（《语用学文献在线》）。作为语用学的代言人，学会代表了语言使用科学这一领域的前沿，致力于在最广泛的跨学科意义上从认知、社会、文化等功能视角来研究语言和交际。

学会目标：（1）为讨论和比较涉及语言使用或语言功能方面的各个学科的基础研究成果提供一个国际框架；（2）促进各个应用领域（如语言教学、跨文化和国际交流问题的研究、语言障碍患者的治疗、计算机通信系统等）的发展；（3）传播有关语言语用方面的知识。不仅是一般意义上的在不同的语用学学派和语言专业学习者间传播，而且要在最大范围上向那些能通过了解语言使用进而对个人生活以及职业发展有所裨益的人们传播。

任何对国际语用学协会感兴趣的人，都可以通过缴纳会员费成为会员，享有所有会员权益。学会会员主要包括两种：（1）普通会员（支付 90 欧元的全额会员费，其中包括在线访问 IPrA 期刊 *Pragmatics*；或支付 120 欧元的高额会员费，有权获得期刊纸质版）；（2）折扣会员（支付 40 欧元的较低费用）。此类别可由 IPrA 普通会员的配偶/合作伙伴、学生、非/自雇学者、退休学者，以及被世界银行评为"中低收入"及以下国家/地区的学者申请。除了付费会员，一些免费的非付费会员也得到了其他会员捐赠的支持。非付费会员只有直接联系 IPrA 才能申请，且只能由 IPrA 管理员分配。

会员权益包括：（1）订阅国际语用学会季刊 *Pragmatics*（所有会员都可以访问在线版本，同时也可以额外付费获得纸质版本）；（2）根据 IPrA 章程规定，在与学会发展有关的所有问题上拥有投票权；（3）有权通过提交摘要参加国际语用学会议（摘要通过接受后，有权在会议期间提交已被接受的论文）；（4）特定期刊享有折扣。

IPrA 致力于实现最广泛的国际包容性。在促进语言使用科学的同时，希望能为跨语言、跨国界的成功交流做出一定的贡献。

中国逻辑学会语用学专业委员会

中国逻辑学会语用学专业委员会（英文名称为 China Pragmatics Association，缩写为 CPrA）原名中国语用学研究会，成立于 2003 年 12 月。该学会接受中国逻辑学会、社团登记管理机关的业务指导和监督管理，独立运作。该学会是由全国从事语用学研究的工作者和语用研究人员自愿组织起来的群众性学术团体，秘书处设在广东外语外贸大学。

该学会的宗旨：（1）坚持"百花齐放，百家争鸣"的方针，积极开展各类学术活动；（2）坚持民主办会、实事求是的科学态度；（3）团结和组织全国语用工作者；（4）促进语用学研究的繁荣与发展，促进语用理论与语用实际相结合，促进语用学科人才的成长，促进语用学知识的普及与推广，宣传语用学研究成果，提高社会语用水平，为社会发展和市场经济做出贡献。

该学会的业务范围：（1）开展和促进语用学理论和应用的研究；（2）团结全国的语用工作者，共同为语用研究事业做出贡献，组织国内外同行之间的学术交流，活跃科研气氛，提高学术水平；（3）每两年主办一届全国语用学研讨会；（4）不定期地举办相关研讨会、研修班，开展优秀书刊与论文评选活动，表彰优秀团体和个人；（5）认定该学会名誉会长、荣誉会员、顾问、常务理事、理事和会员资格；（6）编辑出版有关语用学学术书刊及相关的音像制品；（7）编辑出版语用学会刊。

该学会的接纳三种会员，分别为个人会员、团体会员和荣誉会员。个人会员：拥护该学会章程，从事语用学研究，经常参加学会活动，经本人书面申请，理事会通过，方可成为个人会员。个人会员目前分为两类：有会员证的正式会员和无会员证的公布会员。团体会员：凡有 10 名会员以上的单位（学校、研究所等），经申请并报理事会批准，可以成为团体会员单位，以学会的名义相对独立地在本地区举办学术活动和教学活动。荣誉会员：凡承认学会章程，对学会的建设有精神和物质方面的支助和贡献的海内外学者，经推荐并报理事会批准，可以成为该学会的荣誉会员。

理事会是学会的领导机构，由常务理事和理事组成。理事会成员是会员的代言人，由会员代表大会选举产生。常务理事、理事每届任期四年，可以连选连任。理事会成员起码具备中级以上的职称同时具有博士学历，或副高以上职称，并在省级以上刊物发表论文三篇以上。理事会闭会期间由常务理事会行使职权。常务理事会由理事会全体会议选举产生，条件为正高职称（境外或海外副高以上职称），并同时具有博士学历。常务理事会负责选举产生一名会长，若干名副会长。常务理事会下设秘书处，负责处理日常事务，秘书长、副秘书长由会长提名，经常务理事会通过任命。为了有利于学会工作的顺利开展，理事会可以聘请有关的社会知名人士、学术权威以及有关领导参加理事会或担任学会顾问。

美洲语用学会

美洲语用学会（英文名称为 The American Association of Pragmatics，缩写为 AMPRA）成立于 2012 年，是一个非营利协会，由执行董事会管理，在北卡罗来纳州科尼利厄斯（或执行董事会指定的任何地点）设有注册办事处。

AMPRA 的宗旨是在全美国范围内（包括北、中、南美洲和加勒比海国家）及其周边地区，促进语用学各领域的活动与交流，学会鼓励并支持来自不同语用学子领域的研究者、教师和学生之间的互动和学术辩论（尤其是同语言、认知、社会、跨文化和跨语言范式相关的主题）。学会致力于跨越学科界限，为正在寻找人类语言和交际研究中新工具和新方法的研究者提供交流论坛，以便更好地揭示语用能力在语言习得和发展以及交际过程中的作用。

AMPRA 的业务范围：（1）促进科学界和学术界的活动；（2）促进科学活动（会议、展览、讲习班、暑期讲座等）的协调；（3）鼓励传播知识和信息（通过暑期研究所、定期通讯和期刊、网站等）；（4）支持科学著作的出版和传播；（5）促进研究主题和研究语言的多样性；（6）促进与其他相关的国家或国际组织的科学交流与合作；（7）促进语用学领域的地方、区域以及世界范围内的合作；（8）参与科学界和学术界普遍感兴趣的任何其他活动。

AMPRA 由正式会员、个人会员、机构会员、名誉会员、准会员和学生会员组成。在确认申请人对 AMPRA 所在领域表现出足够的能力和充分的兴趣之后，董事会将确认其会员资格。

AMPRA 的执行董事会至少由十人组成，以无记名投票方式选出，任期四年，并由全体会员和名誉会员选出，同时只有 AMPRA 的正式个人会员才能成为董事会成员。学会主席、秘书以及财务主管由董事会成员从董事会中选出。AMPRA 主席同时担任董事会主席，秘书和财务主管的职位可以由同一人担任，任期最长不超过两届。董事会可以根据需要举行会议，会议须由主席或至少三名成员要求才能召开。董事会有权设立专门委员会，直接向董事会报告，任期由董事会决定，委员会成员由董事会任免。至少有半数成员出席才构成法定人数，决定和决议才有效。

日本语用学会

日本语用学会（英文名称为 The Pragmatics Society of Japan，缩写为 PSJ）成立于 1998 年 10 月，致力于为语用学及其相关领域的研究做出贡献。

学会宗旨：（1）促进国内语用工作者间的相互交流；（2）培养年轻的研究人员；（3）通过研究报告和期刊以及出国留学来增强和扩大学者；（4）促进与国外研究团体之间的交流。

该学会从事下列业务：（1）公约和其他研究会议；（2）出版期刊；（3）其他必要业务。

该学会随时接受会员申请和资格认定，会员需要拥护该学会宗旨并按照规定程序在该学会注册。学会会员分为普通会员、学生会员和团体会员三种。年度会员费和类别如下：普通会员为 6 000 日元，学生会员为 4 000 日元，团体会员为 7 000 日元。成为学会会员可以享受以下优惠：作为会员可以免费参加本学会主办的会议；通过规定的手续，研究报告可以在本学会的年度大会上进行发表；本学会年度大会的会务费有折扣；可以在本学会的期刊 Studies in Pragmatics（《语用学研究》）上发表研究论文，并投稿给机关杂志；可以领取面向会员的邮件列表（邮件新闻）等。

该学会下设以下成员：一名会长，若干名副会长，事务局长一名，指导委员若干名，以及会计监察委员若干名，任期两年，可以连任，会长任期最多为两年。学会有时会设顾问。学会设有指导委员会和秘书处，以促进各种业务。指导委员会是参与协会方针和行政管理的表决机构，负责以下任务：（1）确定与期刊和新闻通讯的编辑和出版有关的事项；（2）确定大会和研究会议有关的事项；（3）预算及收支结算方案的制作；（4）指导委员会认为必要的其他事项。经指导委员会批准，可以在每个地区设立分支机构。指导委员会由会长、副会长、事务局长及指导委员等构成。会长按照细则在选举中被选出，副会长及事务局长由指导委员会决定。指导委员通过规定的章程由会员选出。审计委员从会员中选出。秘书处应设在秘书长或指导委员会所属的大学中。同时，为了调整各委员会的业务，有效地进行实际业务处理，学会设置常任委员会。常务委员由执行部、各委员会正副委员长、会长提名者构成。另外，该学会的会章在会员大会上得到批准。会员大会每年由会长定期召集一次，必要时可以召集临时会员大会。例行运营委员会根据需要每年召集一次以上。

韩国话语与认知语言学会

韩国话语认知语言学会（英文名称为 Discourse and Cognitive Linguistics Society of Korea，缩写为 DCLSA），成立于 1991 年。旨在研究和宣传语篇语法、语法化、会话分析、心理语言学、认知语言学和语用学等领域的语言现象，并致力于话语和认知领域的语言研究的质量发展，探讨全新的研究主题，最终通过与邻近学科的交流来扩大话语研究外延。

韩国话语认知语言学会的运作任务包括：举办会议、出版期刊，并与国内外学术组织进行交流。

韩国话语认知语言学会每年举行两至四次学会会议。学会不仅为研究者提供了一个互相展示研究结果并相互交流的平台，同时也会介绍语篇语法、认知语言学和语用学领域的学术动向。学会在为学者提供针对特定主题的演讲和讨论的机会的同时，也为对语篇和认知语言学感兴趣的学生提供了学术论坛。此外，通过举办国际会议，学会为会员提供了与外国学者互动并促进学术发展的机会：2001 年、2003 年和 2007 年，分别召开了第一届、第二届和第三届话语与认知语言学学会国际会议。

该学会刊物 Discourse and Cognition（《话语与认知》）于 1995 年创刊，通过严格、公正的评审过程推动高质量论文的发表，被韩国研究基金会评为最佳语言学期刊。《话语与认知》每年出版四期，分别于 2 月 28 日、5 月 31 日、8 月 31 日和 11 月 30 日出版。

本学会接纳三种会员，分别为正式会员、名誉会员和准会员。正式会员应拥护学会宗旨，具备硕士学位或更高学历，并应通过提交规定的申请表得到董事会的批准；名誉会员应拥护本学会宗旨，并由执行委员会推荐；准会员由拥护该学会宗旨的研究生和大学生组成。

该学会执行委员会由会长、副会长、总务理事、研究理事、财务理事、宣传理事、编辑委员长、涉外理事、出版理事、信息理事和编辑委员长组成，任期为两年。会长、副会长及理事由大会选任。会长与副会长商议，选任常任理事。会长代表本学会，统辖学会工作。副会长协助学会工作，在会长有事时代行其职务。总务理事负责学会各项工作的执行、调整、会员管理及其他学会工作。研究理事将履行学会研究会及学术大会的计划举办并开展相关工作。财务理事负责学会的财政及会计管理工作。宣传理事负责学会宣传的各项工作。涉外理事负责学会对外的各项工作。出版理事负责有关学术杂志、散文、新闻杂志出版等与出版相关的各项工作。信息理事负责有关学会网站的各项工作。编辑委员长委托编辑委员担任学会杂志及刊物的编辑。

附录 2
语用学国内外学术期刊

Pragmatics

作为国际语用学会（IPrA）的会刊，*Pragmatics*（《语用学》）的前身是 *IPrA Papers in Pragmatics*，创刊于 1986 年，每年出版两次。1991 年正式更名为 *Pragmatics*（《语用学》），由约翰·本杰明斯出版公司代表国际语用学会正式发行。作为一本经同行评审的学术季刊，该杂志涵盖了语用学及其界面研究领域，被 SSCI 和 A&HCI 收录。该期刊第一任主编是亚历山德罗·杜兰蒂（Alessandro Duranti）和班比·席菲林（Bambi Schieffelin）（任期为 1986—1991），第二任主编是古特·森特（Gunter Senft）（任期为 1992—2016），现任总主编是赫尔穆特·格鲁伯（Helmut Gruber）（维也纳大学）（任期为 2017—至今）。

该刊创办的主要目的是反映国际语用学领域内的研究主题以及方法的多样性，同时通过引入人类学、社会学、心理学、计算机等多种学科以寻求不同学科之间观点的连贯性，力求弥合该领域从业者之间的差距，从而有助于实现国际语用协会的基本目标。该刊每年出版四期，涵盖语用学的重要分支领域。截至目前为止，发表过 26 次专刊（special issue），主题包括：语言意识形态（language ideologies）、跨文化交流的批判性观点（critical perspectives on international communication）、建设语言和公众（constructing languages and publics）、基于交互的语言研究（interaction-based studies of language）、语用研究中的冲突与暴力（conflict and violence in pragmatic research）、通过语言交流进行临床访谈（clinical interviews as verbal interactions）、艺术和复杂身份的表达：表演中的民族想象和竞争意识（art and the expression of complex identities: imagining and contesting ethnicity in performance）、人种学、话语和霸权（ethnography, discourse, and hegemony）、亚太裔美国人身份的话语建构（discursive constructions of Asian Pacific American identities）、洞察文化差异：互动对话中的"跨文化性"（a closer look at cultural difference: "interculturality" in talk-in-interaction）、跨语言视角的延续（turn continuation in cross-linguistic perspective）、新闻管理话语（the discourse of news management）、讲西班牙语的社会文化环境中的（不）礼貌（(im) politeness in Spanish-speaking socio-cultural contexts）、十字路口的青年语言：从移民到全球化（youth language at the intersection: from migration to globalization）、语言，话语和身份：希腊语背景快照（language, discourse and identities: snapshot from Greek contexts）、儿童同伴游戏互动中的异语和语言意识形态（heteroglossia and language ideologies in children's peer play interactions）、重新构架：文化与社会的互动与构成（reframing framing: Interaction and the constitution of culture and society）、职业身份与年龄，性别和种族之间的相互作用（the interplay between professional identities and age, gender and ethnicity）、交互语言学的语法方法（approaches to grammar for interactional linguistics）、功能语篇语法中语境与语法的相互作用（the interaction between context and grammar in Functional Discourse Grammar）、交互语言学的语法方法（approaches to grammar for interactional linguistics）、Facebook 和讨论区 / 论坛中的关系研究（relational work in Facebook and discussion boards/fora）、人称代词的指称歧义及其语用后果（the referential ambiguity of personal pronouns and its pragmatic consequences）、Skype 和家庭环境：人际视频交流作为人类社交的场所（Skype and domestic settings: interpersonal video communication as a site of human sociality）、不规则的视角转变和视角持久性：话语导向和理论方法（irregular perspective shifts and perspective persistence: discourse-oriented and theoretical approaches）、仪式的语用学（the Pragmatics of Ritual）。

该期刊仅支持在线投稿，投稿网址：https://benjamins.com/catalog/prag。如果无法在线提交或需要其他编辑通讯，可以通过电子邮件与主编取得联系：helmut.k.gruber@univie.ac.at。

Journal of Pragmatics

Journal of Pragmatics（《语用学学刊》）是一本经同行评审的学术月刊，目前可以看作是国际语用学界的旗舰刊物，同样被 SSCI 和 A&HCI 收录，由 Elsevier 出版。它由 Jacob L. Mey（当时的欧登塞大学）和 Hartmut Haberland（罗斯基勒大学）联合创刊，并于 1977 年正式出版发行。该期刊先后接手的主编有 Jonathan Culpeper（Lancaster University）（任期为 2009—2014）、Neal R. Norrick（Universitat des Saarlandes）（任期为 2010—2016），目前主编是 Anne Bezuidenhout（University of Queensland）和 Marina Terkourafi（Leiden University Centre for Linguistics, LUCL）。

自创刊以来，*Journal of Pragmatics* 为国际性语用研究成果提供了非常具有影响力的展示平台，其发表论文的主题包括认知语用、语料库语用、实验语用、历史语用、人际语用、多模态语用、社会语用以及理论语用学等领域。该期刊旨在从各个角度发表创新的语用学研究成果，这有助于从世界不同地区的各种语言/文化的经证实的数据出发，研究说话者如何在不同语境中产生和解释语言。同时，该刊还鼓励学者利用已证实的语言数据来探索语用学与邻近研究领域之间的关系，如语义学、话语分析、会话分析和民族计量学、交互语言学、社会语言学、语言人类学、媒体研究、心理学、社会学以及语言哲学。

1977—1978 年，该刊每年出版 1 卷，共 4 期；1979—1990 年，该刊每年出版 1 卷，共 6 期；1991—1998 年，该刊每年出版 2 卷，每卷 6 期，共 12 期；1999—2012 年，该刊每年出版 1 卷，共 12 至 15 期不等；2012 年至今，该刊每年出版约 16 卷。截至目前为止，发表过 16 次专刊，主题包括关于礼貌（on politeness）、句法学和语用学（syntax and pragmatics）、澳大利亚和新西兰语用学（pragmatics in Australia and New Zealand）、隐喻和象似性（metaphor and iconicity）、联想照应（associative anaphora）、性别与幽默（gender and humor）、媒体政治话语的语用层面（pragmatic aspects of political discourse in the media）、翻译与语境（translation and context）、否定的过程和结果（processes and products of negation）、韵律与语用（prosody and pragmatics）、会话分析中的多样性和连续性（diversity and continuity in conversation analysis）、关于面子和（不）礼貌的身份视角（identity perspectives on face and（im）politeness）、对话与互动研究中的语境问题——民族方法论和会话分析（questions of context in studies of talk and interaction—ethnomethodology and conversation analysis）、经验数据与语用理论（empirical data and pragmatic theory）、当今英语的语用和话语分析方法（pragmatic and discourse-analytic approaches to present-day english）。

该期刊仅支持在线投稿，投稿网址：https://www.evise.com/profile/api/navigate/PRAGMA。

稿件类型包括：（1）全篇论文；（2）综述（约稿）；（3）简短的、自由形式的讨论笔记；（4）回复与辩论；（5）近五年出版的书籍书评。

Intercultural Pragmatics

Intercultural Pragmatics（《跨文化语用学》）创办于 2004 年，是由 De Gruyter Mouton 出版社每季度出版的同行评审学术期刊，被 SSCI 和 A&HCI 收录。它涵盖了跨文化背景下的语用学的理论和实践方面（语用学、跨文化交际、语言的习得与运用、多语、语义学），旨在促进文化和语用学研究学者之间的讨论，例如理论和应用语言学、心理学和传播学。该期刊现任主编是 István Kecskés（State University of New York at Albany）。

该期刊旨在通过出版关注一般理论问题、多种语言和文化或多种语言的研究，促进语用理论和跨文化能力的发展和理解，并且鼓励学科内和语用研究中的"跨文化性"，也支持来自语用学的不同领域（包括语言、认知、社会和中介语范式等）的研究者之间的互动和学术辩论。除了论文部分，该期刊的论坛还包括主要理论家和研究人员的访谈、辩论、驳论和研究报告。同时，该期刊一直致力于跨越学科界限，为那些正在寻找新的工具和方法来研究人类语言和交际的研究人员提供一个论坛，以便更好地理解语用能力在语言习得和交际过程中的作用。因为跨文化视角不仅与语用学的每一个研究领域相关，而且还延伸到人类学、理论和应用语言学、心理学、传播学、社会语言学、第二语言习得以及双语和多语种等多个学科。基于此，来自芝加哥大学的 Susan Gal 对该期刊作出了高度评价："一本致力于跨文化交流的新杂志的创刊是一个非常受欢迎的学术活动。尽管全球化是我们所处的这一世界的普遍特征，但人们往往只从经济和政治角度来理解全球化。事实上，跨国过程总是由语言互动所介导和复杂化的。语言社会科学可以为语言和文化边界的产生和影响提供概念化的理论工具。为了在这类研究领域取得进展，语用学的视角是必不可少的。*Intercultural Pragmatics*（《跨文化语用学》）有望成为语言人类学、社会语言学、互动分析和语言研究相关领域最佳新研究的创新性、包容性论坛。"

近来，该期刊欢迎下列投稿：（1）解决语用学研究的主要问题，如交际原则、解释、含意、语境的作用、语义和语用界面等；（2）探讨语用学研究对语言习得和跨文化交际领域的理论发展和实际应用的影响；（3）分析语言是如何被文化塑造的以及语言如何充当文化创造的媒介；（4）关注一种语言变体的使用，包括从语用角度研究通用语言；（5）在跨文化互动的背景下讨论语言使用和性别差异；（6）描述跨文化的含义和含意，分析产生跨文化误解的原因；（7）研究母语者和非母语者以及双语和多语者之间的互动性质；（8）研究双语言和多语言系统对语用技能发展和使用的影响；（9）考察教学环境中语用技能的可教性和可学性。

该刊每年出版 4 期，自 2019 年开始，每年出版 5 期。截至目前为止，发表过 2 次专刊，主题包括：文化剧本（cultural scripts）和外语与跨文化语用学（foreign languages and intercultural pragmatics）。

该期刊支持电子邮件投稿。作者需要将论文及个人信息作为电子邮件附件发送至邮箱：cup@albany.edu。稿件类型包括：（1）原创研究论文；（2）研究陈述；（3）访谈；（4）辩论与驳论；（5）书评。

East Asian Pragmatics

East Asian Pragmatics（EAP）（《东亚语用学》）是一本经同行评审的学术期刊，被 ESCI 收录。该刊创刊于 2016 年，由中国逻辑学会语用学专业委员会会长、南京

大学陈新仁教授与英国哈德斯菲尔德大学跨文化礼貌研究中心主任 Daniel Z. Kádár 教授联合创办并共同担任主编，并由英国 Equinox Publishing Ltd. 编辑、出版，于每年四月、七月、十一月出版。该期刊与中国逻辑学会语用学专业委员会和日本语用学会合作。期刊现任主编是陈新仁教授。

East Asian Pragmatics（EAP）（《东亚语用学》）的创刊宗旨是增进对亚洲文化背景下语言使用与人际互动的理解，既关注宏观的国家层面的文化，又关注诸如民族地区、实践社区、关系网络等地方性文化。同时，通过聚焦来自东亚国家或地区的语用语料，对语用学学科的理论建构做出贡献。该期刊致力于为东亚语用学研究者与西方研究者的学术交流搭建一个合适的沟通平台。同时，该期刊鼓励有关东亚语用学现象的内部和外部文化讨论。为此，该刊邀请了一批来自东西方语用学学界的知名学者担任编委。特别是，国际语用学协会秘书长、比利时安特卫普大学 Jef Verschueren 教授和美国夏威夷大学 Haruko Cook 教授担任该刊的顾问编辑（Daniel Kádár 于 2019 年转任顾问编辑）。

East Asian Pragmatics 旨在促进并完成以下目标：（1）发表关于东亚语言和文化中自然发生的数据的高质量研究（尽管该期刊对各种数据类型和来源感兴趣，但前提条件必须是"自然发生"的），其目的在于突破使用诱导数据来研究语用现象；（2）巩固不同的学术传统，为不同学术传统的声音提供一个平台；（3）通过"读者友好"的方式与多学科读者进行交流。

该刊欢迎下列投稿：关于语用学传统话题（如言语行为、预设、指示语、含意等）的研究；关于指称、称呼、（不）礼貌、身份建构、语用使用中的规约、程式、幽默等的研究。该刊特别欢迎基于自然发生的语料的语用学研究成果和不仅对本学科而且对相邻学科有启发的研究成果。

该刊每年出版 3 期。截至目前为止，发表过多次专刊，如交际中语言使用的会话分析研究、二语语用学、汉语交际中的身份建构等。

该期刊仅支持在线投稿，投稿网址：http://www.equinoxpub.com/journal/index.php/EAP。

稿件类型包括：（1）英文撰写的原创性研究论文；（2）英文撰写的书评；（3）专题性系列论文（即专刊），但专刊组织者需要与主编事先取得联系。

Contrastive Pragmatics

Contrastive Pragmatics（《对比语用学》）属于跨学科期刊，涵盖了语用领域的前沿对比研究。该刊由 Brill 出版社出版，网上优先出版，并由大连外国语大学资助。期刊现任主编是 Karin Aijmer、Juliane House、Daniel Z. Kádár 和刘宏教授。

该刊欢迎针对语言结构的使用、言语行为的实现、互动行为的形式、跨语言文化和历史语言文化中的评价倾向进行比较的论文。同时也欢迎对翻译模式和语言教学进行对比研究的论文。该刊为语料库驱动和自下而上的语言使用研究以及语用学、翻译和语言教学之间的协同作用研究提供了一个亟需的学术平台。

该期刊特别欢迎对以往鲜有关注的语言文化进行的研究。同时，它特别关注语用语言学及其与社会语用学、语料库语言学、语法、语言习得等领域的界面研究。

该期刊仅支持在线投稿，投稿网址：editorialmanager.com/jocpbrill。稿件类型包括：（1）英式英文撰写的原创性研究论文；（2）英式英文撰写的综述文章；（3）英式英文撰写的学术讨论笔记。

Journal of Politeness Research

Journal of Politeness Research（《礼貌研究学刊》）是一本经同行评审的学术期刊，涵盖了礼貌作为一种复杂的语言和非语言现象的各个方面，包括不礼貌、礼貌、语用学和社会语言学等话题。该期刊创刊于 2005 年，由 Christie Christine 与 De Gruyter Mouton 出版社联合创办。期刊现任总编辑是 Jim O'Driscoll。

作为一本多学科期刊，*Journal of Politeness Research* 提供了一个使得研究人员从不同的学科角度来研究礼貌从而拓宽和加深对礼貌本质理解的重要学术平台。该期刊还通过鼓励对以往鲜有关注的文化和语言进行研究，从而加强和扩大现有的跨文化以及跨文化礼貌研究。同时，该期刊与国际语言礼貌研究小组（LPRG）的工作紧密联系。为此，罗汉普顿大学英语语言学教授 Jennifer Coates 对该期刊做出了高度评价："这是一本非常亟需的新刊物，它将为研究礼貌和不礼貌提供一个全新聚焦平台。通过这一期刊，研究人员和学生可以获得该领域内理论和方法的最新进展，以及实证研究的最新发现。该期刊对于在该领域工作的任何人来说都是无价的。"

该刊每年出版 2 期。截至目前为止，发表过 6 次专刊，主题包括：面子、身份和（不）礼貌（face, identity and im/politeness）、罗曼语族中语言（不）礼貌的韵律表达（the prosodic expression of linguistic im/politeness in Romance Languages）、非洲的礼貌现象（politeness in Africa）、十周年刊（tenth Anniversary Issue）、历史礼貌案例研究（古代语言）（case studies in historical politeness（ancient languages））、职业语境中的（不）礼貌（（im）politeness in professional contexts）。

该期刊仅支持在线投稿，投稿网址：http://mc.manuscriptcentral.com/jplr。稿件类型包括：（1）研究论文；（2）书评；（3）综述文章；（4）回应性文章。

Journal of Historical Pragmatics

Journal of Historical Pragmatics（《历史语用学学刊》）是一本经同行评审的学术期刊。该刊创刊于 2000 年，由 Andreas Jucker 和 Irma Taavitsainen 联合创办并共同担任主编，由约翰·本杰明斯出版公司出版，被 SSCI 和 A&HCI 收录。期刊现任

主编是 Dawn Archer。

该期刊为语用学与历史语言学交叉领域的理论、实证和方法论研究提供了一个跨学科的论坛。期刊聚焦于:(1)从社会历史和语用角度,研究社会文化背景下历史文本中的人类交际(如会话原则、礼貌策略或言语行为);(2)从历史语用学角度研究语言过程,如语法化或话语化。

该刊每年出版 2 期。截至目前为止,发表过 13 次专刊,主题包括:媒体和语言变化(media and language change)、仪式语言行为(ritual language behaviour)、信件书写(letter writing)、语用标记的演变(the evolution of pragmatic markers)、历史法庭话语(historical courtroom discourse)、日语的历史变迁:主观性和主体间性(historical changes in Japanese: subjectivity and intersubjectivity)、历史社会语用学(historical sociopragmatics)、了解历史中的(不)礼貌(understanding historical(im)politeness)、热门新闻报道:美国和英国报纸 1833-1988(popular news discourse: American and British newspapers 1833-1988)、边缘—历时和跨语言研究方法(periphery-diachronic and cross-linguistic approaches)、当前的历史(社会)语用学(historical(socio)pragmatics at present)、历时对话:庆祝言语相关文本的历史语料库成立(dialogues in diachrony: celebrating historical corpora of speech-related texts)、探索古语言中的(不)礼貌(exploring(im)politeness in ancient languages)。

该期刊支持在线投稿,投稿网址:https://www.editorialmanager.com/jhp。稿件摘要也可以通过电子邮件发送给两位编辑。投稿稿件内容应重点关注语言的交际运用。数据可以源于文学或非文学文本,研究语言不限。研究视角包括语用学、话语分析、社会语言学和语义学。稿件类型包括:(1)原创性研究论文;(2)研究报告;(3)书评。同时,期刊也会不定期就特定话题发表专刊。

Pragmatics and Society

Pragmatics and Society(《语用与社会》)是一本经同行评审的学术期刊。该刊创刊于 2010 年,由约翰·本杰明斯出版公司出版,被 SSCI 和 A&HCI 收录。期刊现任主编是 Jacob Mey。

该期刊聚焦于语言使用的社会维度,同时也包含面向社会的语用学研究的其他维度。它结合不同的研究视角,借鉴社会科学、心理学、发展与认知科学、人类学、媒体研究以及与计算机相关的社会研究等不同学科,引入多种研究方法对语境中的语言进行研究。该刊关注语言的使用和社会规范如何在教育(第一语言和第二语言的教学和习得)、政治话语(带有操纵性语言的使用)、商业和商业话语中以及各种歧视性的语言使用中(基于性别和阶级或其他)相互影响与塑造。同时特别关注人们日益依赖的计算机对交流和互动(特别是在社交媒体中)的影响。此外,语用学如何在指导社会和种族解放发展方面发挥作用也是这个刊物关注的焦点。

该刊每年出版 2 期。截至目前为止，发表过 13 次专刊，主题包括：媒体互文性——跨时空的符号学调解（media intertextualities-semiotic mediation across time and space）、社会成就话语（the discourse of social achievement）、互动中的言据性（evidentiality in interaction）、有足够的空间吗？欧洲对少数民族语言和身份的看法（space for all? European perspectives on minority languages and identity）、间于语法和诗歌中的摹拟音（ideophones: between grammar and poetry）、流动中的符号和人：政治、情感和种族（circulating signs and people: politics, affect, ethnography）、职业话语的语用学（the pragmatics of professional discourse）、在整个机构环境中（共同）构建敏感性人际活动（(co-) constructing interpersonally sensitive activities across institutional settings）、英德话语的交叉与对比（Anglo-German discourse crossings and contrasts）、西班牙语中言据性的话语研究方法（discourse approaches to evidentiality in Spanish）、警察采访——沟通面临的挑战及解决方法（police interviews-communication challenges and solutions）、多语种叙事中的分类（categorization in multilingual storytelling）、仇恨言论——定义、解释和做法（hate speech-definitions, interpretations and practices）。

该期刊支持在线投稿，投稿网址：https://www.editorialmanager.com/pragsoc。目前本期刊不接受综述的自发投稿。

Pragmatics and Cognition

Pragmatics and Cognition（《语用与认知》）是一本经同行评审的学术期刊。该刊创刊于 1993 年，由约翰·本杰明斯出版公司出版，被 SSCI 和 A&HCI 收录。期刊现任主编是 Hans-Jörg Schmid。

该期刊是一本跨学科期刊，旨在将诸如语言学、符号学、认知科学、神经科学、人工智能、哲学、民族学和认知人类学等学科相结合，试图探索人类以及动物和机器使用的符号系统与心理活动之间的各种关系：语境中的意义及其认知和神经基础；交际能力的获得条件及其损耗的发展建模以及形式化模拟；共享和相互独立的生物学和神经学基础；社会和文化差异；历史发展等。这一期刊始终坚信：如果想要正确地理解沟通、心理活动和人际关系之间的错综复杂关系，就必须引入跨学科的观点进行全面深入的分析。

该刊每年出版 3 期。截至目前为止，发表过 22 次专刊，主题包括：论语言与意识（on language and consciousness）、语用研究中的生态有效性（ecological validity in pragmatic research）、认知科学中的指称概念（the concept of reference in the cognitive sciences）、面部信息处理——多学科视角（facial information processing-a multidisciplinary perspective）、情感描述中的身体——跨语言研究（the body in description of emotion cross-linguistic studies）、明确化表达的语用（the pragmatics of making it explicit）、认知技术与认知语用学（cognitive technologies and the pragmatics of cognition）、分布式认知（distributed cognition）、机械性和自主性：关于人类的认知和行为，机器人技术可以教给我们什么？（mechanicism and autonomy: what can robotics teach us about human cognition and action?）、学习技术与认知（learning technologies and cognition）、分布式语言（distributed language）、意识的出现：自上而下的社会现象？（the emergence of consciousness: A top-down, social phenomenon?）、韵律与幽默（prosody and humor）、文化——语言——认知（culture-language-cognition）、写作与思想（writing and the mind）、创新、认知和物质文化（creativity, cognition and material culture）、图解推理（diagrammatic reasoning）、关于虚伪的新理论见解（new theoretical insights into untruthfulness）、争议、沟通与身体（controversies, communication and the body）、词汇创新的动力——数据、方法与模型（the dynamics of lexical innovation-data, methods, models）、体裁的认知视角（cognitive perspectives on genre）、与意图表达有关的语用学及其界面（pragmatics and its interfaces as related to the expression of intention）。

该期刊支持在线投稿，投稿网址：https://www.editorialmanager.com/pragcog。

Discourse, Context & Media

作为一本经同行评审的学术期刊，*Discourse, Context & Media*（《话语、语境与媒体》）创刊于 2012 年，由爱思唯尔出版公司出版，被 SSCI 期刊目录收录。期刊现任主编是澳门大学的 Richard Fitzgerald。

该刊主要关注具体语境中当代媒介话语形式的运作机制，旨在推出广义话语分析路径下的原创性研究成果。在选稿标准上一致秉持兼收并蓄、微观视角与宏观站位相结合，特别关注的是话语研究的理论思辨与方法论创新。特别值得一提的是，该刊尤其关注各种形式的媒介在语境建构与演化过程中给话语研究者带来的挑战和机遇，并积极探讨新媒体和传统媒介技术作为媒介传播所带来的新问题。因此，如何结合各类数据来探讨媒体、话语和语境的关系是该刊的核心办刊指南，进而重新思考现有的话语分析理论和方法的全新价值，同时鼓励探索全新的媒体话语互动模式，最终进一步深化我们对语境中话语的系统性解读。

该刊每年出版期数不定，具体会依据用稿情况而在 4—6 期之间变化。截至目前，推出过 9 次专刊，主题包括：来自此处、彼处与无处的视角——新闻立场的话语研究方法（the view from here, there and nowhere: discursive approaches to journalistic stance）、超多样性背景下的数字语言实践（digital language practices in superdiversity）、真实性、标准性与社交媒体（authenticity, normativity and social media）、数字媒体中的时空传播（communicating time and place on digital media）、新闻媒体言说（news media talk）、普通专业化知识的媒介化形式（mediated forms of ordinary expertise）、社交媒体的数字化现状（the digital agora of social media）、后真相与政治：政治事实表述的建构与歪曲（post-truth and the political: constructions and distortions in representing political facts）。

　　该期刊支持在线投稿，投稿网址：https://www.editorialmanager.com/DCM/default.aspx。

《语用学研究》

　　《语用学研究》是中国语用学研究会编写的语用学研究论文集，创办于 2008 年，由高等教育出版社出版，主编是何自然教授和陈新仁教授。

　　在当今中国语言学研究领域，语用学占据重要的地位。语用学研究成果广泛发表于各类语言学刊物以及综合性学报。为了给增量迅猛的语用学研究成果提供更多的平台，提升中国语用学研究成果的交流效果，中国语用学迫切需要一个属于自己的专业平台。《语用学研究》便是为了适应这一需要而诞生的。

　　《语用学研究》有着庞大的作者群。据不完全统计，迄今为止，国内拥有语用学研究方向的博士点逾十个，拥有语用学研究方向的硕士点数十个，全国范围内从事语用学研究的专家学者、博士、硕士数以千计，且在不断增长，他们将会把《语用学研究》当作自己与同行切磋语用研究心得的平台。当然，国外语用学专家以及国内其他相邻学科的专家也将成为《语用学研究》的潜在撰稿人。

　　《语用学研究》有着广阔的读者群。语用学是一个带有跨学科性质的研究领域，其研究成果具有广阔的应用空间。语用学又是关注语言生活的学科，对各类语言实践具有直接的指导意义。可以相信，凡是对语言哲学、语言逻辑、认知科学、人工智能与信息处理、社会心理、人际交往、语言教育、语言应用、儿童发展、跨文化交际等感兴趣的读者都可以从《语用学研究》中读到自己关心的研究成果。

　　《语用学研究》在每两年一次的全国语用学大会之后，都会向参会者征稿，最终结集出版。截至 2020 年 3 月，《语用学研究》发表过 8 辑，主题包括：语用学理论研究、语用学及其界面研究、修辞问句言语行为实施的认知机制研究、身份认同与语用习得研究、预设专题研究、语用学与外语教学研究、认知语用研究、语用语法研究、语用学科研究、语用学与第二语言教学、语用学应用研究、语用—语言学研究、多语域语用学研究、语用翻译研究等。

《浙江外国语学院学报》语用学研究专栏

《浙江外国语学院学报》（原浙江教育学院学报）是由浙江外国语学院主管主办的学术理论刊物，1983 年创刊，2001 年获准公开发行，双月刊。2011 年 3 月，经国家新闻出版总署批准，学报更名为《浙江外国语学院学报》，于 2010 年、2014 年和 2019 年连续荣获"全国高校优秀社科期刊"称号。期刊现任主编是洪岗教授。

《浙江外国语学院学报》依托学校办学特色和学科发展优势，明确了"以外语学科为主、多学科共同发展"的定位，坚守"刊中外语言论述，搭文化交通桥梁"的文化责任，主要设有语言学及应用语言学、跨文化交流与翻译学、外国文学研究、国际汉学、拉丁美洲研究、外国教育研究等栏目。同时为及时反映国内外语用学研究的发展现状，展现语用学及与之相关领域研究的最新动态和成果，该刊与中国语用学研究会（CPrA）合作，从 2014 年第 2 期开始推出了"语用学研究"专题栏目，通过约请名家担任专栏主持人，陆续推出了 14 期"语用学研究"专题，主题包括：语用学与法律翻译、语用学与语言哲学、语用学界面研究、语用与翻译、文化语用学理论与实践、人际语用能力、历时语用学研究、语用的多维度研究、语用学与庭审话语分析、语用认知新探：语用学的发展处于什么阶段、句法—语用界面问题的多维视角、认知语用学、会话分析研究、学术话语语用。

《浙江外国语学院学报》"语用学研究"专栏倡导国内学术界与海外学界的对话，欢迎理论性、实证性及综述性的语用学及语用相关的多学科研究论文，优先刊用具有新颖性、探索性、争鸣性的学术论文。

《浙江外国语学院学报》"语用学研究"专栏常年征稿，网上投稿地址：http://zjjyxyxb.paperonce.org/；投稿邮箱：jk2236@126.com 或 cpra_secretariat@163.com。稿件请寄：杭州市文三路 140 号浙江外国语学院学报编辑部，邮政编码：310012。

术　语　表

安乐椅里的语言学	armchair linguistics
变异性	variability
变异语用学	variational pragmatics
表情类行为	expressives
表态类行为	behabitives
并合表征	merger representation
补足	completion
裁决类行为	verdictives
参与者—元参与者的理解	participant-metaparticipant understandings
阐述类行为	expositives
常规解读	stereotypical interpretation
承诺类行为	commissives
程序性话语	procedural discourse
充实	fleshing out
冲突、娱乐型语料	confrontainment: conflict-based, televisual entertainment
仇恨言语	hate language
词义不确定论	lexical underdeterminacy thesis
词义充实	enrichment
词义扩大	lexical broadening
词义强化	lexical strengthening
词义收缩	lexical narrowing
词义松散	lexical loosening
次要言外行为	secondary illocutionary act
得体准则	Tact Maxim
断言类行为	assertives
对比语用学	contrastive pragmatics
多模态话语分析	multimodal discourse analysis
多模态语用分析	multimodal pragmatic analysis
二阶语用视角	second-order perspective

二语语用学	L2 pragmatics
发展性语言障碍	developmental language disorder
法律语言学	forensic linguistics
法律语用学	legal pragmatics
方式原则	M-principle
方言学研究的"语用化"	the 'pragmaticisation' of dialectology
非礼貌	non-polite
非优选的	dispreferred
非整句成分	non-sentential elements
非字面性语言	non-literal language
非自然意义	non-natural meaning
负面面子	negative face
概念强化	conceptual strengthening
格赖斯	H. P. Grice
个人权力	personal power
跟踪采访	follow-up interview
工作场所话语	workplace discourse
公众心目中的自我形象	public self-image
功能性磁共振	fMRI
共有知识	common ground
相关原则	R-principle
关系工作	Relational Work
关系管理	rapport management
关系管理模式	Rapport Management Model
关系转向	relational turn
观察者悖论	observer's paradox
惯习	habitus
国际语用学协会	International Pragmatics Association, IPrA
过度礼貌	over-polite
含意	implicature
宏观语用学	macropragmatics
后格赖斯会话含意理论	post-Gricean pragmatics
互动	interaction
互动层面	interactional level
互明	mutual manifestness

互相显映	mutually manifest
话题层面	topic level
话语	utterance
话语标记语	discourse markers
话语类型意义	utterance-type meaning
话语例示意义	utterance-token meaning
话语心理学	discursive psychology
话语研究法	discursive approaches
话语转向	discursive turn
会话分析	conversation analysis，CA
会话含意	conversational implicature
会话互动	conversational interaction
会话契约论	conversational contract view
会话准则的遵守和违背	maxim adherence and violation
会话准则论	conversational maxim view
活动	action
获得性语言障碍	acquired language disorder
积极批评语用分析	positive critical pragmatic analysis，PCPA
基本条件	essential condition
计算语用学	computational pragmatics
交互文化语用学	intercultural pragmatics
交互形成概念模式	interactional achievement model
交互意识	interactional awareness
关联原则	Principle of Relevance
交际意图	communicative intention
角色扮演	role play
解放语用学	emancipatory pragmatics
警觉	vigilance
句子	sentence
句子副词	sentence adverbs
句子意义	sentence meaning
慷慨准则	Generosity Maxim
跨文化语用学	cross-cultural pragmatics
框架分析	frame analysis
框架分析法	Frame-based Analysis

扩展	expansion
离线型实验	offline measurement
礼貌	politeness
礼貌三规则	Rules of Politeness
礼貌研究框架论	Frame-based Analysis
礼貌原则	Politeness Principle
理想的交际者	model person
理想语言学派	the Ideal Language School
语力	force
历时语用学	diachronic pragmatics
立场显示语	stance displayers
临床语用学	clinical pragmatics
临时概念	ad hoc concept
面子保全论	face-saving view
面子共建理论/面子共建论/面子构建理论	Face Constituting Theory
面子工作	face-work
面子构建	faceconstituting
面子理论	Face Theory
面子威胁行为	Face Threatening Act，简称 FTA
描述句	constatives
描述性谬误	the "descriptive" fallacy
民族方法论	ethnomethodology
明示	ostensive
命题基	propositional radical
命题内容条件	propositional content condition
模糊限制语	hedges
模块语用学理论	modular pragmatics theory
模因	meme
模因论	memetics
脑电图	EEG
批评性话语分析	critical discourse analysis, CDA
批评语用学	critical pragmatics
评述语	commentaries
大众的—科学理论的理解	folk-scientific theoretic understandings

谦逊准则	Modesty Maxim
前语义会话含意	presemantic conversational implicature
人际分离	separateness
人际关联	connectedness
人际关系	relating/relationships
人际关系工作	relating
人际意识	interpersonal awareness
认知警觉	epistemic vigilance
认知转向	cognitive turn
日常语言学派	Ordinary Language School
融合语用学	integrative pragmatics
融合语用学派	school of integrative pragmatics
商务会议	business meeting
商务交际	business interaction
社会规范论	social norm view
社交话语	social discourses
社交语文学	sociophilology
生活形式	form of life
省力原则	The Principle of the Least Effort
圣·奥古斯丁	St. Augustine
施事语力	illocutionary force
施事行为 / 以言行事	illocutionary act
施为句	performatives
实践共同体	community of practice
实例层面	the token level
实验语用学	experimental pragmatics
事件相关电位	ERP
适从向	direction of fit
适切条件 / 适切性条件	felicity conditions
首要意向	primary intention
数量原则	Q-principle
顺应的动态性	dynamics of adaptability
顺应的结构对象	structural objects of adaptability
顺应的语境关联成分	contextual correlates of adaptability
顺应过程的意识突显性	salience of the adaptation processes

顺应性	adaptability
说话者准则	Speaker's Maxim
斯蒂文森	C. L. Stevenson
损失和收益的平衡	cost-benefits balance
所表达的心理状态	expressed psychological state
谈话控制评论	talk regulation comments
特殊会话含意	particularized conversational implicature
提供行为	offering
填充	filling in
条件性关联	conditional relevance
听话者推论	Recipient's Corollary
同情准则	Sympathy Maxim
推理	inferential
外行观察者—分析者的理解	lay observer-analyst understandings
微观语用学	micropragmatics
鲜活的话语	live speech
鲜活的语力	live illocutionary force
显性互文连接语	explicit intertextual links
显映	manifest
消极批评语用分析	negative critical pragmatic analysis，NCPA
协商性	negotiability
心理模块	mental module
新认知语用学	neo-cognitive pragmatics
信念	belief
信息释义语	message glosses
信息意图	informative intention
信息原则	I-principle
行使类行为	exercitives
施为性	performativity
行为层面	actional level
形式层面	formal level
修辞性语言	figurative language
叙事语篇	narrative discourse
宣告类行为	declarations
言后效果	perlocutionary effect

言后行为 / 以言成事	perlocutionary act
言据标记	evidentials
言事语力	locutionary force
言语行为	speech act
言语行为理论	Speech Act Theory
言语行为描述	speech act description
言语行为描述语	speech-action descriptions
言事行为 / 以言指事	locutionary act
眼动追踪技术	Eye-Tracking Technique
一般会话含意	generalized conversational implicature
一阶语用视角	first-order perspective
一致准则	Agreement Maxim
以言行事的要旨	illocutionary point
意图	intention
隐义	impliciture
优选的	preferred
有定描述语	definite description
语境敏感性	context sensitivity
语境提示语	contextualization cues
语句判断型任务	sentence judgement task
语篇	discourse
语篇补全任务	discourse completion tasks, DCT
语形	syntactic
语形学	syntactics
语言不确定论	linguistic indeterminacy thesis
语言学研究的实证转向	empirical turn in linguistics
语言游戏	language game
语义的	semantic
语义—语用障碍	sematic-pragmatic disorder
语义饱和	saturation
语义学	semantics
语用的	pragmatic
语用标记语	pragmatic markers
语用分工	division of pragmatic labor
语用文体学	pragmastylistics

语用信息的并合	merger of information
语用学	pragmatics
语用学研究的"方言化"	the "dialectologisation" of pragmatics
语用语文学	pragmaphilology
语用转移	shifting
语用综观论	the Pragmatic Perspective
预备条件	preparatory conditions
预设	presupposition
预设触发语	presupposition trigger
元话语意识	metadiscursive awareness
元表征意识	metarepresentational awareness
元层面	metalevel
元交际意识	metacommunicative awareness
元认知意识	metacognitive awareness
元语言评述	metalinguistic comments
元语言意识	metalinguistic awareness
元语用评论	metapragmatic commentary
元语用学	metapragmatics
元语用意识 / 自反意识	reflexive awareness
在线型实验	online measurement
赞誉准则	Approbation Maxim
糟糕语料	bad data
真诚条件	sincerity condition
真值条件语用学	truth-conditional pragmatics
正面面子	positive face
职位权力	positional power
指令类行为	directives
指向理想化认知模型	pointing out ICM
中观语境	meso-contexts
中介语语用学	interlanguage pragmatics，简称ILP
主位—客位的理解	emic-etic understandings
主要以言行事	primary illocutionary act
主要意义和次要意义的区分	primary-secondary meaning distinction
转述性语言使用	reported language use
转述语	reporting speech

自然意义	natural meaning
自我指称表达	selfreferential expressions
自由扩充	free enrichment
综合性观照	general perspective
组合性原则	the Compositionality Principle
组合原则	principle of compositionality
组织层面	organisational level
最佳关联假定	presumption of optimal relevance
作为一种语言顺应理论的语用学	pragmatics as a theory of linguistic adaptation